北京航空航天大学网络教育规划教材

西方经济学(微观部分)

学习指导与习题集

主　编　宋晓东

北京航空航天大学出版社

内容简介

本书的指导思想在于提高读者的经济学思维能力，注重从知识点归纳和从练习题中提炼出方法，以培养读者独立思考、分析问题和解决问题的能力。

本书是与宋晓东老师主编的《西方经济学（微观部分）》教材相配套的学习辅导用书，共12章，各章主要由提要和习题两大部分组成。提要部分为大家提炼出每章需掌握的基本概念和重要知识，便于读者快速掌握各章的主要知识；习题部分配置了与每章内容对应的单选题、判断题、名词解释、填空题、计算题、简答题、阅读与思考等内容。

为了方便读者学习，本书针对各章有难度的习题进行了详细解答，通过本书的练习，可以更扎实地掌握和运用微观经济学的相关知识。本书适用于高等院校经济管理类本科生及有意愿学习微观经济学的读者。

图书在版编目(CIP)数据

西方经济学（微观部分）学习指导与习题集 / 宋晓东主编. -- 北京：北京航空航天大学出版社，2014.9

ISBN 978-7-5124-1363-4

Ⅰ. ①西… Ⅱ. ①宋… Ⅲ. ①西方经济学②微观经济学 Ⅳ. ①F091.3②F016

中国版本图书馆CIP数据核字(2014)第187068号

西方经济学（微观部分）学习指导与习题集

主　编　宋晓东

责任编辑　王慕冰　龚荣桂　王平豪

*

北京航空航天大学出版社出版发行

北京市海淀区学院路37号（邮编100191）　http://www.buaapress.com.cn

发行部电话：(010)82317024　传真：(010)82328026

读者信箱：goodtextbook@126.com　邮购电话：(010)82316524

北京时代华都印刷有限公司印装　各地书店经销

*

开本：787×1 092　1/16　印张：12　字数：307千字

2014年9月第1版　2014年9月第1次印刷　印数：3 000册

ISBN 978-7-5124-1363-4　定价：26.00元

西方经济学（微观部分）

学习指导与习题集

编委会

序

现代远程教育是运用计算机网络和多媒体技术、卫星和电子通信技术等现代信息技术进行系统教学和通信交互的一种新型教育形式。国务院在1999年1月13日批准的《面向21世纪教育振兴行动计划》中，明确提出了“实施‘现代远程教育工程’，形成开放式教育网络，构建终身学习体系”的任务。为了大力发展远程教育，1999年教育部先后批准了68所高等学校开展现代远程教育试点工作，到2013年，网络教育注册学生数高达900多万，试点高校开发的网络课程超过一万门，开发的网络课件超过了两万个。今天，网络教育已成为人们接受继续教育和终身学习的重要形式，成为构建终身教育体系和学习型社会的基础和平台。特别是试点高校通过网络技术将优质教育资源向西部纵深传播，有力地促进了全国高等教育的均衡发展，在逐渐形成自己独特的理论体系，成为我国高等教育重要组成部分的同时，实现了数万学生的大学梦，为我国高等教育大众化和全民终身教育做出了重要贡献。可以毫不夸张地说，网络教育已经成为中国在新世纪增强综合国力、实现高等教育跨越式发展的重要手段。

北京航空航天大学作为教育部正式批准开展现代远程教育试点工作的高校之一，于2002年成立现代远程教育学院。学院始终秉承“尚德务实、求真拓新”的优良传统，秉承“德才兼备、知行合一”的北航校训，坚持以区域行业建设需求为导向，利用现代信息技术，充分整合自身的教育资源，不断完善现代远程教育的开放教学体系，竭诚为渴望继续学习寻求知识的学子们提供突破时空限制的学习机会。经过十多年的发展，北京航空航天大学现代远程教育学院已经成为具有先进的办学理念、完善的教学管理平台、健全的学科专业体系、丰富的课件资源，并拥有一支高素质管理团队的特色鲜明的网络学院。

为了满足广大网络教育学生对学习资源的需求，保证网络教育学习资源的质量，北京航空航天大学现代远程教育学院组织了一批相关专业的教授、专家，与北京航空航天大学出版社合作，成立了专门的编审委员会，按照教育部关于网络教育要“积极发展，规范管理，强化服务，提高质量，改革创新”的指导方针，共同进行北京航空航天大学现代远程教育规划教材的创作、设计、出版工作。旨在积极发掘信息技术飞速发展时代远程教育学习者学习方式的新特点和新需求，以印刷版、光盘版和网络版立体化教材的范式探索、构建符合现代远程教育学习的优质资源。

出版现代远程教育系列教材,不仅是一项创新工程,也是进一步发展北京航空航天大学网络教育的基础工程。本系列教材的使用对象主要是现代远程教育本、专科学生。作为一套网络学历教育的系列教材,编写的总体原则是重视学生自学能力的培养,提高学生的实践应用能力。教材内容适应对成人高等教育应用型、技能型人才培养上的需要。教学设计适应地域多元、特征独特的远程教育学生自主学习的需要,培养适应学习型社会的终身学习者。另外,在组织相关专业领域专家、学者对远程教材进行一体化设计和开发中,强调发挥多种媒体教材各自独特的教学功能,实现优势互补,突出与远程教育教学环境、教学系统、教学平台相结合的特点,注重对学生学习过程、学习活动、教学交互、学习评价及其反馈的设计和实现,为广大学生提供远程教育优质教材资源。

最后,衷心祝愿我国的现代远程教育发展愈来愈好,为社会输送更多应用型、技能型人才。

限于网络教育的不断发展和编者的水平,书中难免有不足之处,诚恳希望广大读者与同行提出宝贵意见。

魏志敏

2014 年 5 月 16 日

前　言

本书是与宋晓东主编的《西方经济学(微观部分)》教材配套的教学参考书，内容包括与微观经济学基本理论相关的习题及其应用。全书理论结合实际，方法结合应用，力求把习题的难易控制在适中程度，使其更适合普通高校本科教学的需要。

本书适用于高等院校经济管理类本科生及有意愿学习微观经济学的读者。书中简要介绍了每章的基本内容，罗列了每章需掌握的基本概念，配置了与每章内容相对应的单选题、判断题、名词解释、填空题、计算题、简答题、阅读与思考。为了方便读者学习，本书针对各章有难度的习题进行了详细解答，通过本书的练习，可以更扎实地掌握微观经济学的知识。

本书有如下几大特点：

第一，引导性。本书在每章开始设立"提要"，简单地阐述本章的主要理论知识和基本概念，引领读者回顾知识要点，快速进入答题状态。

第二，配套性。本书与宋晓东主编的《西方经济学(微观部分)》教材配套使用，并在国家教育部高等学校教学大纲的基础上，严格按照《西方经济学(微观部分)》中的理论知识点编写习题，读者可通过本书有针对性地巩固理论知识。

第三，应用性。在章节末尾设立的"阅读与思考"均出自实际案例，力求使微观经济学的基本理论与具体应用相结合，引导读者理论联系实际，培养读者的分析能力和思辨能力，增强读者的经济学思维。

全书由北京航空航天大学宋晓东担任主编，并负责审核、修改和定稿。感谢王丹、曹宏鹏、胡婷婷、闫琦、石晓倩等同志为本书编写提供的帮助及宝贵意见；感谢北京航空航天大学出版社编辑老师们的悉心工作。

在本书编撰过程中参考了大量的国内外文献，这里谨向文献作者深表谢意！由于时间仓促，编者的水平和经验有限，书中难免有疏漏或不足之处，恳请读者斧正。

编　者

2014 年 4 月 20 日

目　　录

第一章　导　论

提　要

1. 经济学的定义是一个争议性较大的问题。保罗·萨缪尔森在《经济学》中写道：经济学研究的是一个社会如何利用稀缺的资源生产有价值的商品，并将它们在不同的个体之间进行分配。罗宾斯爵士(Lionel Robbins)在1932年提出了经济学是一门研究人类在有限的资源情况下做出选择的科学。盖瑞·贝克则认为经济学的定义应该是：综合对于利益最大化行为、偏好稳定的特质以及市场均衡。迄今为止，并不存在一个被所有经济学家都一致接受的经济学定义。目前普遍被接受的经济学定义是：经济学是研究理性的个人、企业、政府以及其他组织如何在社会内进行选择，以及这些选择如何决定社会稀缺资源的使用的科学。

2. 理性行为假定：在经济分析中，经济活动的参与者所具有的共性是其行为都必须是理性的，换言之，在经济活动中，作为经济活动的主体，居民、厂商和政府等都充满理性，一般被视为理性人，即他们不会感情用事，也不会轻信盲从，而是精于判断和计算，其行为依循始终如一的偏好原则。随着经济学的分析规范逐渐扩展到人类行为的各个方面，理性行为假定已经不太适合一些并非完全自私自利的场合，比如家庭内部行为，谈到父母为子女成长过程中牺牲多少。因此，现代经济学家倾向于用"有限理性"来代替"完全理性"。

3. 稀缺性规律：有限的资源无法满足人们无限的需求的规律。经济学之所以产生和发展，是因为人类的一切活动都受资源的有限性的约束。如果任何资源都取之不尽、用之不竭，那么人们尽可以用任何方式动用无限的资源去达到特定的目的，此时方式的选择就无所谓了。造成资源稀缺性规律的原因有两点：其一是人的需求的无限性；其二是资源的有限性。因此，每一时期人们都必须做出选择，以决定将稀缺的资源配置于哪一类产品与劳务的生产，满足人们哪一方面的欲望。

4. 机会成本：把某种资源投入到某一特定用途后而放弃的在其他用途中所能获得的最大利益。由于资源的稀缺性以及人类需求的无限性，人们必须对资源的配置进行选择，就必然会产生机会成本。在资源总量固定的条件下，生产某一种产品就意味着放弃另一种产品的生产。

5. 生产可能性边界曲线：一个社会充分利用现有的经济资源和技术水平所能生产的各种产品的最大限度的产量组合，保持资源总量不变，将产品的所有数量组合描述在坐标轴上，便得到了生产可能性边界曲线。对于在生产可能性边界曲线上运行的经济来说，其资源一定得到最大效率的利用。此时，增加一种产品的生产就必须减少另一种产品的生产。如果一个社会的资源没有得到充分和有效的利用，那么生产就会落到生产可能性边界之内。这样的生产组合代表了社会资源被无效率地使用。

6. 由于资源的稀缺性，就需要对有限资源在各种可能用途中进行选择，通过竞争手段，使其充分利用，发挥最佳效用，这便是资源配置。资源配置的目的是使各种资源配置形成的供给总量和供给比例适应于社会需求的总量和比例,防止生产过剩和比例失调。资源配置市场调节有积极作用,例如:推动科学技术和经营管理的进步,促进劳动效率提高;引导企业按照市场需要优化生产要素组合,实现产需衔接;发挥竞争和优胜劣汰机制,增进商品生产的经营能力等。但是,资源配置市场调节也具有局限性,例如:不可能洞察国民经济全局并直接按照社会的实际需要组织生产;垄断的存在会约束市场调节作用的发挥,阻碍资源配置的优化;调节会造成外部不经济;不能有效地提供公共产品和劳务;不能解决收入差距等社会问题等。

7. 资源配置主要有两种方式,即市场方式和计划方式。市场方式,即依靠市场运行机制进行资源配置的方式。市场方式是资本主义制度下资源配置的主要方式。这种方式可以使企业与市场发生直接的联系,企业根据市场上供求关系的变化状况,根据市场上产品价格的信息,在竞争中实现生产要素的合理配置。但这种方式也存在着一些不足之处,例如,由于市场机制作用的盲目性和滞后性,有可能产生社会总供给和社会总需求的失衡,产业结构不合理,以及市场秩序混乱等现象。计划方式是计划部门根据社会需要和可能,以计划配额、行政命令来统管资源和分配资源。计划方式是按照马克思主义创始人的设想,在社会主义社会,生产资料将由全社会占有,商品-货币的关系将不再存在,因而资源配置的方式主要是计划,即通过社会的统一计划来决定资源的配置。在一定条件下,计划资源配置方式有可能从整体利益上协调经济的发展,集中力量完成重点工程项目。但是,配额排斥选择,统管取代竞争,市场处于消极被动的地位,从而易于出现资源闲置或浪费的现象。

8. 微观经济学所研究的是个体经济单位的行为,例如研究消费者、企业的行为。微观经济学所涉及的是个体经济单位如何做出决策以及这些决策受到哪些因素的影响。微观经济学的中心问题是价格问题。这里的价格是指商品、劳务以及生产要素的相对价格,而不是绝对价格及物价水平。商品、劳务以及生产要素的相对价格调节着个体经济单位的经济行为,从而调节资源的配置与产品的产量。因此微观经济学又被许多经济学家称为价格理论。对于市场失灵情况下的资源配置效率损失以及如何解决市场失灵问题,微观经济学也将进行探讨。微观经济学对于所有权状况对资源、配置的影响,以及激励机制的设计对个体经济行为的影响同样进行理论上的探讨。建立在个人选择基础上的公共选择也是微观经济学研究的重要内容。

9. 微观经济学研究的主要内容有三个方面。第一,微观经济学考察产品市场、要素市场的供求及产品与价格的关系,说明市场机制的运行以及这种运行的途径,或者说,在市场机制下,各行为者追求自身利益最大化的过程。第二,微观经济学研究一般均衡理论和福利经济理论。一般均衡论在局部均衡分析的基础上考察各市场的同时均衡及效率最优,证明各个时期的共同均衡是可以存在的。福利经济学则进一步论证这种均衡是符合“帕累托”最优状态的,是把资源配置问题与福利经济联系起来,分析市场经济的优劣,并进一步证明完全竞争市场经济是最有效率的。第三,微观经济学还研究微观政策。由于经济运行中存在市场失灵,在二战后形成和发展起来了旨在研究政府在微观经济活动方面的政策问题的理论。在市场失灵的情况下,资源配置效率与理想状态下存在背离,通过微观政策加以调节,尽可能符合或接近理想状态,包括限制垄断的政策,矫正外部影响的政策,调节信息不完全与不对称的政策,以及公共物品供给政策等。当然,有关劳动市场、人力政策以及工资、价格、利润等管制政策事实上也具有微观政策调节的性质。

10. 实证分析在研究经济问题时,只考虑经济事物的现实联系,以及在这种联系的作用下,人们的经济行为的后果。即实证分析排除了任何价值判断,都先对研究的变量的含义做出明确的规定，然后在一定假设条件下提出假设，并依此预测未来，最后用经验和事实来验证预测。也就是说，运用实证方法进行理论分析时，不仅要反映或解释已经观察到的事实，还要对有关的现象将来会出现的后果做出正确的预测，就是接受将来发生的时间检验。实证分析的显著特点是，要理解经济过程中“实际是什么”或“将会是什么”，而不涉及对结果好坏以及公平与否的判断。例如中国加入世界贸易组织，这是否会给中国家电产品生产带来致命的打击？这些问题都属于实证分析领域。经济学的实证分析重点在于研究经济是如何运行的，并且对经济现象产生的原因和后果进行解释。假定中国要研究提高教师的待遇，提高教师的收入水平，经济学的实证分析的重点是研究中国政府为什么要这么做？这么做的后果是什么？中国当前的财政收入能允许这样做吗？如果这样做，大规模的补贴可能来自哪几种主要途径？这些都是实证分析的范畴。

11. 规范分析是以一定的价值判断为基础的经济分析法，首先提出某些标准作为分析经济现象的准则，作为确立经济理论的前提和制定经济政策的依据，并研究如何才能符合这些标准。规范分析用于经济现象研究时，不是考虑经济体系实际运行如何，而是主要关心它应该如何运行，力求改变现实；不是关于事物间是否存在某种关系的问题，而是涉及应该如何行动的问题，是以对现实价值的判断为前提的。

12. 均衡分析(equilibrium analysis)是在分析某种商品的价格决定时，在各种商品和生产要素的供给、需求、价格相互影响的条件下，分析所有商品和生产要素的供给与需求同时达到均衡时所有商品的价格如何被决定的。在均衡分析方法中，通常假定外界诸因素(或条件)是固定不变的，然后再研究所考察的变量达到均衡时所具备的条件。由于在现实中外界条件不断地发生变化，均衡可能是转瞬即逝的一刻，也可能永远达不到。但在均衡分析中，只考察达到假想中的均衡时的情况。边际分析(marginal analysis)是经济学中使用微积分的一种重要分析方法。根据经济模型中自变量与作为总量的因变量之间的具体数量关系，自变量在每一个水平变化一个单位时，因变量的变化量就叫做边际量。它是一种确定最优值的渐变方法，利用边际量可以确定总量的最大或最小，也可以分析一定条件下总量的最优分配。例如，生产者在决策最大利润产量时，要满足边际收益和边际成本相等的原则；消费者在确定最优商品组合时，应使得各种商品上的最后一单位支出的边际效用相等。

13. 静态分析(static analysis)就是完全忽略时间因素和经济均衡状态形成的过程，而专门分析任一时间点上某一经济现象的均衡状态以及有关的经济变量处于均衡状态所必须具备的条件。例如：在需求理论中分析收入变动和需求的关系时，并不考虑一定的收入是怎样决定商品需求的，而仅考察一定的收入水平对商品需求产生的最终结果。静态分析是一种静止的、孤立的分析经济问题的方法。

14. 比较静态分析(comparative static analysis)就是指当已知条件变化后，将变化后的静态均衡结果与变化前的均衡结果进行比较分析的方法，其中还要涉及有关经济变量达到新的均衡状态时的响应变化。显然，比较静态分析只是对个别经济现象一次变动的前后以及两个或两个以上的均衡位置进行比较分析，而舍弃掉对变动过程本身的分析。简而言之，“比较”静态分析，就是对经济现象一次变动后，均衡位置及经济变量变动的前后状态进行比较。在微观经济学中，无论是分析个别商品的供求均衡，还是分析个别厂商的价格和生产的均衡状态，大都采用以上两种方法。

15. 动态分析(dynamic analysis)的特点在于引入了时间因素。动态分析是对所有均衡状态向新的均衡状态变动的分析,其中包括分析有关经济变量在一定时间内的变化、经济变量在变动过程中的相互关系和相互制约关系以及它们在每一时间点上变动的速率等。具体来说,动态分析着重研究那些在静态分析中通常假定不变的因素(如劳动和资本数量、生产技术、消费偏好等)在时间过程发生变化时将如何影响一个经济体系的变动。动态分析要求经济变量所属时间必须被明确地表示出来,并且认为某些经济变量在某一时间点上的数值受前一时间点有关变量数值的影响。这就需要把经济活动过程划分为连续的分析期间,以便考虑有关变量在相继各个时期的变动情况。

习　题

一、单选题

1. 稀缺性是指(　　)。

A. 生产家具的木材太少

B. 生产粮食的土地太少

C. 可用的经济资源与人类的欲望相比总是显得不足

D. 生产力不发达造成的物品供给不足

2. 当经济学家研究货物税与价格之间的关系时,他们采用的是(　　)。

A. 规范分析法

B. 实证分析法

C. 既不是规范分析法,也不是实证分析法

D. 既是规范分析法,又是实证分析法

3. 下列属于微观经济学研究的问题是(　　)。

A. 社会资源是充分利用了,还是被浪费了

B. 货币的购买力是高了,还是低了

C. 经济增长率是高了,还是低了

D. 消费者如何用既定的收入获得最大的效用

4. 以下属于静态分析方法的是(　　)。

A. 商品的需求与供给决定均衡价格

B. 消费者的收入变动引起均衡价格变动

C. 消费者的偏好变动引起均衡价格变动

D. 生产要素的价格变动引起均衡价格变动

5. 下列(　　)情况的经济个体可以被判定为经济人。

A. 损人利己的人

B. 毫不利己的人

C. 在经济活动中从利己心理出发,并总是企图用最小的代价换取最大利益的人

D. 一心一意想赚钱而不考虑理想、信念的人

6. 生产资源由国家所有与私人所有相结合,经济运行由国家干预和市场调节相结合的经济体制是(　　)。

A. 自给自足经济
B. 计划经济
C. 市场经济
D. 混合经济

7. 下列(　　)是微观经济学的基本假设前提。
A. 生产可能性曲线
B. 机会成本递增
C. 合乎理性的经济人
D. 边际分析

8. 下列(　　)采用的不是实证分析法。
A. 去年猪肉价格上升得厉害
B. 北京市蔬菜价格上升了4.3%
C. 所得税税率对高收入人群不公平
D. 某大学收费一年平均为10 000元

9. 微观经济学中使用的均衡分析法包括(　　)。
A. 生产者均衡
B. 消费者均衡
C. 局部均衡和一般均衡
D. 边际分析

10. 下列(　　)物品不具有稀缺性。
A. 普通的空气
B. 净化的空气
C. 氧吧所用的氧气
D. 工业用氧气

11. 人们在进行决策时必须做出某种选择，这是因为(　　)。
A. 选择会导致短缺
B. 人们在决策时面临的资源有限
C. 人们是自私的
D. 个人的力量非常有限

12. 一条生产可能性曲线以内的点表示(　　)。
A. 产量最大
B. 产量最小
C. 资源没有被充分利用
D. 技术水平比较低下

13. 经济学可以定义为(　　)。
A. 政府对市场制度的干预
B. 企业取得利润的活动
C. 研究如何最合理地配置稀缺资源于诸多用途
D. 人们靠收入活着

14. “资源稀缺性”是指(　　)。

A. 世界上大多数人生活在贫困中

B. 相对于资源的需求而言,资源总是不足的

C. 资源必须保留给下一代

D. 世界上资源将由于生产更多的物品和劳务而消耗殆尽

15. 经济物品是指(　　)。

A. 有用的物品

B. 稀缺的物品

C. 要用钱买的物品

D. 有用且稀缺的物品

16. 经济学研究的基本问题是(　　)。

A. 怎样生产

B. 生产什么,生产多少

C. 为谁生产

D. 以上都包括

17. 以下(　　)不是微观经济学所考察的问题。

A. 一个厂商的产出水平

B. 失业率的上升或下降

C. 联邦货物的高税率对货物销售的影响

D. 某一行业中雇佣工人的数量

18. 下列(　　)不是实体经济学命题。

A. 美联储(Fed)理事会 2012 年 2 月 21 日会议决定将贴现率维持在 0.75%不变

B. 德国 2011 年失业率降到了 1991 年以来的最低点,失业率为 7.1%

C. 联邦所得税对中等收入家庭是不公平的

D. 社会保险税的课税依据现已超过 30 000 美元

19. 现有资源不能充分满足人的欲望,这一事实被称为(　　)。

A. 机会成本

B. 稀缺性

C. 生产什么的问题

D. 实证经济学

20. 下面最有可能成为稀缺物品的是(　　)。

A. 阳光

B. 夏威夷的海水

C. 运送到郑州的海水

D. 空气

21. 稀缺性问题(　　)。

A. 只存在于市场经济体制中

B. 只存在于计划经济体制中

C. 存在于所有经济中

D. 意味着抢购和黑市交易

22. 提出“看不见的手”原理的是(　　)。

A. 约翰·梅娜德·凯恩斯

B. 约翰·理查德·希克斯

C. 亚当·斯密

D. 乔治·卡特利特·马歇尔

23. 下列属于实证分析表述的是(　　)。

A. 合理配置生产要素对厂商有利

B. 合理配置生产要素对厂商不利

C. 只有合理配置生产要素才能使利润最大化

D. 合理配置生产要素比市场营销更重要

24. 下列属于规范分析表述的是(　　)。

A. 由于收入水平低,大部分中国人还买不起小轿车

B. 随着收入水平的提高,拥有小轿车的人越来越多

C. 鼓励私人购买小轿车有利于促进我国汽车工业的发展

D. 提倡轿车文明是盲目学习西方国家,不适于我国国情

25. 检验经济模型的方法是(　　)。

A. 检验它的假设是否能实现

B. 比较它的预期结果与经验事实

C. 由权威的领导人或经济专家做出结论

D. 以上各项都是

26. 当经济学家说人们是理性的,这是指(　　)。

A. 人们不会做出错误的判断

B. 人们总会从自己的角度做出最好的决策

C. 人们根据完全的信息进行决策

D. 人们不会为自己所做出的任何决策而后悔

27. 实证经济学与规范经济学的根本区别是(　　)。

A. 是否包括价值判断

B. 研究对象不同

C. 研究范围不同

D. 是否运用了归纳法

28. 研究单个居民与厂商决策的经济学称为(　　)。

A. 宏观经济学

B. 微观经济学

C. 实证经济学

D. 规范经济学

29. 在经济学中,下列情况不具有“均衡”含义的是(　　)。

A. 实际购买的数量等于实际卖出的数量

B. 一种稳定的状态

C. 愿意购买的数量等于愿意卖出的数量

D. 长期过剩或短缺

30. 其他条件不变,如果冰淇淋价格上升,那么需求量将会如何变化?对这个问题的回答是(　　)。

A. 静态均衡分析

B. 比较静态均衡分析

C. 动态分析

D. 一般均衡分析

二、判断题

1. 如果各种经济资源都很充裕,即不存在稀缺问题,那么就不需要经济学。(　　)
2. 有选择就有成本,这种成本就是会计成本。(　　)
3. 经济学就是研究社会如何利用稀缺资源生产人力需要的产品和劳务的科学。(　　)
4. 经济物品就是需要节约使用的物品。(　　)
5. 技术进步将彻底消除稀缺现象。(　　)
6. 经济学研究的是稀缺资源的有效使用问题。(　　)
7. 经济学家的效率标准是国家财政收入的最大化。(　　)
8. 微观经济学研究通货膨胀问题。(　　)
9. 宏观经济学研究污染治理问题。(　　)
10. 边际分析就是增量分析。(　　)
11. 经济学家假设人们的经济选择是有目的的选择。(　　)
12. 稀缺性既是相对的,也是绝对的。(　　)
13. 经济学包括微观经济学和宏观经济学,分别研究资源配置和资源利用问题,不管是微观经济学还是宏观经济学,都不会研究经济体制问题,因此,经济体制问题不是经济学研究的问题。(　　)
14. 规范分析与实证分析是两种根本不同的分析方法,二者不存在任何联系。(　　)
15. 静态分析、比较静态分析和动态分析的区别主要在于是否考察了时间因素。(　　)
16. 对一个大学生来说,看一场周杰伦的演出的机会成本就是入场门票费用。(　　)
17. 实证分析方法是指描述经济现象“是什么”的方法。(　　)
18. 微观经济学主要研究产品市场和货币市场的均衡情况。(　　)
19. 资源的稀缺性决定了资源可以得到充分利用,不会出现资源浪费的现象。(　　)
20. 实证经济学要解决“应该是什么”的问题,规范经济学要解决“是什么”的问题。(　　)

三、名词解释

1. 经济学
2. 稀缺性规律
3. 微观经济学
4. 理性行为假定
5. 生产可能性边界

6. 机会成本
7. 实证分析
8. 规范分析
9. 均衡分析
10. 边际分析

四、填空题

1. 经济学是研究如何实现________有效配置，以使人类需要得到最大满足的一门________科学。

2. 资源的稀缺性是相对于________而言的。

3. 实证分析主要是描述经济现象________及经济问题如何解决的方法。而规范分析主要研究经济活动________及经济问题该如何解决的方法。

4. 微观经济学又被称为________理论，原因在于它主要研究市场机制的作用，而市场上________是主要杠杆。

5. 微观经济学研究社会中单个经济单位的经济行为，考察他们的选择。这些单个经济单位包括________、________、________。________是产品和劳务的消费者，________是产品和劳务的生产者和提供者。

6. 生产可能性曲线可以说明资源配置效率，如果增加一种物品的产量，就必须同时________其他物品的产量。

7. 一般而言，处于生产可能性曲线右边的点都说明是在既定的________条件下无法实现的点，在生产可能性曲线左边的点则说明在既定的条件下，缺乏________的点。

8. “经济人”最早是由________阐释的。此人还提出了“看不见的手”的著名思想。

9. 微观经济学最基本的假设是________。

10. 微观经济学要解决的三大基本问题是________、________、________。

11. 经济学根据不同的研究对象，可以分为________、________。

12. 现在经济生活中有两种主要的资源配置经济制度：________和________。

13. 经济学产生的主要原因在于________和________的矛盾。

五、简答题

1. 为什么说稀缺性的存在与选择的必要引起了经济学的产生？
2. 为什么经济学的研究对象是经济资源的合理配置和充分利用问题？
3. 请简述什么是生产可能性边界。
4. 请简述机会成本与选择之间的关系。

六、阅读与思考

杨有志是金昌市医药公司退休干部，现在老家新城子镇新城子村安度晚年。2006 年 6 月的一个下午，杨有志在新城子流通坝干渠旁散步，忽然发现一个孩子在渠水中挣扎，再向下 100 米就是 30 米长的涵洞。在这千钧一发之际，他立即跳下水，迅速用双手托起孩子，想把孩子托出水面，但因水流很急，没有成功。几经周折，杨有志已力不从心。“在过 20 米就要进入涵洞了!"杨有志使出浑身力气,一手抱住孩子,一手抠住渠沿紧紧不放,咬着牙,顺势把孩子托出水面,然后他双手抓住渠沿,也爬了上来。伤痕累累的杨有志不顾自己的疼痛和疲劳,迅速来到昏迷不醒的孩子旁边,凭借他多年的从医经验,立即采取人工呼吸等措施急救孩子,孩子得救了。可是他自己的双膝和胳膊上到处是血,右手的指甲也掉光了,一部价值 1 400 多元的手机和一块石英表也不见了。

(摘自:《金昌日报》,2006 年 7 月 12 日)

请问:

(1) 杨有志老人的行为是不是理性的?为什么?

(2) 如果一个人遇到同样的情况没有救人,其行为是不是理性的?为什么?

习题答案

一、单选题

1~5:CBDAC　6~10:DCCCA　11~15:BCCBD　16~20:DBCBC
21~25:CCCDB　26~30:BABDB

二、判断题

1. √
2. ×
3. √
4. √
5. ×
6. √
7. ×
8. ×
9. ×
10. √
11. √
12. √
13. ×
14. ×
15. √
16. ×
17. √
18. ×
19. ×
20. ×

三、名词解释

1. 经济学：目前普遍被接受的经济学定义是，经济学是研究理性的个人、企业、政府以及其他组织如何在社会内进行选择，以及这些选择如何决定社会稀缺资源的使用的科学。

2. 稀缺性规律：有限的资源无法满足人们无限的需求的规律。

3. 微观经济学所研究的是个体经济单位的行为，例如研究消费者、企业的行为，所涉及的是个体经济单位如何做出决策以及这些决策受到哪些因素的影响，它的中心问题是价格问题。

4. 理性行为假定：在经济活动中，作为经济活动的主体，居民、厂商和政府等都是充满理性的，一般被视为理性人，即他们不会感情用事，也不会轻信盲从，而是精于判断和计算，其行为依循始终如一的偏好原则。

5. 生产可能性边界又叫做生产可能性边界曲线，是指一个社会充分利用现有的经济资源和技术水平所能生产的各种产品的最大限度的产量组合。保持资源总量不变，将产品的所有数量组合描述在坐标轴上便得到了生产可能性边界曲线。

6. 机会成本是指把某种资源投入到某一特定用途后而放弃的在其他用途中所能获得的最大利益。

7. 实证分析排除了任何价值判断，都先对研究的变量的含义做出明确的规定，然后在一定假设条件下提出假设，并依此预测未来，最后用经验和事实来验证预测。

8. 规范分析是以一定的价值判断为基础的经济分析法，首先提出某些标准作为分析经济现象的准则，作为确立经济理论的前提和制定经济政策的依据，并研究如何才能符合这些标准。

9. 均衡分析是指通常假定外界诸因素（或条件）是固定不变的，然后再研究所考察的变量达到均衡时所具备的条件的一种方法。

10. 边际分析就是运用导数和微分的方法研究经济运行中微增量的变化，用于分析各经济变量之间的相互关系及变化过程的一种方法。

四、填空题

1. 稀缺资源　社会
2. 人类欲望的无限性
3. 是什么　应该是什么
4. 价格　价格
5. 单个消费者　单个企业　单个市场　单个消费者　单个企业
6. 减少
7. 资源和技术　效率
8. 亚当·斯密
9. 经济人假设（理性行为假设）
10. 生产什么　如何生产　为谁生产
11. 宏观经济学　微观经济学
12. 市场经济制度　计划经济制度
13. 资源稀缺性　人类欲望无限性

五、简答题

1. 每一门科学的产生都有其客观必然性。经济学家认为,经济学产生于客观存在的稀缺性及由此所引起的选择的需要。西方经济学家把满足人类欲望的物品分为自由取用物品与经济物品。自由取用物品是无限的,例如空气、阳光等。经济物品是有限的,如水资源、电器、家具、食物等。相对于人的欲望来说,经济物品或者说生产这些物品所需要的资源总是不足的,这就是稀缺性。经济物品是有限的,人类的欲望是无限的,所以人类在用经济物品满足欲望时就必须做出选择。所谓选择,就是如何利用现有资源去生产“经济物品”,以便更好地满足人类的欲望。所以说,稀缺性的存在、选择的必要导致了经济学的产生。

2. 经济学就是研究人们如何合理配置和充分利用稀缺的资源,以最大限度地满足人类日益增长的需要或欲望的科学。简而言之,经济学是研究资源如何合理配置和充分利用的科学。所谓资源的合理配置,是指最大限度地发挥资源或要素的效率。所谓资源的充分利用,是指最大限度地使用现有的一切生产要素,不让它们处于闲置状态之中。根据经济学的研究内容,可以分为微观经济学和宏观经济学。微观经济学解决的问题是资源配置,微观经济学把资源的充分利用作为既定的前提,研究生产什么、如何生产和为谁生产的问题。宏观经济学解决的问题是资源利用,宏观经济学把资源配置作为既定的,研究现有资源未能得到充分利用的原因,达到充分利用的途径以及如何实现增长等问题,如失业、通胀是资源利用的问题。

3. 生产可能性边界,也称为生产可能性曲线,又可称为转换线。生产可能性边界表明在既定的经济资源和生产技术条件下所能达到的两种产品最大产量的组合。社会生产处在生产可能性边界上表示社会处于充分就业状态;社会生产处在生产可能性边界以内的点,表明社会未能充分利用资源,即存在闲置资源,其原因是存在失业或经济缺少效率;社会生产处在生产可能性边界以外的点,必然以今后的生产萎缩为代价。

生产可能性边界凹向原点,说明随着一种产品的增加,机会成本是递增的;也可以说,是机会成本的递增决定了生产可能性边界凹向原点。机会成本的递增是由于某些资源适于生产某种产品,当把它用于生产其他产品时,其效率下降,即单位资源的产出量减少。

4. 经济学是研究资源的稀缺性的一门社会科学。稀缺性是指无论个人还是社会拥有的资源都是有限的,而人类的欲望是无限的,因此,经济学研究人们如何进行选择,以最小的投入获得最大的产出和满足。但只要人们进行选择,就必然带来机会成本。机会成本是资源用于一种用途所放弃的其他用途中所带来的最大收益。显然,机会成本是人们进行选择的代价,机会成本可以用来分析选择的可能性。当一种选择带来的机会成本大于收益时,需要放弃这样的选择;反之则可以进行选择。

六、阅读与思考

(1) 杨有志老人的行为是理性的。因为作为退休干部,杨有志把人民的生命看得高于一切。用自己的生命去保护人民的财产,是自己应尽的责任和义务。舍身救人是自己人生价值的一种实现,相比于救人时丢失的手机、手表等,挽救他人生命所带来的满足感给他带来的效用更大。

(2) 如果一个人遇到同样的情况,没有救人,其行为可能是理性的,也可能是不理性的,这取决于一个人的价值观。如果一个人将人民的财产看得十分重要,那么他的行为就是不理性的;如果在一个人的心中,个人的生命比什么都重要,那么其行为就可能是理性的。

第二章　需求、供给与均衡价格

提　要

1. 经济学中的需求是指在一定条件下，消费者在一定时期内，在各种可能的条件下，愿意并且能够购买一定数量的某种商品的数量。在经济学中强调消费者具有购买的意愿才会构成需求。个人需求是一个表列，它表示一个人在某一特定时期内，在各种可能的条件下，将购买的某种商品的数量。市场需求是个人需求的加总。

2. 影响消费者意愿的主要因素有：商品本身的价格、消费者偏好、广告促销手段、消费者的价格预期、与消费者所购买的商品价格有关的其他商品的价格和年龄等。影响消费者购买能力的主要因素有：收入、银行利率等。其中最重要的影响因素为价格和收入。

3. 需求法则的内容是：假定其他条件不变，商品的需求量与其价格呈反方向变化，即价格上升需求量下降，价格下降需求量上升。

4. 单个厂商的供给是指在某一特定时期内，单个生产者在各种可能的价格下愿意并且能够出售的某种商品的各种数量。市场供给是指在某一特定时期内，在各种可能的价格下，生产某种商品的所有生产者愿意并且能够提供的该种商品的数量。市场供给是单个厂商供给的加总。

5. 影响单个厂商供给的主要因素有：厂商打算出售的商品的价格、相关商品的价格、为生产该商品厂商所投入的生产要素的成本、厂商的技术水平、厂商对于商品未来价格的预期等。

6. 需求量的变动是假定其他因素保持不变的情况下，由于商品本身价格的变化引起需求量的变化。从需求曲线上看，需求量的变动表现为同一条曲线上点的移动。因此，需求量的变动又称点移动。而需求的变动是指在商品本身的价格不变的情况下，由于其他非价格因素的变化所引起的需求数量的变动。从需求曲线上看，需求的变动表现为整个需求曲线向左或向右平移，又称曲线移动。供给量的变动是假定其他因素保持不变的情况下，由于商品本身价格的变化引起供给量的变化。从供给曲线上看，供给量的变动表现为同一条曲线上的点的移动。供给的变动是指在商品本身的价格不变的情况下，由于其他非价格因素的变化所引起的供给数量的变动。从供给曲线上看，供给的变动表现为整个供给曲线向左或向右平移。

7. 供求相等时的市场状况称为市场均衡。达到市场均衡时的价格称为均衡价格，达到市场均衡时的数量称为均衡数量。由市场需求函数与市场供给函数可以求出均衡价格与均衡数量。

8. 供求定理是指在其他条件不变的情况下，第一，均衡价格和均衡数量与需求呈同方向变动，即需求增加，均衡价格和均衡数量均增加；需求减少，均衡价格和均衡数量均减少。第二，均衡价格与供给呈反方向变动，均衡数量与供给呈同方向变动，即供给增加，均衡价格降低，均衡数量增加；供给减少，均衡价格提高，均衡数量减少。

9. 需求价格弹性是指某种商品的价格每变动1%所引起的需求量变化的百分数。需求价格弹性衡量需求量对价格变动是否敏感,从而描述消费者对价格变动是否敏感。需求价格弹性主要取决于以下四个因素:① 购买商品支出占消费者总支出的比重;② 是否是生活必需品;③ 商品的可替代程度;④ 时间因素。

10. 需求的收入弹性是指收入每变动1%所引起的需求量变化的百分数。一般来说,当消费者收入增加时,会增加商品的需求量。当某种商品的需求量随着消费者收入的增加而增加,即需求量与收入呈同方向变动时,称这类商品为正常商品,正常商品的需求收入弹性为正值。

11. 供给的价格弹性是与需求价格弹性相对应的概念,它反映了供给量对价格变动的反应程度,其定义为:某种商品的价格每变动所引起的供给量变化的百分数。同需求价格弹性一样,供给价格弹性也可以分为五类:① 供给完全无弹性,即$|E_s|=0$;② 供给缺乏价格弹性,即$0<|E_s|<1$;③ 供给具有单位价格弹性,即$|E_s|=1$;④ 供给富有价格弹性,即$|E_s|>1$;⑤ 供给价格弹性为无穷大,即$|E_s|=\infty$。影响供给价格弹性的因素很多,其中主要有产品生产周期的长短、生产的技术状况、产品生产所需要的规模等。

12. 蛛网模型引进时间变化的因素,通过对属于不同时期的需求量、供给量和价格之间的相互作用的连续考察,用动态分析的方法论述诸如农产品这类生产周期较长的商品的产量和价格在偏离均衡状态以后的实际波动过程及其结果。根据供给弹性与需求弹性的关系,蛛网模型可分为收敛式、发散式和封闭式三种模型。

习　题

一、单选题

1. 在其他条件不变的情况下,消费者收入增加将导致(　　)。
   A. 需求量增加
   B. 需求增加
   C. 需求量减少
   D. 需求减少
2. 下列因素中不能导致需求曲线移动的因素是(　　)。
   A. 相关商品的价格不变
   B. 消费者的价格预期
   C. 消费者的收入水平
   D. 商品自身的价格
3. 两种互补商品中的一种价格下降将导致另一种商品的(　　)上升。
   A. 需求量
   B. 需求
   C. 价格
   D. 均衡价格
4. 一种商品的价格下降会导致其替代商品的需求曲线(　　)。
   A. 向左方移动

B. 向右方移动

C. 不变

D. 以上三种情况都有可能

5. 某商品的价格上升,其销售收益非但没有增加,反而减少了,这是因为该商品的需求是(　　)。

A. 缺乏弹性的

B. 富有弹性的

C. 无弹性的

D. 与弹性无关

6. (　　)情况下,均衡价格将只会上升。

A. 需求和供给都增加

B. 需求和供给都减少

C. 需求增加,供给减少

D. 需求减少,供给增加

7. 下列诸情形中,(　　)情况将意味着是吉芬商品。

A. 需求收入弹性和需求价格弹性都是正的

B. 需求收入弹性和需求价格弹性都是负的

C. 需求收入弹性为正,但需求价格弹性为负

D. 需求收入弹性为负,但需求价格弹性为正

8. 如果政府对卖者出售的商品每单位征税 5 美分,那么这种做法将引起这种商品的(　　)。

A. 价格上升 5 美分

B. 价格的上升少于 5 美分

C. 价格的上升大于 5 美分

D. 价格无法确定

9. 假定某商品的供给曲线是一条过原点的直线,那么该商品供给的价格弹性(　　)。

A. 随价格的变化而变化

B. 恒等于 1

C. 为其斜率值

D. 难以确定

10. 当商品的供给和需求同时增加后,该商品的均衡价格将(　　)。

A. 上升

B. 下降

C. 不变

D. 无法确定

11. 当需求曲线是一条垂直于横轴的直线时,下列说法中正确的是(　　)。

A. 需求价格弹性为零

B. 需求价格弹性为无穷大

C. 需求价格弹性为－1

D. 供给无弹性

12. 市场需求曲线是根据(　　)。

A. 在不同价格上个人需求的不同数量相加而得到的

B. 个人需求曲线叠加而得到的

C. 个人需求曲线上的不同价格相加而得到的

D. 厂商供应情况测算而得到的

13. 消费者预期某种物品未来价格上升,则对该物品当前需求(　　)。

A. 减少

B. 增加

C. 不变

D. 以上三种情况均可

14. 供给曲线的位置由下列(　　)因素决定。

A. 厂商的预期

B. 生产成本

C. 技术状况

D. 以上三者皆是

15. 下列会使供给曲线向右移动的是(　　)。

A. 产品热销

B. 成本上升

C. 投入品价格上升

D. 生产环境的改善

16. 如果某种商品的需求价格弹性是正值,则说明(　　)。

A. 该种商品是必需品

B. 该种商品是低等品

C. 该种商品是吉芬商品

D. 该种商品不是正常商品

17. 如果某种商品的需求收入弹性是正值,则说明(　　)。

A. 该种商品不是低档品

B. 该种商品必定是必需品

C. 该种商品必定是高档品

D. 该种商品必定是低档品

18. 一般来说,某种商品的价格弹性与购买该种商品的支出占全部收入的比例的关系是(　　)。

A. 购买该种商品的支出占全部收入的比例越大,其价格弹性就越大

B. 购买该种商品的支出占全部收入的比例越大,其价格弹性就越小

C. 购买该种商品的支出占全部收入的比例越小,其价格弹性就越大

D. 购买该种商品的支出占全部收入的比例与价格弹性没有关系

19. 假定大米市场的需求是缺乏弹性的,大米的产量等于销售量且等于需求量,恶劣的气候条件使大米产量下降20%,在这种情况下(　　)。

A. 大米生产者的收入减少,因为大米的产量下降 20%
B. 大米生产者的收入增加,因为大米的价格上升低于 20%
C. 大米生产者的收入增加,因为大米的价格上升超过 20%
D. 大米生产者的收入增加,因为大米的价格上升 20%

20. 政府把价格限制在均衡水平以下可能导致(　　)。
A. 黑市交易
B. 大量积压
C. 买者按低价买到了希望购买的商品数量
D. A 和 C

21. 下列(　　)项将导致商品需求量的变化而不是需求的变化。
A. 消费者的收入变化
B. 人口的变化
C. 消费者预期该商品的价格将上升
D. 该商品的价格下降

22. 如果甲产品的价格下降引起乙产品需求曲线向左移动,那么(　　)。
A. 甲和乙产品是互替商品
B. 甲和乙产品是互补商品
C. 甲为低档商品,乙为高档商品
D. 甲为高档商品,乙为低档商品

23. 假如生产某种商品所需原料的价格上升了,则(　　)。
A. 这种商品的需求曲线向左方移动
B. 这种商品的供给曲线向左方移动
C. 这种商品的供给曲线向右方移动
D. 这种商品的需求曲线向右方移动

24. 在某一时期内彩电的需求曲线向左平移,其原因可以是(　　)。
A. 彩电的价格上升
B. 消费者对彩电的预期价格下降
C. 消费者的收入水平提高
D. 黑白电视机的价格上升

25. 一个高于均衡价格的价格表示(　　)。
A. 在此价格上生产者无法收回生产成本
B. 在此价格上供给量大于需求量
C. 消费者愿意以此价格购买所有产品
D. 在此价格上需求量大于供给量

26. 某商品价格为 10 元,其供给量为 50 单位,需求量为 100 单位。价格每上升 1 元,供给量增加 5 单位,需求量下降 5 单位。那么该商品的均衡价格和均衡产量是(　　)。
A. 价格为 15,产量为 50
B. 价格为 20,产量为 75
C. 价格为 20,产量为 50

D. 价格为15,产量为75

27. 已知当某种正常商品的均衡价格是1美元时,均衡交易量是1 000单位。现假定买者收入的增加使这种商品的需求增加了400单位,那么在新的均衡价格水平上,买者的购买量是(　　)。

A. 1000单位

B. 多于1 000单位,少于1 400单位

C. 1 400单位

D. 无法确定

28. 假设某商品的需求曲线为$Q=3-5P$,市场上该商品的均衡价格为4,那么当需求曲线变为$Q=5-5P$后,均衡价格将(　　)。

A. 大于4

B. 小于4

C. 等于4

D. 无法确定

29. 某商品的需求函数为$Q=12\ 000-25P$,在需求数量Q为2 000件时的价格弹性是(　　)。

A. 25

B. 10

C. 5

D. 1

30. 一般来说,某种商品的价格弹性与购买该种商品的支出占全部收入的比例的关系是(　　)。

A. 购买该种商品的支出占全部收入的比例越大,其价格弹性就越大

B. 购买该种商品的支出占全部收入的比例越大,其价格弹性就越小

C. 购买该种商品的支出占全部收入的比例越小,其价格弹性就越大

D. 购买该种商品的支出占全部收入的比例与价格弹性没有关系

二、判断题

1. 需求就是居民在某一特定时期内,在每一价格水平下愿意购买的商品量。(　　)
2. X商品的价格下降导致Y商品的需求数量上升,说明两种商品是替代品。(　　)
3. 垂直的需求曲线说明消费者对该种商品的需求数量为零。(　　)
4. 当某种商品的价格上升时,其互补商品的需求将上升。(　　)
5. 如果某种商品很容易被其他商品替代,那么该种商品的价格弹性就较大。(　　)
6. 对厂商征税,将使产品的供给曲线左移,使均衡价格下降,均衡产量上升。(　　)
7. 政府规定最高限价会使短缺发生。(　　)
8. 低档商品的经济学含义是指这些商品达不到某种可接受的质量标准。(　　)
9. 如果价格和总收益呈同方向变化,则需求是富有弹性的。(　　)
10. 维持农产品价格的主要目的是防止其价格的大幅度波动。(　　)

11. 如果收入弹性等于1.5，则说明需求数量要上升1%，收入一定要上升1.5%。（　）

12. 需求的价格弹性为零意味着需求曲线是一条水平线。（　）

13. 一般来说生活必需品的需求弹性比奢侈品的需求弹性要小。（　）

14. 原油价格的下降会促进人们对其他替代能源的开发。（　）

15. 如果需求曲线比供给曲线陡直，则征收单位销售税的结果是使消费者负担更大比例的税收。（　）

16. 如果价格和总收益呈同方向变化，则需求是富有弹性的。（　）

17. 商品越是缺乏弹性，政府从这些商品中征收的税就越多。（　）

18. 如果只知道需求增加和供给减少，但不知道它们变化的数量，那么均衡交易量的变化方向无法确定。（　）

19. 黑麦市场的变化将影响小麦和玉米市场。（　）

20. 即使需求曲线上每点的斜率不同，每点上的弹性也都是一样的。（　）

三、名词解释

1. 个人需求
2. 单个厂商的供给
3. 市场均衡
4. 市场需求
5. 市场供给
6. 需求量的变动
7. 供给量的变动
8. 需求的变动
9. 供给的变动
10. 需求法则
11. 供求定理
12. 弹性
13. 需求的价格弹性
14. 需求的收入弹性
15. 蛛网理论

四、填空题

1. 经济学中的需求是指在________，消费者在________，在各种可能的条件下，________购买一定数量的某种商品的数量。

2. 影响消费者意愿的主要因素有：________、________、________、________、________、________等。

3. 影响消费者购买能力的主要因素有：________、________等。其中最重要的影响因素为________和________。

4. 需求法则的内容是：________________________________。

5. 影响单个厂商供给的主要因素有：________、________、________、________、________等。

6. 供求定理是指在其他条件不变的情况下，第一，均衡价格和均衡数量与需求呈________变动，即________________。第二，均衡价格与供给呈________________变动，均衡数量与供给呈________________变动，即________________。

7. 需求的收入弹性是指收入________所引起的需求量变化的百分数。一般来说，当消费者收入增加时，会增加商品的需求量。

8. 在需求的价格弹性大于1的条件下，卖者适当降低价格能________总收益。

9. 在需求的价格弹性小于1的条件下，卖者适当________价格能增加总收益。

10. 需求函数表示一种商品的________和________之间存在着一一对应关系。

11. 供给函数 $Q_s=f(P)$ 表示一种商品的________和________之间存在着一一对应关系。

12. 蛛网定理说明________商品的供求数量和价格的变化。

13. 对于富有弹性的商品来说，降低价格会________厂商的销售收入；对于缺乏弹性的商品来说，降低价格会________厂商的销售收入。

14. 在需求的价格弹性小于1的条件下，卖者适当________价格能增加总收益。

15. 蛛网形状取决于商品的弹性：如果需求弹性小于供给弹性，则蛛网是________；如果商品的需求弹性大于供给弹性，则蛛网是________。因此，农产品的蛛网形状是________。

五、计算题

1. 已知某一时期内某商品的需求函数为 $Q=50-5P$，供给函数为 $Q=-10+5P$。

(1) 求均衡价格 P 和均衡数量 Q，并作出几何图形。

(2) 假定供给函数不变，由于消费者收入水平提高，使需求函数变为 $Q=60-5P$。求出相应的均衡价格 P 和均衡数量 Q，并作出几何图形。

(3) 假定需求函数不变，由于生产技术水平提高，使供给函数变为 $Q=-5+5P$。求出相应的均衡价格 P 和均衡数量 Q，并作出几何图形。

2. 已知某商品的需求方程和供给方程分别为 $Q_d=14-3P$，$Q_s=2+6P$。求该商品的均衡价格，以及均衡时的需求价格弹性和供给价格弹性。

3. 若市场需求曲线为 $Q=120-5P$，求价格 $P=4$ 时需求价格的点弹性值，并说明怎样调整价格才能使总收益增加。

4. 假定某消费者关于某种商品的消费数量 Q 与收入 M 之间的函数关系为 $M=100Q^2$。求收入 $M=6\,400$ 时的需求收入点弹性。

5. 假定某商品市场上有100个消费者，其中，60个消费者购买该市场 $\frac{1}{3}$ 的商品，且每个消费者的需求价格弹性均为3；另外40个消费者购买该市场 $\frac{2}{3}$ 的商品，且每个消费者的需求价格弹性均为6。求按100个消费者合计的需求价格弹性系数是多少？

六、简答题

1. 影响商品需求的主要因素是什么？

2. 影响商品供给的主要因素是什么？
3. 影响商品需求价格弹性的主要因素有哪些？
4. 需求量的变动与需求的变动有何区别和联系？
5. 均衡价格是如何实现的？它对于制定价格政策有何意义？

七、阅读与思考

阅读以下材料，联系实际情况，运用所学理论进行评析。

物价持续走低的根本原因是国民经济总供给持续超过总需求所引起的。

1998 年以来，我国物价水平持续走低，虽然 2001 年略有回升，但 2002 年 1—7 月，全国居民消费价格总水平比去年同期下降 0.8%，再次出现负增长。物价是国民经济运行状况的综合反映，物价水平的持续走低，有深层因素。

生产能力过剩超过需求增长，其中生产能力的严重过剩是基本原因。物价总水平是国民经济总供给和总需求相互作用的结果。物价持续走低乃至出现负增长，是由于总供给持续超过总需求所引起的。导致总供求失衡的原因是什么呢？是由于总需求增长不够快，还是供给方面存在严重的结构性生产能力过剩？或者，上述两种因素都存在。请从供给与需求两方面分析物价下降的原因，并提出消除各种不利于结构调整的体制和政策障碍的方法。

习题答案

一、单选题

1～5：BDBAB　　6～10：CDBBD　　11～15：ABDDA　　16～20：CAACA
21～25：DABBB　　26～30：DBACA

16. 解释：需求价格弹性一般为 $e=-\frac{\mathrm{d}Q}{\mathrm{d}P}\cdot\frac{P}{Q}$，若弹性 e 为正值，则意味着 $\frac{\mathrm{d}Q}{\mathrm{d}P}$ 取负值，这恰恰为一般需求曲线（即正常商品）的特征：斜率为负，曲线向右下方倾斜。若要需求价格弹性 e 取负值，意味着 $\frac{\mathrm{d}Q}{\mathrm{d}P}$ 取正值，即需求曲线为正斜率，向右上方倾斜，意即当此商品价格上升时，对它的消费量不降反升，而这正好是吉芬商品的特征。

二、判断题

1. ×
2. ×
3. ×
4. ×
5. √
6. ×
7. √
8. ×

9. ×
10. ×
11. ×
12. ×
13. √
14. ×
15. ×
16. ×
17. √
18. √
19. √
20. ×

三、名词解释

1. 个人需求是一个表列,它表示一个人在某一特定时期内,在各种可能的条件下,将购买的某种商品的数量。

2. 单个厂商的供给是指在某一特定时期内,单个生产者在各种可能的价格下愿意并且能够出售的某种商品的各种数量。

3. 供求相等时的市场状况称为市场均衡。达到市场均衡时的价格称为均衡价格,达到市场均衡时的数量称为均衡数量。由市场需求函数与市场供给函数可以求出均衡价格与均衡数量。

4. 市场需求是个人需求的加总。

5. 市场供给是指在某一特定时期内,在各种可能的价格下,生产某种商品的所有生产者愿意并且能够提供的该种商品的数量。市场供给是单个厂商供给的加总。

6. 需求量的变动是假定其他因素保持不变的情况下,由于商品本身价格的变化引起需求量的变化。从需求曲线上看,需求量的变动表现为同一条曲线上点的移动。因此,需求量的变动又称点移动。

7. 供给量的变动是假定其他因素保持不变的情况下,由于商品本身价格的变化引起供给量的变化。从供给曲线上看,供给量的变动表现为同一条曲线上点的移动。

8. 需求的变动是指在商品本身的价格不变的情况下,由于其他非价格因素的变化所引起的需求数量的变动。从需求曲线上看,需求的变动表现为整个需求曲线向左或向右平移,又称曲线移动。

9. 供给的变动是指在商品本身价格不变的情况下,由于其他非价格因素的变化所引起的供给数量的变动。从供给曲线上看,供给的变动表现为整个供给曲线向左或向右平移。

10. 需求法则的内容是:假定其他条件不变,商品的需求量与其价格呈反方向变化,即价格上升需求量下降,价格下降需求量上升。

11. 供求定理是指在其他条件不变的情况下,第一,均衡价格和均衡数量与需求呈同方向变动,即需求增加,均衡价格和均衡数量均增加;需求减少,均衡价格和均衡数量均减少。第二,均衡价格与供给呈反方向变动,均衡数量与供给呈同方向变动,即供给增加,均衡价格降低，均衡数量增加；供给减少，均衡价格提高，均衡数量减少。

12. 弹性是指一个变量变动的百分比相应于另一变量变动的百分比来反映变量之间变动的敏感程度。

13. 需求的价格弹性是指某种商品的价格每变动 1％所引起的需求量变化的百分数。需求价格弹性衡量需求量对价格变动是否敏感，从而描述消费者对价格变动是否敏感。

14. 需求的收入弹性是指收入每变动 1％所引起的需求量变化的百分数。一般来说，当消费者收入增加时，会增加商品的需求量。

15. 蛛网模型引进时间变化的因素，通过对属于不同时期的需求量、供给量和价格之间的相互作用的连续考察，用动态分析的方法论述诸如农产品这类生产周期较长的商品的产量和价格在偏离均衡状态以后的实际波动过程及其结果。根据供给弹性与需求弹性的关系，蛛网模型可分为收敛式、发散式和封闭式三种模型。

四、填空题

1. 一定条件下　一定时期内　愿意并且能够

2. 商品本身的价格　消费者偏好　广告促销手段　消费者的价格预期　与消费者所购买的商品价格有关的其他商品的价格　年龄

3. 收入　银行利率　价格　收入

4. 假定其他条件不变，商品的需求量与其价格呈反方向变化，即价格上升需求量下降，价格下降需求量上升

5. 厂商打算出售的商品的价格　相关商品的价格　为生产该商品厂商所投入的生产要素的成本　厂商的技术水平　厂商对于商品未来价格的预期

6. 同方向　需求增加，均衡价格和均衡数量均增加；需求减少，均衡价格和均衡数量均减少　反方向　同方向　供给增加，均衡价格降低，均衡数量增加；供给减少，均衡价格提高，均衡数量减少

7. 每变动 1％

8. 增加

9. 提高

10. 需求量，价格

11. 供给量，价格

12. 背离均衡点的

13. 增加，减少

14. 提高

15. 发散的　收敛的　发散的

五、计算题

1. 解题思路：本题考查均衡价格和数量的计算方法。

解析：(1) 由　$Q_d=50-5P$，　$Q_s=-10+5P$

$$Q_d=Q_s,\qquad 50-5P=-10+5P$$

得均衡价格 $P_e=6$，均衡数量 $Q_e=20$。图略。

(2) 由 $$Q_d=60-5P,\quad Q_s=-10+5P$$
$$Q_d=Q_s,\quad 60-5P=-10+5P$$
得均衡价格 $P_e=7$,均衡数量 $Q_e=25$。图略。

(3) 由 $$Q_d=50-5P,\quad Q_s=-5+5P$$
$$Q_d=Q_s,\quad 50-5P=-5+5P$$
得均衡价格 $P_e=5.5$,均衡数量 $Q_e=22.5$。图略。

2. 答案:均衡价格 $P=4/3$;$E_d=0.4$;$E_s=0.8$。

3. 答案:当价格 $P=4$ 时,需求量 $Q=100$;$E_d=0.2$,由于价格弹性系数小于 1,因而需求是缺乏弹性的。故提高价格将会使得总收益增加。

4. 切入点:这个题需要数学运用能力,尤其是 $(\chi^{\alpha})'=\alpha\chi^{\alpha-1}$,需求的收入弹性公式 $e_m=\frac{dQ}{dM}\cdot\frac{M}{Q}$,先求出 $\frac{dQ}{dM}$,然后把结果代入弹性公式进行数学运算即可。

已知 $M=100Q^2$,得 $Q=\sqrt{\frac{M}{100}}=\frac{\sqrt{M}}{10}$,则有
$$\frac{dQ}{dM}=\frac{1}{10}\cdot\frac{1}{2}\cdot M^{-\frac{1}{2}}=\frac{1}{20}\cdot M^{-\frac{1}{2}}$$

进一步可得
$$e_m=\frac{dQ}{dM}\cdot\frac{M}{Q}=\frac{1}{20}\cdot M^{-\frac{1}{2}}\cdot\frac{M}{Q}=\frac{1}{20}\cdot M^{-\frac{1}{2}}\cdot\frac{M}{\frac{\sqrt{M}}{10}}=\frac{1}{2}$$

观察发现,$M=\alpha Q^2$,而且当 α 为大于 0 的常数时,无论 M 为多少,相应的需求点弹性恒等于 1/2。

5. 切入点:注意导数公式,这个题需要数学的综合运用能力。同学们尽量理解就可以了。

令该市场上 100 个消费者购买的商品总量为 Q,相应的市场价格为 P,则根据题意,该市场 1/3 的商品被 60 个人购买,且每人的需求价格弹性都是 3,单个消费者 i 的需求价格弹性为
$$\frac{dQ_i}{dP}=-3\cdot\frac{Q_i}{P}\quad(i=1,2,3,\cdots,60)\tag{2-1}$$

且
$$\sum_{i=1}^{60}Q_i=\frac{Q}{3}\tag{2-2}$$

同理,市场上 2/3 的商品被另外 40 个消费者购买,且每个消费者的需求价格弹性都是 6,则单个消费者 j 的需求价格弹性为
$$e_{dj}=-\frac{dQ_j}{dP}\cdot\frac{P}{Q_j}=6$$

则
$$\frac{dQ_j}{dP}=-6\cdot\frac{Q_j}{P}\quad(j=1,2,3,\cdots,40)\tag{2-3}$$

且
$$\sum_{j=1}^{40}Q_j=\frac{2Q}{3}\tag{2-4}$$

该市场上 100 个消费者合计的需求价格弹性可以写为

$$e_d=-\frac{dQ}{dP}\cdot\frac{P}{Q}=-\frac{d\left(\sum_{i=1}^{60}Q_i+\sum_{j=1}^{40}Q_j\right)}{dP}\cdot\frac{P}{Q}=-\left(\sum_{i=1}^{60}\frac{dQ_i}{dP}+\sum_{j=1}^{40}\frac{dQ_j}{dP}\right)\cdot\frac{P}{Q}$$

将式(2-1)、式(2-3)代入上式得

$$e_d=-\left[\sum_{i=1}^{60}\left(-3\cdot\frac{Q_i}{P}\right)+\sum_{i=1}^{40}\left(-6\cdot\frac{Q_j}{P}\right)\right]\cdot\frac{P}{Q}=$$

$$-\left[-\frac{3}{P}\sum_{i=1}^{60}Q_i+\frac{-6}{P}\sum_{i=1}^{40}Q_j\right]\cdot\frac{P}{Q}$$

再将式(2-2)、式(2-4)代入上式得

$$e_d=-\left(-\frac{3}{P}\cdot\frac{Q}{3}-\frac{6}{P}\cdot\frac{2Q}{3}\right)\cdot\frac{P}{Q}=-\frac{Q}{P}(-1-4)\cdot\frac{P}{Q}=5$$

所以,100个消费者合计的需求价格弹性系数是5。

六、简答题

1. 影响消费者意愿的主要因素有:商品本身的价格、消费者偏好、广告促销手段、消费者的价格预期、与消费者所购买的商品价格有关的其他商品的价格和年龄等。影响消费者购买能力的主要因素有:收入、银行利率等。其中最重要的影响因素为价格和收入。

2. 影响单个厂商供给的主要因素有:厂商打算出售的商品的价格、相关商品的价格、为生产该商品厂商所投入的生产要素的成本、厂商的技术水平、厂商对于商品未来价格的预期等。

3. 需求价格弹性主要取决于以下四个因素:① 购买商品支出占消费者总支出的比重;② 是否是生活必需品;③ 商品的可替代程度;④ 时间因素。

4. 需求量的变动是假定其他因素保持不变的情况下,由于商品本身价格的变化引起需求量的变化。从需求曲线上看,需求量的变动表现为同一条曲线上点的移动。因此,需求量的变动又称点移动。而需求的变动是指在商品本身价格不变的情况下,由于其他非价格因素的变化所引起的需求数量的变动。从需求曲线上看,需求的变动表现为整个需求曲线向左或向右平移,又称曲线移动。

5. 供求相等时的市场状况称为市场均衡。达到市场均衡时的价格称为均衡价格,达到市场均衡时的数量称为均衡数量。由市场需求函数与市场供给函数可以求出均衡价格与均衡数量。在市场自由竞争条件下,需求和供给两种力量的对比决定了市场的均衡价格,而均衡价格又影响着供求的变化。因此,在现实的经济生活中,运用均衡价格理论来调整社会的供求关系,将对经济活动起着积极作用。① 最低限价:最低限价又称支持价格,是指政府为了扶持某一行业而规定的该行业产品的最低价格。为了维持支持价格,政府一般采取的措施有:一是政府购买过剩的商品;二是给消费者以补贴,如减免税收等,从而降低产品的销售价格;或者政府补贴低价销售的差额。② 最高限价:最高限价也称限制价格,是指政府所规定的某种产品的最高价格。最高价格总是低于市场的均衡价格。限制价格一般是在战争或自然灾害等特殊时期使用,但许多国家对某些生活必需品或劳务长期实行限制价格政策。

七、阅读与思考

解题思路:要从需求和供给两方面分别进行思考。

解析：其中既有需求方面的原因，也有供给方面的原因，二者相比，主因不在需求，而在供给。这是因为，从近几年和当前各类需求的增长变化情况来看，我们很难得出总需求不足的结论。既然总需求的增长并不低，为什么会出现物价的持续下降甚至负增长呢？原因只能是，虽然需求水平增长不算慢，但供给方面生产能力的过剩情况更为严重。特别是，随着我国经济的发展，居民收入水平的提高和消费结构的变化，社会上对普通农产品和一般加工品的需求而言，生产供给量和生产能力都存在严重的过剩情况。以工业为例，多年来低水平重复建设产生的大量过剩的生产能力，在短期内还难以有效压缩，加工制造业处在产业升级换代及消费结构转换的过渡期，生产能力的过剩和产品结构的趋同，使得市场供过于求的状况更加严重。

需求增长是宏观调控的结果，需求方面的结构性矛盾也制约了总需求的扩大和物价的回升。在看到制约物价回升的主要矛盾是供给方面的结构矛盾的同时，也应当看到，近年来总需求特别是国内投资需求和消费需求的较快增长，在很大程度上是国家宏观政策调控的结果。进一步分析可以发现，需求方面也存在一些结构性的制约因素，既不利于需求特别是最终消费需求的进一步扩大，也制约了企业结构调整的过程。具体表现在：居民收入差距继续扩大，收入增长带动的边际消费效应在减弱。占全国人口60％以上的农民消费增长比较缓慢。2002年以来，证券市场低迷，加之银行存款利息持续降低等原因，使居民手中的金融资产缩水，影响了居民的消费情绪。

民营企业的发展仍存在许多限制，民间投资潜力没有充分发挥。占社会固定资产投资总额30％的民间投资热情不高，上半年集体投资和个体投资同比分别增长15.8％和19.4％，低于同期国有及其他经济类型固定资产投资增长23.1％的速度。

在固定资产投资中，更新改造投资的增长低于房地产开发的投资，今年以来，更低于固定资产投资的平均水平，反映出企业技术创新和产品更新的能力不足，产品更新换代滞后。

另外，我国企业当前实行的是生产型增值税，企业对固定资产和设备的投入不能在税前抵扣，无形中加重了企业负担，抑制了企业进行更新改造的积极性。其结果是，使产品更新换代滞后，供给和需求脱节严重，供给水平和生产能力的严重过剩，导致价格水平持续下降。

解决问题需要从两方面入手，认识到当前物价总水平下降的主要和基本原因，对于正确把握现阶段我国宏观经济政策的基本取向十分重要。第一，消除各种不利于结构调整的体制和政策障碍，加快经济结构的升级和转型，是克服物价长期下降趋势，保证经济长期健康发展的根本之策。由于体制原因，我国市场缺乏公平竞争的环境，市场效率不高：一是产品落后的国有企业为了证明自己存在的必要，以削价的方式占有一定的市场份额，使陈旧的生产能力不能及时退出，竞争不能带来优胜劣汰；二是一些中小企业违法违规减少生产投入，以此降低生产成本，以较低的价格冲击市场。其后果是，延长了结构调整、价格持续走低的时间。

第二，在结构矛盾短期内难以根本解决的情况下，为了保持经济和社会的稳定，采取扩大需求的政策是必要的，但扩大需求的政策要注意不要损害破坏结构调整的环境，还要与结构调整的任务和要求相一致，有利于结构调整的推进，而不是形成新的结构矛盾。

根本上解决价格持续走低的问题需要从加快经济体制改革和经济结构调整两方面入手，可在扩大内需的宏观调控政策的基础上，采取一些短期措施，主要解决供给方面的问题，促进经济结构调整，控制低水平低生产能力，增强供给适应需求的能力。同时进一步挖掘居民消费需求和民间投资需求的潜力，改善供求关系，遏制价格下降趋势，防止价格出现大的波动。

一方面，企业进行设备投资要全额进入增值税税基并缴纳增值税，对技改贷款继续实行国债贴息政策，并增加贴息资金投入，扩大贴息范围，使更多的国债用于加快结构调整和改善供求关系；另一方面，尽早放松对民营经济在行业准入方面的种种限制，从根本上解决民营企业和中小企业的融资问题，建立多层次的资本市场，为民营企业和中小企业的直接融资创造条件。

另外，采取措施减轻农民因加入 WTO 所受的短期冲击，增强农民消费能力，挖掘农村消费潜力；整顿市场秩序，调节市场供给；利用世贸规则，发挥行业组织作用，创造有利于我国企业的进出口环境。

第三章 消费者行为理论

提 要

1. 消费者偏好是消费者根据自己对不同商品组合的偏好程度对可能消费的商品组合进行的排列。消费者消费的商品组合可以包括多种商品，也可以只包括一种商品。偏好的程度可以分为三个等级：强偏好、弱偏好、无差异。关于消费者偏好有以下几种假设：完备性、反身性、传递性、非满足性。

2. 对于消费者来说，效用是指某人从自己所选择的商品组合中得到的满足的程度。用效用来描述偏好，有利于将抽象的偏好理论形象化。由于个人偏好的差异性，同一种物品对于不同的人效用是不同的，因此，除非给出特殊的假定，否则效用是不能在不同的人之间进行比较的。不同商品的效用对于同一人而言是可以进行比较的。同一种商品的效用对在不同的时间和地点的同一消费者而言也是不同的。与效用概念意义相反的一个概念是负效用，是指某种东西所具有的引起人不舒适或痛苦的能力，例如垃圾、废气等物品。

3. 效用理论分为基数效用和序数效用。基数效用论的基本观点是：效用是可以计量并可以加总求和的，因此，效用的大小可以用基数(1、2、3…)来表示。基数效用论采用的是边际效用分析法。序数效用论的基本观点是：效用作为一种心理现象无法计量，也不能加总求和，只能表示出满足程度的高低与顺序，因此，效用只能用序数(第一、第二、第三……)来表示。序数效用论采用的是无差异曲线分析法。

4. 基数效用论将效用分为总效用和边际效用。总效用是指消费者从事某一行为或消费某一定量的某物品所获得的总满足程度。边际效用是指消费者在一定时间内增加单位商品的消费所得到的效用量的增量。随着某种消费品数量的增加，边际效用是递减的。边际效用递减的原因有两方面：一是消费者生理或心理的原因；二是由于物品本身用途的多样性。

5. 就消费者对消费品的购买选择而言，消费者的均衡是指在商品现行价格和不变的消费者收入的条件下，消费者不愿意再变动的购买量。在既定的收入与商品价格下，追求效用最大化的消费者应该使自己所购买的每一种商品的边际效用与价格之比相等。或者说，消费者分配他在各种商品上的支出的原则是使得他花费在所购买的每一种商品上的最后一元钱所得到的边际效用相等。

6. 商品的需求价格是消费者在单位时间内对一定量的某种商品所愿意支付的价格，它取决于商品的边际效用，与边际效用同方向、同比例变化。根据边际效用递减规律，消费者对某商品所愿意支付的价格是逐步下降的。而商品的需求价格和市场价格是不同的，人们在购买商品时是按实际的商场价格支付的，当市场价格高于消费者的需求价格时，消费者是不会进行购买的，这就是说，在最后一单位商品前的几单位商品，消费者的需求价格都要高于市场价格。所谓消费者剩余，是指消费者在购买一定数量的某种商品时愿意支付的价格和实际支付的总价格之间的差额。

7. 序数效用论用无差异曲线来考察消费者行为。无差异曲线就是指能给消费者带来相同的效用水平或满足程度的两种商品所有组合的集合，或者说指消费者偏好相同的两种商品所有组合的集合的图形表现。标准的无差异曲线具有以下特征：

① 曲线向右下方倾斜且具有负的斜率。

② 当消费者的收入与商品的价格不同时，可得到其他不同的组合方式，从而产生若干条不同的无差异曲线。越偏离原点的无差异曲线，所代表的满足程度越高；越靠近原点的无差异曲线，所代表的满足程度越低。也就是说，在同一条无差异曲线上，满足程度是相同的。不同的无差异曲线上，满足程度是不相同的。

③ 任意两条无差异曲线不相交，否则交点的效用无法判断。

④ 无差异曲线是一条凸向原点的曲线。

8. 在消费者的效用水平不变的前提条件下，两种商品的消费数量之间存在着替代的关系，消费者在增加一种商品的消费数量的同时，必然会放弃一定数量的另一种商品，用于刻画商品之间替代关系的一个重要概念是边际替代率。消费者在维持效用水平不变的前提下，随着一种商品的消费数量的连续增加，消费者为得到每一单位的这种商品所需要放弃的另一种商品的消费数量是递减的，这就是边际替代率递减规律。边际替代率在图形上代表无差异曲线的斜率，边际替代率递减，表明无差异曲线切线斜率的绝对值是递减的。

9. 预算约束线又称消费可能线或价格线，表示在消费者收入和商品价格既定的条件下，消费者用现有的全部收入所能购买的两种商品的各种可能的数量组合。预算约束线是在收入和价格既定的条件下的消费可能线，但是在实际生活中收入和商品的市场价格是会变化的，所以预算约束线也将发生变动。例如，假设商品的价格不变，当收入增加时，预算约束线平行向右移动；当收入减少时，预算约束线平行向左移动。

10. 在消费者收入和商品价格变化的条件下，消费者均衡也将发生改变。在其他条件不变，只有收入发生变化的情况下，如果收入水平的变化是连续的，就可以得到收入变化时消费者均衡的变动轨迹，这条线称为收入-消费曲线。利用收入-消费曲线可以导出恩格尔曲线。在其他条件不变，只有某种商品的价格发生变化的情况下，如果价格水平的变化是连续的，就可以得到商品价格变化时消费者均衡的变动轨迹，这条线称为价格-消费曲线。利用价格-消费曲线可以导出需求曲线。

11. 一种商品的市场需求是指在一定时期内，在各种不同的价格下，市场中所有消费者对某种商品的需求量。一种商品的市场需求量是每一个价格水平上该商品的所有个人需求量的加总。由于市场需求曲线是单个消费者的需求曲线的水平加总，因此，如同单个消费者的需求曲线一样，市场需求曲线一般也是向右下方倾斜的。市场需求曲线表示某商品市场在一定时期内各种不同的价格水平上所有消费者愿意而且能够购买的该商品的数量。而且，市场需求曲线上的每个点都表示在相应的价格水平下可以给全体消费者带来最大的效用水平或满足程度的市场需求量。

12. 无差异曲线分析方法认为，商品价格变动对消费者均衡购买的影响，是替代效应和收入效应共同作用的结果，即总效应＝替代效应＋收入效应。一种商品的名义价格发生变化后，将同时对商品的需求量产生两种影响：替代效应和收入效应。当一种商品的名义价格变化时，将引起在消费者所购买的商品中，该商品与同该商品相近的商品之间的替代，称为替代效应；当一种商品的名义价格发生变化的同时，保持消费者名义收入不变，这种商品价格的变化将引起消费者实际收入发生变化，或者说引起消费者所购的商品总量发生变化，称为收入效应。收入效应表示消费者的效用水平发生变化，替代效应则不改变消费者的效用水平。

13. 正常品的替代效应与收入效应均与价格呈反方向变化，因此总效应必定与价格呈反方向变化。因此，正常品的需求曲线是向右下方倾斜的。对于低档品来说，替代效应与价格呈反方向变化，收入效应与价格呈同方向变化，同时由于在大多数情况下，替代效应的作用大于收入效应的作用，所以总效应必定与价格呈反方向变化。因此，低档品的需求曲线也是向右下方倾斜的。吉芬品的替代效应与价格呈反方向变化，收入效应与价格呈同方向变化，这是因为吉芬品是低档品的特例，但是，由于收入效应的作用大于替代效应的作用，所以吉芬品的总效应与价格呈同方向的变化。因此，吉芬品的需求曲线是向右上方倾斜的。

14. 现实生活中，消费者的选择包含许多不确定性因素。在消费支出的计划期内，无论是消费者的收入，还是商品的价格都有可能发生变化。也就是说，消费者在自己的消费选择中会遇到一定的不确定因素或风险。测度风险的手段有概率、期望值、方差等。根据个人承担风险意愿的差别可以把人们对风险的态度分为三类：风险厌恶者、风险爱好者和风险中立者。应对风险的途径有多样化、购买保险、获取更多的信息等。

习　题

一、单选题

1. 某消费者偏好甲商品甚于乙商品，原因是(　　)。
   A. 商品甲的价格最低
   B. 商品甲紧俏
   C. 商品甲有多种用途
   D. 对其而言，商品甲的效用最大
2. 下面除了(　　)外，都是对物品的边际效用的正确理解。
   A. 每增加(减少)一个单位的对物品的消费所引起的总效用的增(减)量
   B. 最后增加的那个单位商品的消费所提供的效用
   C. 消费一定数量的某种物品所获得的总效用
   D. 数学表达式为 $MU=\dfrac{\Delta TU}{\Delta Q}$(TU 表示总效用，$Q$ 表示物品数量)
3. 对于一种商品，消费者得到了最大满足，这意味着(　　)。
   A. 边际效用最大
   B. 总效用为 0
   C. 边际效用为 0
   D. 总效用为正
4. 从数学角度讲，除了(　　)外，都是关于边际效用与总效用关系的正确表达式。
   A. $MU=\dfrac{TU}{\Delta Q}$(TU 表示总效用，Q 表示物品数量)
   B. 边际效用为总效用函数的导数

C. 边际效用为总效用曲线的斜率

D. 总效用为边际效用函数的积分

5. 关于基数效用论,不正确的是(　　)。

A. 基数效用论中,效用可以以确定的数字表达出来

B. 基数效用论中,效用可以加总

C. 基数效用论和序数效用论使用的分析工具完全相同

D. 基数效用论认为效用可正可负

6. 已知商品 X 的价格为 8 元,Y 的价格为 3 元,若某消费者买了 5 单位 X 和 3 单位 Y,此时 X、Y 的边际效用分别为 20、14,那么为获得效用最大化,该消费者应该(　　)。

A. 停止购买两种商品

B. 增加 X 的购买,减少 Y 的购买

C. 增加 Y 的购买,减少 X 的购买

D. 同时增加对两种商品的购买

7. 由于收入和价格的变动,消费者的均衡也发生了变化。假如在新的均衡下,各种商品的边际效用均低于原均衡状态的边际效用,这意味着(　　)。

A. 消费者的满足程度降低了

B. 消费者的满足程度提高了

C. 消费者的满足程度没有变化

D. 无法判断其满足程度的变化

8. 序数效用论中,商品的效用(　　)。

A. 取决于价格

B. 取决于使用价值

C. 可以通过确切的数字表示

D. 可以比较

9. 消费者剩余是消费者的(　　)。

A. 实际所得

B. 主观感受

C. 没有购买的部分

D. 消费剩余部分

10. 关于无差异曲线,不正确的是(　　)。

A. 无差异曲线表现出对两种可能性之间进行选择的问题

B. 无差异曲线不可能为直线

C. 无差异曲线是序数效用论的重要分析工具

D. 无差异曲线上的每一点所代表的两种物品不同数量的组合提供的总效用是相等的

11. 无差异曲线的形状取决于(　　)。

A. 消费者的收入

B. 消费者的偏好

C. 所购商品的价格

D. 商品效用水平的大小

12. 消费者的无差异曲线图总是包括无数条无差异曲线,这是因为(　　)。

A. 人的欲望是无限的

B. 消费者的人数是无限的

C. 商品的数量是无限的

D. 消费者各个时期的收入是不同的

13. 关于边际替代率递减规律,不正确的是(　　)。

A. 边际替代率递减说明每增加一种商品的消费,为了保持总效用不变,所减少的其他商品的消费量是递减的

B. 边际替代率与边际效用递减都说明随着对某物品消费量的增多,人的主观效用递减的趋势

C. 边际替代率递减规律在所有的商品组合中都是适用的

D. 边际替代率递减规律决定了无差异曲线是凸向原点的

14. 直角形状的无差异曲线表明消费者所消费的两种商品的关系为(　　)。

A. 完全互补品

B. 完全替代品

C. 没有关系

D. 互不相关

15. 如果某消费者的无差异曲线变为一条垂直曲线,这表明该消费者对(　　)的消费已达到饱和。(横轴量度 X 商品的数量,纵轴量度 Y 商品的数量)

A. 商品 Y

B. 商品 X

C. 商品 X 和 Y

D. 以上都不正确

16. 同一条无差异曲线上的不同点表示(　　)。

A. 效用水平不同,但所消费的两种商品的组合比例相同

B. 效用水平相同,但所消费的两种商品的组合比例不同

C. 效用水平不同,所消费的两种商品的组合比例也不同

D. 效用水平相同,所消费的两种商品的组合比例也相同

17. 预算线上的点表明(　　)。

A. 没有用完预算支出

B. 预算支出条件下的最大可能数量组合

C. 处于均衡状态

D. 状态不可确定

18. 预算线的位置和斜率取决于(　　)。

A. 消费者的收入

B. 消费者的收入和商品的价格

C. 消费者的偏好、收入和商品的价格

D. 以上都不对

19. 两种商品的价格不变,消费者的收入增加时,预算线将(　　)。

A. 斜率不变,位置不变

B. 斜率变化,位置不变

C. 斜率不变,位置向右上方平移

D. 斜率不变,位置向左下方平移

20. 预算线反映了(　　)。

A. 消费者的偏好

B. 消费者的收入约束

C. 消费者人数

D. 货币的购买力

21. 消费者效用最大化的点必定落在(　　)。

A. 预算线右侧区域

B. 预算线左侧区域

C. 预算线上

D. 预算线上和左侧区域

22. 关于实现消费者均衡的条件,不正确的是(　　)。

A. 在基数效用论下,商品的边际效用之比等于其价格之比

B. 在基数效用论下,两种商品的边际替代率等于其价格之比

C. 基数效用论和序数效用论的均衡条件实质上是相同的

D. 消费者增加一种商品的数量所带来的效用增加量必定大于减少另一种商品所带来的效用减少量

23. 如果商品 X、Y 的边际替代率 $MRS_{XY}>P_X/P_Y$,消费者为达到最大满足,将(　　)。

A. 增购 X,减购 Y

B. 增购 Y,减购 X

C. 同时增购 X 和 Y

D. X 和 Y 的购买量不变

24. 如果商品 X 对商品 Y 的边际替代率 MRS_{XY} 递减,那么,MU_X 和 MU_Y 必定(　　)。

A. 递增

B. 递减

C. MU_X 递减,MU_Y 递增

D. MU_X 递增,MU_Y 递减

25. 若消费者甲的 MRS_{XY} 小于乙的 MRS_{XY},对于甲来说,若要获得效用最大化,则可以(　　)。

A. 放弃 X,以之与乙交换 Y

B. 放弃 Y,以之与乙交换 X

C. 或者放弃 X,或者放弃 Y

D. 两者都不放弃 X

26. 在均衡条件下,消费者购买的商品的总效用一定(　　)他所支付的货币的总效用

A. 小于

B. 等于

C. 大于

D. 无法确定

27. 若消费者的无差异曲线发生了变化,则意味着(　　)发生了变化。

A. 均衡点

B. 商品价格

C. 个人偏好

D. 购买的商品数量

28. 下列(　　)不属于消费者均衡的条件。

A. $MU_X/P_X=MU_Y/P_Y=MU_Z/P_Z$

B. 单位货币在每种用途上的边际效用相等

C. $MU=\lambda P$

D. 各种商品的边际效用相等

29. 某些女性在收入比较低时购买杏仁蜜作为化妆品,而在收入提高后则去买欧莱雅,杏仁蜜对于这些女性来说是(　　)。

A. 吉芬商品

B. 低档商品

C. 正常商品

D. 生活必需品

30. 某低档商品的价格下降,在其他情况不变时,(　　)。

A. 替代效应和收入效应相互加强导致该商品的需求量增加

B. 替代效应和收入效应相互加强导致该商品的需求量减少

C. 替代效应倾向于增加该商品的需求量,而收入效应倾向于减少该商品的需求量

D. 替代效应倾向于减少该商品的需求量,而收入效应倾向于增加该商品的需求量

二、判断题

1. 所谓商品的效用,就是指商品的功能。(　　)

2. 不同的消费者对同一件商品的效用的大小可以进行比较。(　　)

3. 效用的大小,即使是对同一件商品来说,也会因人、因时、因地而异。(　　)

4. 边际效用递减规律是指消费者消费某种消费品时,随着消费量的增加,其最后一单位消费品的效用递减。(　　)

5. 根据基数效用论的观点,假设货币收入不变,则消费者获得效用最大化的条件是使单位货币的边际效用不变。(　　)

6. 在一个坐标系里,有无数条无差异曲线,每条无差异曲线互不相交且平行。(　　)

7. 无差异曲线可以凸向原点,也可能凹向原点。(　　)

8. 当两种产品的边际替代率的绝对值递减时,无差异曲线凸向原点。(　　)

9. 预算线的移动表示消费者的收入发生变化。(　　)

10. 需求曲线上的每一点都是在不同的价格水平下的消费均衡点。(　　)

11. 价格效应可以分解为替代效应和收入效应,并且替代效应与收入效应总是呈反向

变化。（ ）

12. 低档物品和吉芬物品的关系是：吉芬物品一定是低档品，但低档品不一定是吉芬物品。（ ）

13. 不确定性是指消费者在不完全信息的情况下，无法预知结果。（ ）

14. 当用财富量、效用分别表示坐标的横、纵轴，且效用是财富量的函数，则对风险回避者来说，其效用函数是凸向横轴的。（ ）

15. 无差异曲线上任何一点的商品的边际替代率等于无差异曲线在该点的斜率。（ ）

16. 消费者均衡就是指消费者所获得的边际效用最大。（ ）

17. 低档商品就是其需求量随着消费者收入的增加而减少的商品。（ ）

18. 价格下降时，吉芬商品的需求量反而下降。（ ）

19. 吉芬商品是一种低档品，但低档品不一定是吉芬商品。（ ）

20. 收入-消费曲线是由于消费者收入的变化引起效用最大化变化的轨迹。（ ）

三、名词解释

1. 消费者偏好
2. 效用
3. 边际效用
4. 消费者剩余
5. 序数效用
6. 无差异曲线
7. 预算约束线
8. 消费者均衡
9. 收入效应
10. 替代效应

四、填空题

1. 基数效用论采用的是________分析法，序数效用论采用的是________分析法。

2. 无差异曲线是用来表示两种商品不同数量的组合给消费者带来的________完全相同的一条曲线。

3. 无差异曲线是一条向________倾斜的曲线。

4. 正常商品的________与价格呈反方向变化，________也与价格呈反方向变化。

5. 完全替代品的无差异曲线是________；完全互补品的无差异曲线为________。

6. 边际效用递减规律可以用两个理由来解释：第一，________；第二，________。

7. 在同一个无差异曲线图上，离原点越远的无差异曲线，所代表的效用________，离原点越近的无差异曲线，所代表的效用________。

8. 效用是消费者在消费某种商品时所能感受到的________。

9. 消费者偏好必须满足以下四个基本假定：①________；②________；③________；④________。

10. ________商品的需求曲线向右上方倾斜。

11. 消费者在购买一定数量的某种商品时愿意支付的最高总价格和________之间的差额构成了消费者剩余的基础。

12. 分析消费者行为的方法有两种：基数效用论采用的是________分析方法；序数效用论采用的是________分析方法。

13. 无差异曲线一般具有凸向原点的特征，这一特征是由________规律所决定的。

14. 预算线表示在消费者的________和________给定的条件下，消费者的全部收入所能购买到的两种商品的各种组合。

15. 由消费者的________可以推导出消费者的恩格尔曲线。

16. 由消费者的________可以推导出消费者的需求曲线。

17. 消费者均衡的条件是________________。

18. ________商品的无差异曲线的斜率是一常数。

19. 对于低档品来说，替代效应与价格呈________方向变化，收入效应与价格呈________方向变化，同时在大多数情况下，总效应与价格呈________方向变化。

20. 某一不确定性事件的每一可能结果所取数值与期望值之差的平方的加权平均数称为________。

五、简答题

1. 简述边际效用递减规律的内容及其形成原因。

2. 什么是无差异曲线？它有什么特点？

3. 消费者均衡的条件是什么？

六、计算题

1. 某家庭主妇拟支出50元采购食品，根据经验已知她把50元钱全部花费到某一种食品上去的效用情况如下表所列：

支出/元	青　菜	肉　类	粮　食	饮　料
0	0	0	0	0
5	15	20	20	10
10	27	35	30	18
15	37	47	36	24
20	42	57	41	30
25	45	64	45	34
30	43	69	48	36
35	40	72	50	37
40	35	74	51	36
45	28	75	52	35
50	20	75	53	34

问该主妇应该如何采购食品才能使总效用最大？

2. 某人每月120元可花费在 X 和 Y 两种商品上，他的效用函数为 $U=XY$，$P_X=2$ 元，$P_Y=4$ 元。为获得最大效用，他会购买几单位的 X 和 Y？

3. 假定某消费者在某晚消费香烟(C)和啤酒(B)的效用函数为$U(C,B)=20C-C^2+18B-3B^2$,问在该晚此消费者应该消费香烟和啤酒各多少数量才能达到最大满足?

4. 已知某消费者每年用于商品 1 和商品 2 的收入为 540 元,两种商品的价格分别为 $P_1=20$ 元和 $P_2=30$ 元,该消费者的效用函数为 $U=3X_1X_2^2$,该消费者每年购买这两种商品的数量应各是多少?每年从中获得的总效用是多少?

5. 已知某人的效用函数为 $U=XY$,他打算购买 X 和 Y 两种商品,当其每月收入为 120 元,$P_X=2$ 元,$P_Y=3$ 元时,问:

① 为获得最大效用,他应该如何选择 X 和 Y 的组合?

② 货币的边际效用是多少?货币的总效用是多少?

七、阅读与思考

阅读以下材料,联系实际情况,运用所学理论进行评析。

美国总统罗斯福连任三届后,曾有记者问他有何感想,总统一言不发,只是拿出一块三明治面包让记者吃,这位记者不明白总统的用意,又不便问,只好吃了。接着总统拿第二块,记者还是勉强吃了。紧接着总统拿出第三块,记者为了不撑破肚皮,赶紧婉言谢绝。这时罗斯福总统微微一笑:"现在你知道我连任三届总统的滋味了吧?"

习题答案

一、单选题

1~5:DCCAC　6~10:BBDBB　11~15:BCCAA　16~20:BBBCB

21~25:CDACB　26~30:BCDBC

二、判断题

1. ×
2. ×
3. √
4. ×
5. √
6. ×
7. √
8. √
9. ×
10. √
11. ×
12. √
13. ×
14. ×

15. ×
16. ×
17. √
18. √
19. √
20. √

三、名词解释

1. 消费者偏好：消费者根据自己对不同商品组合的偏好程度对可能消费的商品组合进行的排列。

2. 效用：对于消费者来说，效用是指某人从自己所选择的商品组合中得到的满足的程度。用效用来描述偏好，有利于将抽象的偏好理论形象化。也就是说，对于商品组合 A 和 B，如果消费者对 A 的偏好大于对 B 的偏好，在数值上就表现为 A 的效用大于 B 的效用；反之亦成立。

3. 边际效用：消费者在一定时间内增加单位商品的消费所得到的效用量的增量。

4. 消费者剩余：消费者购买商品所得到的满足程度超过他实际付出的价格部分；或者说，消费者对某种商品所愿意付出的代价超过他实际付出代价的余额。

5. 序数效用：效用作为一种心理现象无法计量，也不能加总求和，只能表示出满足程度的高低与顺序，因此，效用只能用序数(第一、第二、第三……)来表示。

6. 无差异曲线：能给消费者带来相同的效用水平或满足程度的两种商品所有组合的集合线，或者说消费者偏好相同的两种商品所有组合的集合的图形表现。无差异曲线也叫等效用线。

7. 预算约束线：又称消费可能线或价格线，表示在消费者收入和商品价格既定的条件下，消费者用现有的全部收入所能购买的两种商品各种可能的数量组合。

8. 消费者均衡：就消费者对消费品的购买选择而言，消费者的均衡是指在商品现行价格和不变的消费者收入的条件下，消费者不愿意再变动的购买量。

9. 收入效应：当一种商品的名义价格发生变化的同时，保持消费者名义收入不变，这种商品价格的变化将引起消费者实际收入发生变化，或者说引起消费者所购的商品总量发生变化，称为收入效应。

10. 替代效应：当一种商品的名义价格变化时，将引起在消费者所购买的商品中，该商品与同该商品相近的商品之间的替代，称为替代效应。

四、填空题

1. 边际效用　无差异曲线
2. 效用
3. 右下方
4. 替代效应　收入效应
5. 一条斜率不变的直线　直角形状
6. 消费者的生理和心理原因　商品用途的多样性

7. 水平越高　水平越低
8. 满足的总量
9. 完备性　反身性　传递性　非满足性
10. 吉芬
11. 实际价格
12. 边际效用　无差异曲线
13. 边际替代率递减
14. 收入　商品价格
15. 收入-消费
16. 价格-消费
17. 消费者所购买的每一种商品的边际效用与价格之比相等
18. 完全替代
19. 反　同　反
20. 方差

五、简答题

1. 边际效用递减规律是指在一定时间内,在其他商品的消费数量保持不变的条件下,随着消费者对某种商品消费量的增加,消费者从该商品连续增加的每一消费单位中所得到的效用增量即边际效用是递减的。

一般认为,出现边际效用递减的原因有以下两方面。第一,生理或心理原因。人们对某一个具体的欲望来说是有限的,随着一种物品消费量的增加,欲望及效用会逐渐减少,甚至产生负效用。第二,物品本身用途的多样性。每一种物品的用途是多样的,但这些用途的重要性却不同。消费者总是首先把物品用于最重要的用途,即效用最大的地方,然后才是次要的用途。于是,随着物品用途重要性的递减,该物品的边际效用就会递减。

2. 无差异曲线是指能给消费者带来相同的效用水平或满足程度的两种商品所有组合的集合,或者说指消费者偏好相同的两种商品所有组合的集合的图形表现。无差异曲线也叫等效用线。

标准的无差异曲线具有以下特征:

(1) 曲线向右下方倾斜且具有负的斜率。这说明在收入、价格既定的条件下,为获得相同的满足程度,在增加一种商品的同时就必须减少另一种商品。两种商品不能同时增加或同时减少。

(2) 当消费者的收入与商品的价格不同时,可得到其他不同的组合方式,从而产生若干条不同的无差异曲线。越偏离原点的无差异曲线,所代表的满足程度越高;越靠近原点的无差异曲线,所代表的满足程度越低。也就是说,在同一条无差异曲线上,满足程度是相同的。不同的无差异曲线上,满足程度是不相同的。

(3) 任意两条无差异曲线不相交,否则交点的效用无法判断。

(4) 无差异曲线是一条凸向原点的曲线。这意味着无差异曲线的每个点都在其切线的上方,同时也意味着任意两组商品的加权平均至少比其中一组好。

3. 消费者均衡的实现条件就是消费者在一定的货币收入约束下,实现自己效用最大化的条件。这一均衡条件用公式表示为$\frac{MU_X}{MU_Y}=\frac{P_X}{P_Y}$,即消费者所购买的任意两种商品的边际效用之比等于这两种商品的市场价格之比。公式隐含着:消费者实现均衡时,所花费在每一种商品上的最后一单位货币的效用相等。公式的左边是消费者的主观判断,右边则是市场的客观评价。消费者均衡正是消费者主观愿望和客观条件相结合的结果。在图形上表示消费者均衡则意味着:预算线和无差异曲线相切,即无差异曲线的斜率同预算线的斜率相等。

六、计算题

1. 采购方案为:买 15 元青菜,20 元肉类,10 元粮食,5 元饮料。(边际效用相等均为 10,总效用 134)

2.
$$\frac{MU_X}{MU_Y}=\frac{Y}{X}=\frac{P_X}{P_Y}=\frac{2}{4}$$
$$X=2Y$$
代入
$$2X+4Y=120$$
解得
$$X=30,\quad Y=15$$

3.
$$\frac{\partial U}{\partial C}=20-2C=0\Rightarrow C=10$$
$$\frac{\partial U}{\partial B}=18-6B=0\Rightarrow B=3$$

4. (1) 消费者效用最大化的均衡条件为$\frac{MU_1}{MU_2}=\frac{P_1}{P_2}$

因为
$$MU_1=\frac{dTU}{dX_1}=3X_2^2,\qquad MU_2=\frac{dTU}{dX_2}=6X_1X_2$$
解得
$$X_2=\frac{4}{3}X_1$$
代入
$$P_1X_1+P_2X_2=540$$
解得
$$X_1=9,\qquad X_2=12$$
(2)
$$U=3X_1X_2^2=3\times9\times12^2=3\ 888$$

5. (1) 因为
$$\frac{MU_X}{MU_Y}=\frac{Y}{X}=\frac{P_X}{P_Y}=\frac{2}{3}$$
所以
$$2X=3Y$$
代入
$$2X+3Y=120$$
解得
$$X=30,\qquad Y=20$$
(2) 货币的边际效用为
$$MU_M=\frac{MU_X}{P_X}=\frac{Y}{P_X}=10$$
货币的总效用为
$$TU_M=MU_M\cdot M=1\ 200$$

七、阅读与思考

解题思路:本案例主要考察边际效用递减规律。

总效用是消费一定量某物品与劳务所带来的满足程度。边际效用是某种物品的消费量增加一单位所增加的满足程度。我们就从罗斯福总统让记者吃面包说起。假定记者消费一个面包的总效用是10效用单位，2个面包是总效用为18个效用单位，如果记者再吃3个面包总效用还为18个效用单位。记者消费一个面包的边际效用是10效用单位，2个面包是边际效用为8个效用单位，如果记者再吃3个面包边际效用为0个效用单位。这几个数字说明记者随着消费面包数量的增加，边际效用是递减的。为什么记者不再吃第三个面包呢？是因为再吃不会增加效用。再比如，水是非常宝贵的，没有水，人们就会死亡，但是你连续喝超过了你能饮用的数量时，那么多余的水就没有什么用途了，再喝边际价值几乎为零，或者在零以下。现在我们的生活富裕了，我们都有体验"天天吃着山珍海味也吃不出当年饺子的香味"。这就是边际效用递减规律。设想如果不是递减而是递增会是什么结果，吃一万个面包也不饱。吸毒就接近效用递增，毒吸得越多越上瘾。吸毒的人觉得吸毒与其他消费相比，认为毒品给他的享受超过了其他的各种享受。所以吸毒的人会卖掉家产，抛妻弃子，宁可食不充饥，衣不遮体，毒却不可不吸。所以说，幸亏我们生活在效用递减的世界里，在购买消费达到一定数量后，因效用递减就会停止下来。

第四章　生产者行为理论

提　要

1. 生产者行为理论所要研究的经济行为主体是厂商或者企业。厂商被定义为可以对生产和销售做出统一决策的经济单位。厂商的组织形式包括个人独资的厂商组织、合伙制企业和公司制组织形式。个人企业指个人独资经营的厂商组织，个人企业家往往同时是所有者和经营者；合伙制企业指两个人以上合资经营的厂商组织；公司制企业指按公司法建立和经营的具有法人资格的厂商组织，是一种重要的现代企业组织形式。

2. 在微观经济学中，一般总是假定厂商的目标是追求利润最大化。虽然在现实经济生活中，由于信息不对称和代理问题的存在，厂商有时并不一定选择实现最大利润的决策，厂商的经验做法也许是实现销售收入最大化或市场份额最大化。但从长期看，一个不以利润最大化为目标的企业终将被市场竞争所淘汰。销售收入最大化、市场份额最大化、两权分离的经理个人效用最大化、利润最大化都是厂商的目标，但是利润最大化是关系企业竞争生存的最根本性目标。

3. 微观经济学中所谓的“生产”是指一切能够创造或增加效用的人类活动。生产活动既包括物质资料的生产，也包括劳务等无形产品的生产。生产并不仅仅意味着制造一台机器设备，还包括经营一家律师事务所或者理发店等。

4. 在经济学分析中，我们将生产过程中投入的资源称为生产要素。厂商进行生产的过程就是从投入生产要素到生产出产品的过程。各种各样的生产要素基本可以分为四大类：劳动、土地、资本、企业家才能。

5. 生产过程中生产要素的投入量和产品的产出量之间的关系，可以用生产函数来表示。生产函数表示一组既定的投入与之所能生产的最大产量之间的关系，或者既定的产量与其所需的最大投入量之间的关系。需要指出的是，任何生产函数都以一定时期内的生产技术水平作为前提条件，一旦生产技术水平发生变化，原有的生产函数就会发生变化，从而形成新的生产函数。如果生产技术水平发生了进步，新的生产函数可能以相同的生产要素投入量生产更多的产量或者生产相同的产量消耗更少的生产要素投入量。

6. 生产函数的具体形式是多种多样的。典型的生产函数包括线性生产函数、里昂惕夫生产函数、柯布-道格拉斯生产函数等。

7. 企业通过调整其投入，以不同数量的劳动和资本生产产品是需要时间的，在分析生产时，有必要区分短期和长期。短期是指这样的时期，在这段时期内，生产者来不及调整全部生产要素的投入数量，一种或多种投入是固定的，产量的变化完全是变动要素投入变化的结果。短期中，依据生产要素的可变性，我们把所有的投入要素分为两大类：固定投入和可变投入。固定投入是在短期内无法进行数量调整的要素投入；可变投入则是在短期内可以进行数量调整的要素投入。与此对应，长期是指这样的时期，在这段时期内，所有的投入都是可以变动的，即所有投入都是变动投入要素。

8. 一种可变要素的生产函数：由生产函数 $Q=f(L,K)$ 出发，假定资本投入量是固定的，用 $\overline{K}$ 表示，劳动投入量是可变的，用 L 表示，则生产函数可以写成 $Q=f(L,\overline{K})$。

9. 劳动的总产量 TP 指与一定的可变要素劳动的投入量相对应的最大产量。劳动的平均产量 AP 指平均每一单位可变要素劳动的投入量所生产的产量。劳动的边际产量 MP 指增加一单位可变要素劳动投入量所增加的产量。

10. 总产量与边际产量的关系：当边际产量上升时，总产量以递增的速率增加；当边际产量下降时，总产量以递减的速率增加；当边际产量是负数时，总产量减少；当边际产量为零时，总产量达到最大值。

11. 平均产量和边际产量之间的关系：当边际产量大于平均产量时，平均产量曲线是上升的；当边际产量小于平均产量时，平均产量曲线是下降的；当边际产量等于平均产量时，平均产量曲线达到最大值。

12. 总产量与平均产量的关系：连接总产量曲线上任何一点和坐标原点的线段的斜率，就是相应的平均产量值。正是由于这种关系，当平均产量达到最大值时，总产量曲线必然有一条从原点出发的最陡的切线。

13. 对一种可变生产要素的函数而言，边际产量表现出先上升后下降的特征，这一特征被称为边际报酬递减规律。边际报酬递减规律表明，在所有生产过程中，当控制其他生产要素投入量恒定时，额外投入一单位可变生产要素所增加的产量在可变生产要素投入量达到一定水平后将会下降，甚至将会减少总产量。

14. 从理论上讲，边际报酬递减规律成立的原因在于：对于任何产品的短期生产来说，可变要素投入和固定要素投入之间都存在着一个最佳的数量组合比例。在开始时，由于不变要素投入量给定，而可变要素投入量为零，因此，生产要素的投入量远远没有达到最佳的组合比例。随着可变要素投入量的逐渐增加，生产要素的投入量逐步接近最佳的组合比例，相应的可变要素的边际产量呈现出递增的趋势。一旦生产要素的投入量达到最佳的组合比例，可变要素的边际产量就达到最大值。在这一点之后，随着可变要素投入量的继续增加，生产要素的投入量越来越偏离最佳的组合比例，相应的可变要素的边际产量便呈现出递减的趋势了。

15. 根据总产量、平均产量、边际产量的变化，我们把生产划分为三个阶段：Ⅰ、Ⅱ、Ⅲ。在第Ⅰ阶段，产量曲线的特征为：劳动的平均产量始终是上升的，且达到最大值。在第Ⅱ阶段，产量曲线的特征为：劳动的边际产量上升到最大值，然后开始下降，且劳动的边际产量始终大于劳动的平均产量；劳动的总产量始终是增加的。在第Ⅲ阶段，产量曲线的特征为：劳动的平均产量继续下降，劳动的边际产量将为负数，劳动的总产量也呈现出下降趋势。在第Ⅱ阶段的起点处，劳动的平均产量曲线和劳动的边际产量曲线相交，即劳动的平均产量达到最高点。在第Ⅱ阶段的终点处，劳动的边际产量曲线和水平轴相交，即劳动的边际产量等于零。任何理性的生产者既不会将生产停留在第Ⅰ阶段，也不会将生产扩张到第Ⅲ阶段，所以，生产只能在第Ⅱ阶段进行。至于在生产的第Ⅱ阶段，生产者所应选择的利润最大化的最佳投入数量究竟在哪一点，这一问题还有待以后结合成本、收益和利润进行深入的分析。

16. 两种可变要素的生产函数：在长期中，厂商的生产要素不再划分为不变投入和可变投入，而是所有的生产要素投入都是可变的。为简化分析，假定生产者使用劳动和资本两种可变生产要素来生产一种产品，则两种可变生产要素的长期生产函数可以写为 $Q=f(L,K)$。其中,Q 为产量;L 和 K 分别表示劳动和资本的投入量。

17. 在一定技术水平的条件下,某一数量的产量可以由两种生产要素的不同组合去生产。所谓等产量曲线,是指在技术水平不变的条件下,生产同一产量的两种生产要素投入量的所有不同组合的轨迹。

18. 当两种投入要素可变时,经营者往往会考虑用一种投入要素代替另外一种投入要素。等产量曲线的斜率表明了在保持产出不变的前提下一种投入要素如何替代其他投入要素。在去掉负号之后,我们称此斜率为边际技术替代率(MRTS)。劳动-资本技术替代率指的是在保持产出不变的前提下,多投入一单位劳动,资本的投入可以减少的量。

19. 等成本线是指在一给定的时期,在现行市场价格下,厂商花费同样的总成本所能够购买的两种要素所有可能的组合。

20. 在长期,所有的生产要素的投入数量都是可以变动的,任何一个理性的生产者都会选择最优的生产要素组合进行生产。两种可变生产要素情况下,最优的生产要素组合满足条件:$\frac{MP_L}{P_L}=\frac{MP_K}{P_K}$。在图形上,即是等产量曲线与等成本线相切的切点。

21. 假定生产要素价格不变,而厂商扩大成本与产出,将得到不同的等产量曲线与等成本线的切点,连接这些切点即得到扩展线。扩展线表明生产要素价格不变的情况下,生产要素投入组合如何随产出或成本支出的变化而变化,是企业进行长期计划时必须遵循的路线。

22. 生产函数按相同的比例变动所引起的产出变动称为规模报酬的变动。我们根据产出变动与投入变动之间的关系将生产函数分为常数规模报酬、递增规模报酬以及递减规模报酬三种情形。一般来说,在长期生产过程中,企业规模报酬的变化呈现出如下的规律:当企业从最初的很小的生产规模开始逐步扩大时,企业面临的是规模报酬递增阶段;在企业得到了由生产规模扩大所带来的产量递增的全部好处后,一般会继续扩大生产规模,将生产保持在规模报酬不变的阶段,这个阶段有可能比较长;在这以后,企业若继续扩大生产规模,就会进入一个规模报酬递减的阶段。

习 题

一、单选题

1. 生产函数的一个基本假设是(　　)。

A. 产出数量保持不变

B. 生产技术水平保持不变

C. 投入的劳动力数量保持不变

D. 投入资本数量保持不变

2. 下面(　　)属于企业的短期生产决策。

A. 增加厂房

B. 多雇佣工人以增加劳动力

C. 建立新工厂

D. 购买新设备

3. 生产理论中，短期与长期按照(　　)划分。
   A. 产量的高低
   B. 成本的多少
   C. 生产要素的可变性
   D. 年数的长短
4. 下列关于总产量曲线、平均产量曲线以及边际产量曲线下降的先后顺序正确的是(　　)。
   A. 总产量曲线、平均产量曲线、边际产量曲线
   B. 边际产量曲线、总产量曲线、平均产量曲线
   C. 平均产量曲线、边际产量曲线、总产量曲线
   D. 边际产量曲线、平均产量曲线、总产量曲线
5. 如果一项投入品的平均产量高于其边际产量，则(　　)。
   A. 随着投入的增加，平均产量将上升
   B. 随着投入的增加，平均产量将下降
   C. 随着投入的增加，边际产量将上升
   D. 随着投入的增加，平均产量可能上升，也可能下降
6. 在生产的有效率阶段应当有(　　)。
   A. 边际产量上升，总产量上升
   B. 边际产量上升，平均产量上升
   C. 边际产量下降，平均产量下降
   D. 平均产量上升，总产量上升
7. 当劳动的平均产量大于零时，边际产量可以是(　　)。
   A. 上升的
   B. 下降的
   C. 0
   D. 以上皆对
8. 等产量曲线是指在这条曲线上的各点代表(　　)。
   A. 使用同等数量劳动和资本所生产的产量
   B. 生产同等产量投入要素的比例固定不变
   C. 投入要素的各种组合使得生产的产量相等
   D. 不管投入各种生产要素如何，产量总是相等的
9. 下列说法正确的是(　　)。
   A. 边际技术替代率递减是由规模报酬递减造成的
   B. 边际技术替代率递减是由边际收益递减造成的
   C. 规模报酬递减是由边际收益递减造成的
   D. 边际收益递减是由规模报酬递减造成的
10. 一般来说，企业的规模报酬将依次经历以下(　　)三个阶段。
   A. 递减，不变，递增
   B. 不变，递增，递减

C. 递增,不变,递减

D. 递增,递减,不变

11. 如果仅劳动是变动投入,以边际产量等于平均产量作为划分生产三阶段的标志,则(　　)不是第Ⅱ阶段的特点。

A. 边际报酬递减

B. 平均产量不断下降

C. 总产量不断提高

D. 投入比例比较不合理

12. 若劳动与资本的投入组合处于投入产出生产函数等产量曲线的垂直部分,则(　　)。

A. 劳动与资本的边际产量均为负

B. 劳动与资本的边际产量均为零

C. 劳动的边际产量为零,资本的边际产量为正

D. 劳动的边际产量为正,资本的边际产量为零

13. 关于等产量曲线,下列说法不正确的是(　　)。

A. 等产量曲线凹向原点

B. 离原点越近的等产量曲线代表的产量水平越低

C. 同一平面坐标中的任意两条等产量曲线不会相交

D. 等产量曲线凸向原点

14. 如果连续增加某种生产要素,在总产量达到最大值时,边际产量曲线与以下(　　)相交。

A. 平均产量曲线

B. 总产量曲线

C. 横轴

D. 纵轴

15. 在总产量、边际产量、平均产量的变化过程中,(　　)最先出现下降的趋势。

A. 总产量曲线

B. 边际产量曲线

C. 平均产量曲线

D. B和C

16. 等产量曲线(　　)。

A. 说明为了生产一个给定的产量而可能的各种要素投入组合

B. 除非得到所有要素的价格,否则不能画出这条曲线

C. 斜率的绝对值递增

D. 代表了边际替代率递增

17. 如果一项投入品的平均产量等于边际产量,则(　　)。

A. 随着投入的增加,边际产量增加

B. 边际产量将向平均产量趋近

C. 随着投入的增加,平均产量一定增加

D. 平均产量将随投入的增加而降低

18. 下列说法中正确的是(　　)。

A. 生产要素的边际技术替代率递减是规模报酬递减规律造成的

B. 边际收益递减规律是规模报酬递减规律造成的

C. 生产要素的边际技术替代率递减是边际收益递减规律造成的

D. 规模报酬递减是边际收益递减规律造成的

19. 对于柯布-道格拉斯生产函数而言,当 L 和 K 的系数之和大于 1 时,表示规模报酬(　　)。

A. 不变

B. 递增

C. 递减

D. 不确定

20. 最优点生产要素组合点上应当有(　　)。

A. 等产量曲线与等成本线相交

B. $MRTS_{LK}=w/r$

C. $dk/dl=w/r$

D. $MP_L/MP_K=r/w$

21. 经济学中短期与长期的划分取决于(　　)。

A. 时间长短

B. 可否调整产量

C. 可否调整产品价格

D. 可否调整生产规模

22. 规模报酬发生在下述(　　)情况下。

A. 按比例连续增加各种生产要素

B. 不按比例连续增加各种生产要素

C. 连续地投入某种生产要素而保持其他要素不变

D. 上述都不正确

23. 如果规模报酬不变,保持资本投入量不变,增加 10%的劳动投入量,则总产量变化为(　　)。

A. 大于 10%

B. 等于 10%

C. 小于 10%

D. 不确定

24. 当劳动要素价格上涨,而资本要素价格不变时,等成本线将会(　　)。

A. 与横轴交点变小,与纵轴交点不变

B. 与横轴交点不变,与纵轴交点变小

C. 与横轴纵轴交点都不变

D. 与横轴纵轴交点都变小

25. 当生产函数的平均产量为正且递减时,边际产量(　　)。

A. 递减且大于平均产量

B. 递减且小于平均产量,但为正

C. 递减且小于平均产量,且为负

D. B或C

二、判断题

1. 在长期生产函数中,所有生产要素投入量均可变。 ( )
2. 如果劳动的边际产量递减,则平均产量也递减。 ( )
3. 当劳动的边际产量等于零时,总产量达到最大值。 ( )
4. 在一种可变投入生产函数下,可变要素投入合理区域在AP>MP>0的阶段。( )
5. 理论中的短期是指没有办法改变任何投入要素的时期。 ( )
6. 能生产出相同产量产品的生产要素投入组合构成等产量曲线。 ( )
7. 规模报酬递增的企业不存在边际报酬递减规律。 ( )
8. 生产函数的斜率是边际产量。 ( )
9. 当总成本不变时,工资率的增长将总是导致使用更多的资本。 ( )
10. 等成本曲线平行向外移动表明生产要素价格同比例降低。 ( )
11. 柯布-道格拉斯生产函数属于规模报酬不变类型。 ( )
12. 当劳动的边际产量小于其平均产量时,平均产量肯定是下降的。 ( )
13. 在生产的第二阶段,可变投入要素的边际产量小于其平均产量。 ( )
14. 边际产量递减法则反映了生产的投入和产出关系,适用于一切生产过程。 ( )
15. 当总产量曲线达到了最大值时,边际产量曲线与平均产量曲线相交。 ( )

三、名词解释

1. 生产函数
2. 短期生产函数
3. 长期生产函数
4. 生产要素
5. 总产量
6. 平均产量
7. 边际产量
8. 边际报酬递减规律
9. 等产量曲线
10. 边际技术替代率递减规律
11. 等成本线
12. 规模报酬

四、填空题

1. 各种各样的生产要素基本可以分为________、________、________和________。
2. 柯布-道格拉斯生产函数中,当$\alpha+\beta$________1时,存在递增规模报酬。

3. 两种可变投入要素生产函数达到最优投入组合时，等产量曲线与等成本线________。

4. 等产量曲线的切线斜率绝对值越大，代表两种生产要素的边际技术替代率________。

5. 在一种可变投入要素生产函数中，可变要素投入量应在第________阶段。

6. 当边际产量上升时，总产量以________的速率增加；当边际产量下降时，总产量以________的速率增加；当边际产量是负数时，总产量________；当边际产量________时，总产量达到最大值。

7. 假定生产要素价格不变，而厂商扩大成本与产出，将得到不同的________曲线与________曲线的切点，连接这些切点即得到扩展线。

8. 短期中，依据生产要素的可变性，我们把所有的投入要素分为两大类：________和________。________是在短期内无法进行数量调整的要素投入；________则是在短期内可以进行数量调整的要素投入。

五、简答题

1. 一个企业主在考虑再雇佣一个工人时，在劳动的边际产量和平均产量中他更关注哪一个？

2. 说明总产量曲线、平均产量曲线和边际产量曲线之间的关系。

3. 生产规模扩大导致收益的变动可分为哪些阶段？

4. 试解释什么是生产函数的边际报酬递减。

5. 试解释什么是边际技术替代率递减规律。

6. 请阐述边际报酬递减规律和边际技术替代率递减规律的关系。

六、计算题

1. 下面是一家桌子制造商的短期生产函数产量表：

工人数量	桌子总产量	平均产量	边际产量
1	10		
2	18		
3	24		
4	28		
5	30		
6	28		
7	25		

(1) 计算该生产函数下劳动的平均产量和边际产量。

(2) 该生产函数是否显示了劳动的边际报酬递减规律，请解释。

2. 在芯片的生产过程中，假设劳动的边际产量为每小时 50 块，劳动资本的边际技术替代率为 1/4，则资本的边际产量为多少？

3. 已知生产函数 $Q=L^{1/2}K^{1/3}$，该生产函数在长期中属于规模报酬的哪一种？在短期中，是否受边际报酬递减规律支配？

4. 已知某企业的生产函数为 $Q=L^{2/3}K^{1/3}$，劳动的价格 $w=4$，资本的价格 $r=2$。求：

(1) 当成本＝6 000 时，企业实现最大产量的 L、K 和 Q 值。

(2) 当产量＝2 000 时，企业实现最小成本的 L、K 和 Q 值。

七、阅读与思考

阅读以下材料，联系实际情况，运用所学理论进行评析。

在电脑软件行业中，建立庞大的用户基础是成功的关键。美国微软公司在短短的 30 年间，由 3 个微不足道的大学生白手起家，成为美国市值最高的公司之一，成为世界最大的软件公司，公司创始人之一比尔·盖茨也成为世界首富，充分印证了庞大用户基础的作用。例如，微软花钱开发出一种软件，它的成本是一定的，但是，这种软件卖得越多，它的成本越小，甚至趋向于零。全世界有超过 6 亿多的电脑用户都在用 Windows 系统软件，这就使 Windows 系统软件的开发成本几乎为零，收益大大增加。

习题答案

一、单选题

1～5：BBCDB　　6～10：CDCBC　　11～15：DDACB　　16～20：ADCBB
21～25：DACAD

二、判断题

1. √
2. ×
3. √
4. √
5. ×
6. √
7. ×
8. ×
9. ×
10. √
11. ×
12. √
13. √
14. ×
15. ×

三、名词解释

1. 生产函数：表示在一定时期内，在技术水平不变的情况下，生产中所使用的各种生产要素的数量与所能生产的最大产量之间的关系。

2. 短期生产函数：生产者来不及调整全部生产要素的数量，至少有一种生产要素的数量是固定不变的。短期生产函数表示为 $Q=f(L)$。

3. 长期生产函数：生产者可以调整全部生产要素的数量以变化产量，产量是全部要素的函数。长期生产函数表示为 $Q=f(L,K)$。

4. 生产要素：在经济学分析中，我们将生产过程中投入的资源称为生产要素。厂商进行生产的过程就是从投入生产要素到生产出产品的过程。各种各样的生产要素基本可以分为四大类：劳动、土地、资本、企业家才能。

5. 总产量：与一定的可变要素劳动的投入量相对应的最大产量。

6. 平均产量：总产量与所使用的可变要素劳动的投入量之比。

7. 边际产量：增加一单位可变要素劳动投入量所增加的产量。

8. 边际报酬递减规律：对一种可变生产要素的函数而言，边际产量表现出先上升后下降的特征，这一特征被称为边际报酬递减规律。边际报酬递减规律表明，在所有生产过程中，当控制其他生产要素投入量恒定时，额外投入的一单位可变生产要素所增加的产量在可变生产要素投入量达到一定水平后将会下降，甚至将会减少总产量。等产量曲线：在技术水平不变的条件下生产同一产量的两种生产要素投入量的所有不同组合的轨迹。

9. 边际技术替代率递减规律：在维持产量不变的前提下，当生产一种生产要素的投入量不断增加时，每一单位的这种生产要素所能替代的另一种生产要素的数量是递减的。

10. 等成本线：在既定的成本和既定生产要素价格条件下，生产者可以购买到的两种生产要素的各种不同数量组合的轨迹。

11. 规模报酬：在其他条件不变的情况下，企业内部各种生产要素按相同比例变化时所带来的产量变化。

12. 规模报酬递增：各种生产要素按相同的比例增加后，产量的增长比例大于生产要素的增长比例。

四、填空题

1. 劳动　资本　土地　企业家才能
2. ＞
3. 相切
4. 越大
5. Ⅱ
6. 递增　递减　减少　为零
7. 等产量曲线　等成本线
8. 固定投入　可变投入　固定投入　可变投入

五、简答题

1. 一个企业主在考虑再雇佣一个工人时，在劳动的边际产量和平均产量中他更关注边际产量。厂商的理性决策在第二区域，在此区域，劳动的边际产量和平均产量都是递减的，但其中却可能存在着使利润极大化的点，右界点上劳动的边际产量等于零。因此，只要增雇这名工人的边际产量大于零,就能够带来总产量的增加,企业主就可能雇佣他。

2. 总产量曲线与平均产量曲线的关系:总产量曲线上任一点与原点连线的斜率即为平均产量曲线的值。总产量曲线与边际产量曲线的关系:当边际产量大于零时,总产量曲线不断增长;当边际产量等于零时,总产量曲线达到最大值;当边际产量小于零时,总产量曲线开始下降。边际产量曲线与平均产量曲线的关系:当边际产量大于平均产量时,平均产量曲线上升;当两者相交时,平均产量曲线达到最大值;当边际产量小于平均产量时,平均产量曲线下降。

3. 一般来说,企业的规模扩大导致收益的变动可分为三个阶段:规模报酬递增、不变、递减。在开始生产的最初阶段,由于要素的投入带来了生产专业程度的提高,劳动生产率提高,合理、先进的管理进一步发挥各要素的组合功能,所以最初阶段企业的规模收益呈递增趋势;随着规模的进一步递增,生产要素的组合受到了技术的限制,因此,规模收益转为常数;如果继续增加要素的投入,所带来的是管理效率的降低,生产效率的下降。

4. 边际报酬递减规律是指在技术水平不变的条件下,在连续等量地把一种可变生产要素加到一种或几种数量不变的生产要素上去的过程中,当这种可变生产要素的投入量小于某一特定值时,增加该要素投入所带来的边际产量是递增的;当这种可变要素的投入量连续增加而且超过这个特定值时,增加该要素投入所带来的边际产量是递减的。边际报酬递减规律是短期生产的一条基本规律。从理论上讲,边际报酬递减规律成立的原因是:对于任何产品的短期生产来说,可变要素投入和固定要素投入之间存在着一个最佳的数量组合比例。随着可变要素投入量的逐渐增加,生产要素的投入量逐步接近最佳组合比例,相应的可变要素的边际产量呈现出递增的趋势。一旦生产要素的投入量达到最佳组合比例,可变要素的边际产量便达到最大值。在这一点之后,随着可变要素投入量的继续增加,生产要素的投入量越来越偏离最佳组合比例,相应的可变要素的边际产量便呈现出递减的趋势了。

5. 边际技术替代率递减规律是指在维持产量不变的前提下,当一种生产要素的投入量不断增加时,每一单位的这种生产要素所能替代的另一种生产要素的数量是递减的。边际技术替代率递减的主要原因是:任何一种产品的生产技术都要求各要素投入之间有适当的比例,这意味着要素之间的替代是有限的。简单地说,以劳动和资本两种要素投入为例,在劳动投入量很少和资本投入量很多的情况下,减少一些资本投入量可以很容易地通过增加劳动投入量来弥补,以维持原有的产量水平,即劳动对资本的替代是很容易的。但是,在劳动投入增加到相当多的数量和资本投入量减少到相当少的数量的情况下,再用劳动去替代资本就将很困难了。

6. 生产函数的边际报酬递减和边际技术替代率递减的共同原因是:两种生产要素之间存在着一个最佳的数量组合比例,并且以生产技术不变为假设前提。其区别表现在:边际报酬递减是短期生产函数或者说一种可变生产要素的生产函数的性质。一种可变生产要素的生产函数表示在技术水平和其他投入不变的条件下,一种可变生产要素的投入量与其所生产的最大产量之间的关系,而边际技术替代率递减则反映了两种可变生产要素的生产函数的性质。长期内,生产者可以调整全部生产要素的数量。边际技术替代率表示在保持产量水平不变的条件下,增加一个单位的某种要素的投入量可以替代另一种生产要素的投入量。

六、计算题

1.

工人数量	桌子总产量	平均产量	边际产量
1	10	10	10
2	18	9	8
3	24	8	6
4	28	7.5	4
5	30	6	2
6	28	4.7	−2
7	25	3.6	−3

这个生产过程呈现出劳动的边际报酬递减。由于设备固定不变，每增加一单位劳动比前一单位劳动带来的产量更少。

2. 在维持产量水平不变的前提下，由增加劳动投入量所带来的总产量的增加量和由减少资本所带来的总产量的减少量必定是相等的，所以有

$$\frac{\Delta K}{\Delta L}=\frac{\mathrm{MP}_L}{\mathrm{MP}_K}$$

也就是劳动对资本的边际技术替代率为

$$\mathrm{MTRS}=\frac{\Delta K}{\Delta L}=\frac{\mathrm{MP}_L}{\mathrm{MP}_K}$$

即

$$1/4=50/\mathrm{MP}_K$$

解得 $\mathrm{MP}_K=200$。

3.

$$Q(\lambda L,\lambda K)=(\lambda L)^{1/2}(\lambda K)^{1/3}=\lambda^{5/6}L^{1/2}K^{1/3}=\lambda^{5/6}Q<Q$$

因此，在长期看，该生产函数属丁规模报酬递减。

$$\mathrm{MP}_L=\frac{\mathrm{d}Q}{\mathrm{d}L}=\frac{1}{2}L^{-1/2}K^{1/3}$$

$$\frac{\mathrm{dMP}_L}{\mathrm{d}L}=-\frac{1}{4}L^{-3/2}K^{1/3}<0$$

因此，从短期看，该生产函数劳动的边际产量是递减的。

4.

(1) 方法一：由 $C=wL+rK=6\,000$ 得 $K=3\,000-2L$。

因此

$$Q=L^{2/3}K^{1/3}=L^{2/3}(3\,000-2L)^{1/3}$$

成本既定条件下产量最大时有

$$\frac{\mathrm{d}Q}{\mathrm{d}L}=\frac{2}{3}L^{-1/3}(3\,000-2L)^{-2/3}(3\,000-3L)=0$$

因此 $L=1\,000$，且 $K=3\,000-2\times1\,000=1\,000$。

方法二：在两种可变投入要素生产函数中，达到最优投入组合时有

$$\frac{\mathrm{MP}_L}{\mathrm{MP}_K}=\frac{w}{r}$$

由 $Q=L^{2/3}K^{1/3}$ 得 $MP_L=\frac{2}{3}L^{-1/3}K^{1/3}$，且 $MP_K=\frac{1}{3}L^{2/3}K^{-2/3}$。

因此有

$$\frac{MP_L}{MP_K}=\frac{2K}{L}=\frac{w}{r}=\frac{4}{2}$$

化简得 $K=L$。

由于存在成本限制 $C=wL+rK=6\ 000$，因此 $K=L=1\ 000$。

(2) 方法一：在产量既定条件下 $Q=2\ 000$，代入生产函数化简得 $K=2\ 000^3L^{-2}$。

将上式代入成本函数得 $C=4L+2\times2\ 000L^{-2}$。

产量既定条件下成本最小化时有

$$\frac{dC}{dL}=4\times(1-2\ 000^3L^{-3})=0$$

求得 $L=2\ 000$。

代入生产函数得 $K=2\ 000^3\times2\ 000^{-2}=2\ 000$。

方法二：同上问，达到最优投入组合时 $K=L$。

由于 $Q=2\ 000$，因此 $K=L=2\ 000$。

七、阅读与思考

解题思路：本案例主要考察边际收益递减规律。

解析：所谓边际收益递减规律，是指在生产的技术水平和其他要素投入量不变的条件下，连续追加一种生产要素的投放量在超过一定点之后，所增加的额外产出量将出现递减的趋势。这一规律是1798年由英国经济学家托马斯·马尔萨斯提出来的。200多年过去了，边际收益递减规律仍然是经典经济学中一个基本规律。然而，近几十年来，世界经济和技术的发展尤其是在高科技经济中，似乎已经突破了边际收益递减规律这一假设的束缚，经济学家关注的焦点从收益递减转向了收益递增。在知识信息经济时代，收益递增规律作为经济学原理的作用也显得越来越重要。

何谓收益递增？西方经济学认为，对任一既定的产品，需要投入的生产要素(劳动和资本)组合在没有达到最佳比例时，增加相对较少的那种生产要素的数量，产量会以更大数量增加。在知识信息经济时代，当技术构成不断变化，知识作为一种要素加入到生产要素组合中去时，收益就会递增。美国最前沿的经济学家之一W·布赖恩·阿瑟认为，收益递增实质上是一种从领先到进一步领先的趋势。用他的话来说，就是“使用你的商品的人越多，你获得的优势就越多——换句话说，根基越牢，你的经济状况就越充裕。”

微软的成功之处就在于它主要依靠技术创新、知识等智力资本要素投入进行生产，实现了高效率、高附加值的生产扩张。同时，它把世界市场取向作为自己技术开发、产品形成和测试、售后服务的核心，在技术创造市场和市场决定技术之间，保持一种富有弹性的张力，形成了良好的反馈结构。微软的成功充分说明了技术创新与创造价值和财富之间的关系，微软的真正价值在于它的无形资产——员工素质、产品创新、专利和商标等智力资本的重要性。我们正处于知识信息经济时代，这一时代重点强调的是经济产品中的无形价值。基于这样一个时代，W·布赖恩·阿瑟告诉我们：“不管我们喜欢与否，我们都正在进入一个经济为技术所统治的阶段——这样，取代均衡占统治地位的将是收益递增和永恒的无常。”

第五章　成本理论

提　要

1. 经济学中的成本概念与会计学中的成本概念是有区别的。会计人员所度量的会计成本是一种历史成本，它反映企业对所购买的生产要素的货币支出。经济学家关注的是将要发生的成本预计是多少，以及企业如何通过合理资源配置来降低成本。经济学家关注的经济成本是企业在生产中所使用的资源的成本。这里，机会成本是一个重要的概念。机会成本是指把经济资源投入某一特定用途后所放弃的在其他用途中所能获得的最高收入。尽管机会成本是隐形的，但在做经济决策时必须予以考虑。与之相对应的是沉没成本。沉没成本是指过去已经支出的费用，或者根据协议将来必须支出的费用，它是非相关成本，在做经济决策时不予考虑。

2. 企业的生产成本可以分为显成本和隐成本。企业生产的显成本是指企业在要素市场上为购买或租用所需的生产要素而发生的实际支出，这些支出是在会计账目上作为成本项目计入账上的各项费用支出。企业生产的隐成本是指企业在生产过程或经营活动中所使用的自己所拥有的投入物的价值。从机会成本角度讲，隐成本必须按照企业自有生产要素在其他用途中所能得到的最高收入来支付，否则，企业会把自有资源转移出本企业，以获得更高的收入。

3. 经济学中利润的概念是指经济利润，经济利润等于总收入减去总成本，而此处所说的总成本，既包含显成本，也包含隐成本。因此，经济学中利润的概念和会计学中利润的概念也有所不同。将会计利润减去隐成本，就是经济学中利润的概念，即经济利润。对于厂商来讲，所谓利润最大化，是指经济利润最大化。因此，厂商必须从显成本和隐成本的角度去考虑问题。

4. 成本中有一部分不管企业的产量是多少，都不会发生变化，而另外一部分则会随着产量的变化而变化。因此，我们将总成本分为两部分，其中不随企业的产量变化而变化的成本为固定成本，随产量不同而发生变化的那部分成本为可变成本。什么成本是固定的，什么成本是可变的，取决于我们所考虑的时间的长短。在短期内，比如说一到两个月，大多数成本都是固定的，因为在这么短的时间内，一家企业购买原材料的支出一般是固定的，企业也不太容易在这么短的时间内裁减员工。而在长期内，比如说两到三年内，大多数成本则是可变的，在这一段时间内，企业可以扩大其规模，比如增加员工数量，增建厂房或者购置一些设备，当然也可以削减其支出。

5. 人们可能会将固定成本与沉没成本相混淆。固定成本是企业经营活动中必须支付的成本，与产出水平无关，如果企业退出经营，那么固定成本就不会发生。而沉没成本是已经发生而无法收回的成本。区分固定成本和沉没成本的意义在于：固定成本会影响企业未来的决策，而沉没成本并不影响。固定成本与收益高度相关且不能变小，当企业经营状况恶化，关闭企业从而减少固定成本产生，选择零利润比出现持续损失好，企业可能会选择关闭从而减少损失。而沉没成本却不能通过关闭企业来减少损失。

6. 成本函数描述的是成本与产量之间的关系。由厂商的生产函数,我们可以得到相应的成本函数。假定厂商在使用劳动和资本这两种要素生产一种产品,那么生产函数为 $Q=f(L,K)$。关于此式,我们可以理解为:厂商根据不同的产量水平的要求,确定相应的要素投入量。假定要素市场上劳动的价格 w 和资本的价格 r 是给定的,那么每一产量水平上的成本可以表示为 $C=w\cdot L+r\cdot K$。而厂商是追求利润最大化的,在确定的产量及收入水平下,即追求成本最小化,我们可以通过求上式的最小值来确定该产量水平下成本最小化的要素投入组合。由此,我们可以由生产函数得到成本函数为 $C=g(Q)$。

7. 在短期内,我们假定资本的投入量 K 是不变的,厂商通过调整劳动投入量来实现不同的产量水平。此时,每一产量水平下的短期总成本可以表示为 $\mathrm{STC}(Q)=w\cdot L(Q)+r\cdot \overline{K}$。式中,$w\cdot L(Q)$为可变动成本;$r\cdot \overline{K}$ 为固定成本,两部分之和构成厂商的短期总成本。STC 是短期总成本的英文缩写,如果以 $\mathrm{TVC}(Q)$表示可变成本 $w\cdot L(Q)$,以 TFC 表示固定成本 $r\cdot \overline{K}$,则短期总成本函数可以写成以下形式:$\mathrm{STC}(Q)=\mathrm{TVC}(Q)+\mathrm{TFC}$。

8. 总不变成本 TFC 是厂商在短期内对不变生产要素所支付的总成本。由于短期内不管企业的产量为多少,这部分不变要素的投入量都是不变的,所以总不变成本是一个常数,它不随产量的变化而变化。总不变成本 TFC 曲线是一条水平线。它表示在短期内,无论产量如何变化,总不变成本是固定不变的。总可变成本 TFC 是厂商在短期内对可变生产要素支付的总成本。总可变成本 TVC 曲线是一条由原点出发向右上方倾斜的曲线,表示在短期内,厂商根据产量的变化来调整可变要素的投入量,所以,总可变成本随产量的变动而变动。当产量为零时,总可变成本为零,在这以后,总可变成本随着产量的增加而增加。短期总成本曲线是由总可变成本曲线向上平移不变成本的长度得到的,其纵轴的截距为 TFC。它表示在每个产量水平上的总成本由总固定成本和总变动成本共同构成。

9. 短期平均成本 SAC 是厂商在短期内平均每生产一单位产品所消耗的全部成本,分为平均可变成本 AVC 和平均不变成本 AFC。公式 $\mathrm{AC}(Q)=\dfrac{\mathrm{STC}(Q)}{Q}=\dfrac{\mathrm{TVC}(Q)+\mathrm{TFC}}{Q}=\mathrm{AVC}(Q)+\mathrm{AFC}(Q)$。平均可变成本是厂商在短期内平均每生产一单位产品所消耗的可变成本:$\mathrm{AVC}(Q)=\dfrac{\mathrm{TVC}(Q)}{Q}$。平均不变成本是厂商在短期内平均每生产一单位产品所消耗的不变成本:$\mathrm{AFC}(Q)=\dfrac{\mathrm{TFC}}{Q}$。

10. 平均固定成本曲线为一条双曲线,随着产量的增加平均固定成本下降。平均变动成本曲线和平均总成本曲线都呈 U 型,随着产量的增加,平均变动成本和短期平均总成本都是先下降后上升,两条曲线均有各自的拐点。由各短期平均成本的公式可以得出,每一产量水平下的各短期平均成本均为其相对应的各总成本曲线相应点到原点连线的斜率。对于短期固定成本,随着产量的增加,相应点到原点连线的斜率逐渐减小,平均固定成本不断降低。对于短期总成本和短期变动成本,随着产量的增加,相应点到原点连线的斜率先减小,后增加,而对于两条曲线,各恰有一点,其到原点的连线为曲线上该点的切线,此时,相对应的短期平均成本达到最小值。

11. 短期边际成本是厂商在短期内增加一单位产量时所增加的总成本。用公式表示为:

$SMC(Q)=\frac{\Delta STC(Q)}{\Delta Q}$或$SMC(Q)=\lim_{\Delta Q\to 0}\frac{\Delta STC(Q)}{\Delta Q}=\frac{dSTC}{dQ}$。从公式可知，在每一产量水平上的边际成本值是相应的短期总成本曲线在该点切线的斜率。短期边际成本曲线呈U型，随着产量的增加，短期边际成本先下降，后上升，和短期平均总成本相交于一点，此时短期总成本曲线的切线即为该点到原点的连线，该交点为短期平均成本的最低点。在该交点前，短期平均总成本大于短期边际成本，即每增加一单位产量所消耗的总成本小于现有平均每单位产量消耗的总成本，因此平均总成本不断下降。在该交点后，短期平均总成本大于短期边际成本，此时每增加一单位产量所消耗的总成本大于现有平均每单位产量所消耗的成本，因此短期平均总成本不断增加。

12. 边际报酬递减规律是短期生产的一条基本规律，指在短期生产过程中，在其他条件不变的前提下，随着一种可变要素投入量的连续增加，它所带来的边际产量先是递增的，达到最大值后再递减。关于这一规律，我们也可以从产量变化所引起的边际成本变化的角度来理解：假定生产要素的价格不变，在边际报酬递增阶段，增加一单位可变要素投入所产生的边际产量递增，则意味着在这一阶段，增加一单位产量所需要的边际成本是递减的。在以后的边际报酬递减阶段，增加一单位可变要素投入所产生的边际产量递减，则意味着在这一阶段增加一单位产量所需要的边际成本是递增的。显然，边际报酬递减规律作用下的短期边际产量和短期边际成本之间存在着一定的对应关系：在短期生产中，边际产量的递增阶段对应的是边际成本的递减阶段，边际产量的递减阶段对应的是边际成本的递增阶段，与边际产量的最大值相对应的是边际成本的最小值。也正因为如此，在边际报酬递减规律作用下的边际成本曲线表现出先降后升的U型特征。

13. 厂商在长期内可对全部生产要素投入量进行调整，也就是对企业的规模进行调整。因此，从长期来看，厂商总可以在每一个产量水平上选择最优的生产规模进行生产。长期总成本是指长期内厂商在每一个产量水平上通过选择最优的生产规模所消耗的总成本。长期总成本函数可以表达为$LTC=LTC(Q)$。长期总成本曲线就是无数条短期总成本曲线的包络线。长期总成本曲线从原点出发向右上方倾斜，当产量为零时，长期总成本为零；随着产量的增加，长期总成本不断增加，并且先以递减的速率增加，而后以递增的速率增加。

14. 长期平均成本LAC表示厂商在长期内平均每一单位产量所消耗的总成本。用函数表达为$LAC(Q)=\frac{LTC(Q)}{Q}$。长期平均成本曲线是无数条短期平均成本曲线的包络线。在该包络线上，在连续变化的每一产量水平上，都存在LAC曲线和一条SAC曲线的相切点，该SAC曲线所代表的生产规模就是生产该产量水平的最优生产规模，该切点所对应的平均成本就是相应的最低平均成本。长期平均成本曲线呈U型，且在LAC曲线的下降段，LAC曲线相切于所有相应的曲线最低点的左边；在LAC曲线的上升段，LAC曲线相切于所有相应的SAC曲线最低点的右边。只有在LAC曲线的最低点上，LAC曲线才相切于相应的SAC曲线的最低点。

15. 包络线与扩展线的关系：扩展线是每一种产量水平下产生最低成本点的轨迹，因此，每一点上所对应的产量都产生最低的长期总成本。因此，我们可以用该产量下最低的长期总成本除以该产量，得到长期平均成本。而长期平均成本曲线表示生产每一种可行产量水平的最低单位成本的曲线，因此，我们可以推理出两者存在这样的关系：包络线上长期平均成本曲线与短期平均成本曲线相切的切点与扩展线上的点是一一对应的。另一方面,不在扩展线上的点的平均成本大于在扩展线上的点的平均成本,正如不在包络线上的点的平均成本大于包络线上的点的平均成本一样。

16. 长期边际成本 LMC 表示厂商在长期内增加一单位产量所引起的最低总成本的增量。用函数可以表达为 $\mathrm{LMC}(Q)=\frac{\Delta \mathrm{LTC}(Q)}{\Delta Q}$ 或 $\mathrm{LMC}(Q)=\lim\limits_{\Delta Q\to 0}\frac{\Delta \mathrm{LTC}(Q)}{\Delta Q}=\frac{\mathrm{dLTC}(Q)}{\mathrm{d}Q}$。由函数表达式可以看出,每一产量水平上的 LMC 值都是相应的 LTC 曲线的斜率,因此,可以由长期总成本曲线推导出长期边际成本曲线。长期边际成本曲线呈 U 型,与长期平均成本曲线相交于长期平均成本曲线的最低点。

17. 规模经济是指由于生产规模扩大而导致长期平均成本下降的情况。规模经济与规模报酬不是同一个概念。规模报酬是所有要素投入都扩大相同的倍数所引起的产出的变化情况,所涉及的是投入与产出的关系。规模经济涉及的是规模大小与成本的关系,不过规模报酬递增是产生规模经济的原因之一。产生规模经济的主要原因是劳动分工与专业化,以及技术因素。规模不经济指企业由于规模扩大使得管理无效而导致长期平均成本的上升。规模过大会造成管理人员信息不通、代理成本上升、决策失误等,这些都会造成企业长期平均成本的上升。在企业生产扩张的开始阶段,由于规模经济的存在,长期平均成本下降,当生产扩张到一定的规模以后,厂商继续扩大生产,就会产生规模不经济,这时长期平均成本上升。规模经济和规模不经济的存在导致长期平均成本曲线呈 U 型特征。

18. 范围经济是引起企业长期平均成本下降的又一重要因素。范围经济产生于多种产品生产而不是单一产品生产的情况。许多企业同时生产多种产品而不是一种产品,比如奶制品生产商既生产纯奶也生产酸奶,炼油厂生产汽油、柴油等各种油。企业同时进行多产品的生产称为联合生产。企业采取联合生产的方式可以通过使多种产品共同分享生产设备或其他投入物而获得产出或成本方面的好处,也可以通过统一的营销计划或统一的经营管理获得成本方面的好处。范围经济就是指在相同的要素投入水平下,由一个单一的企业同时生产多种产品比多个不同的企业分别生产其中一种产品的产出水平高。

19. 另一种引起企业长期平均成本下降的重要因素为学习效应。学习效应是指在长期的生产过程中,企业的工人、技术人员等可以通过积累有关产品生产各方面的经验,从而使得生产产品的长期平均成本下降。学习效应可以用函数表达为 $L=a+b\cdot N^{-\beta}$。其中,L 表示每一批产品所需要的劳动投入量,N 表示累积性产品批量,a、b 为正的参数,β 为大于 0、小于 1 的参数。当 $N=1$ 时,需要投入的劳动要素量为 $a+b$,即第一批产品所需要的劳动投入量;随着 N 的增大,所需要的劳动投入量不断减小,当企业生产了多批产品后,学习效应有可能全部实现。从理论上讲,当 N 趋于无穷大时,需要的劳动投入量为 a,此时生产一批产品所需的劳动投入量最小。而当 $\beta=0$ 时,无论 N 为何值,每一批产品所需要的劳动投入量都为 $a+b$,即此时不存在学习效应。β 值的大小与企业所属行业的技术经济特点和厂商的管理水平、资本有机构成有关。学习效应曲线描述的是企业的累积性产品产量与所生产的每一单位产品产量所需要的投入物数量之间的关系。学习曲线向右下方倾斜,即随着产品生产批量的累积性增加,随后的每批产品所需的劳动投入量在相当大的范围内呈下降趋势。由于学习效应而导致的每单位产品劳动投入量的下降,必然导致产品长期平均成本的下降。当学习效应完全实现后,学习曲线与横坐标相平行。

20. 学习效应重在说明“熟能生巧”，长期重复进行同种产品生产可能比短期生产更有利于积累生产经验，提高生产效率，降低成本。范围经济强调生产不同种类产品获得的经济性。规模经济强调的是产量规模带来的经济性。

习　题

一、单选题

1. 短期生产成本由（　　）。
   A. 显成本加机会成本构成
   B. 显成本加可变成本构成
   C. 固定成本加可变成本构成
   D. 固定成本加隐成本构成

2. 某厂商每年从企业的总收入中取出一部分作为自己所提供生产要素的报酬，这部分资金被视为（　　）。
   A. 固定成本
   B. 隐成本
   C. 会计成本
   D. 生产成本

3. 如果等成本曲线在坐标平面上与等产量曲线相交，那么要生产等产量曲线所代表的产量水平（　　）。
   A. 应该增加成本的支出
   B. 不能增加成本的支出
   C. 应该减少成本的支出
   D. 不能减少成本的支出

4. 假如增加一单位产量所带来的边际成本大于产量增加前的平均成本，那么在产量增加后平均成本（　　）。
   A. 减少
   B. 增加
   C. 不变
   D. 都有可能

5. 若某个产量的长期平均成本等于短期平均成本，但高于长期边际成本，则（　　）。
   A. 规模报酬处于递减阶段
   B. 长期平均成本正在下降
   C. 短期平均成本最小
   D. 短期平均成本等于长期边际成本

6. 王先生辞去月薪 2 000 元的工作，取出自有存款 200 000 元（月息 1%），办一独资企业，则王先生办企业按月计算的机会成本是（　　）。
   A. 4 000 元

B. 200 000 元

C. 2 000 元

D. 202 000 元

7. 短期内在每一产量上的 MC 值应该(　　)。

A. 是该产量上 TVC 曲线的斜率,但不是该产量上 STC 曲线的斜率

B. 是该产量上 STC 曲线的斜率,但不是该产量上 TVC 曲线的斜率

C. 既是该产量上 STC 曲线的斜率,又是该产量上 TVC 曲线的斜率

D. 不确定

8. 关于平均固定成本正确的是(　　)。

A. 无论产出水平发生什么变化,它都不变

B. 随产量增加而增加

C. 曲线是 U 型的

D. 以上都不对

9. 在规模经济作用下的 LAC 曲线呈(　　)。

A. 下降趋势

B. 上升趋势

C. 不确定

D. 以上都正确

10. 在 LAC 曲线与一条代表最优生产规模的 SAC 曲线相切的产量上必定有(　　)。

A. 相应的 STC 曲线与一条代表最优生产规模的 SMC 曲线的一个交点,以及相应的 LTC 曲线和代表最优生产规模的 STC 曲线的一个切点

B. 代表最优生产规模的 SAC 曲线达到最低点

C. LAC 曲线达到最低点

D. 不确定

11. 从原点出发的射线与 TC 曲线相切的产量上,必有(　　)。

A. AC 值最小

B. AC＝MC

C. MC 曲线处于上升阶段

D. 以上各点都对

12. 某工厂生产 1 000 单位的产品总成本为 5 000 元,如果产量减少 1 单位,总成本为 4 990 元,在这个产出的范围以内(　　)。

A. 平均成本高于边际成本

B. 平均成本和边际成本大致相等

C. 边际成本高于平均成本

D. 给定的条件无法得到边际成本,因此不能比较平均成本和边际成本的大小

13. SAC 曲线呈 U 型特征的原因在于(　　)。

A. 边际效用递减规律

B. 规模经济与规模不经济

C. 边际报酬递减规律

D. 不确定

14. 在长期中，下列(　　)不存在。

A. 固定成本

B. 平均成本

C. 机会成本

D. 隐成本

15. LAC 曲线(　　)。

A. LMC＜LAC 时下降，LMC＞LAC 时上升

B. 通过 LMC 曲线的最低点

C. 随 LMC 曲线下降而下降

D. 随 LMC 曲线上升而上升

16. 使用自有资金也应该计算利息收入，这种利息收入从成本角度来看是(　　)。

A. 固定成本

B. 隐成本

C. 会计成本

D. 生产成本

17. 边际成本低于平均成本时(　　)。

A. 平均成本上升

B. 总成本下降

C. 平均固定成本上升

D. 平均成本下降

18. 长期平均成本曲线呈 U 型的原因与(　　)有关。

A. 规模经济与规模不经济

B. 外部经济

C. 要素的边际收益

D. 固定成本与可变成本所占的比重

19. 长期总成本曲线是各种产量的(　　)。

A. 最低成本点的轨迹

B. 最低平均成本点的轨迹

C. 最低边际成本点的轨迹

D. 平均成本变动的轨迹

20. 由企业购买或雇佣任何生产要素所发生的成本是指(　　)。

A. 显成本

B. 隐成本

C. 固定成本

D. 可变成本

21. 边际成本是指(　　)。

A. 总成本除以产量

B. 平均成本除以产量

C. 投入的生产要素每增加一个单位所增加的产量

D. 增加生产一单位产量所增加的成本

22. 当AC达到最低点时,下列(　　)是正确的。

A. AVC=FC

B. MC=AC

C. MC=AVC

D. MC=AFC

23. 长期里,产量加倍,而平均成本下降,这意味着(　　)。

A. 规模经济的存在

B. 规模不经济的存在

C. 规模收益不变

D. 收益递减发生了

24. 当产量增加时,(　　)是减少的。

A. 总成本

B. 边际成本

C. 平均成本

D. 平均固定成本

25. 如果劳动是唯一的可变投入,而且劳动的边际收益递减,则总成本曲线(　　)。

A. 斜率为正,越来越陡

B. 斜率为正,越来越缓

C. 斜率为负,越来越陡

D. 斜率为负,越来越缓

26. 如果劳动是唯一的可变投入,而且劳动的收益递减,则边际成本曲线(　　)。

A. 斜率为正

B. 一开始斜率为负,后来为正

C. 水平

D. 一开始斜率为正,后来为负

27. 下面关于短期和长期的说法中(　　)是对的。

A. 短期内,厂商不用付清所有的账单,但在长期内必须付清

B. 短期内,厂商只要支付可变投入,但长期内,他们还要支付不变成本

C. 短期内,成本是实际的,但长期内成本是假想的

D. 短期内不变的投入在长期内是可以改变的

28. 不变成本是(　　)。

A. 与不变投入相关的成本

B. 不随产量变化的成本

C. 包括一些可变成本的支付

D. A和B

29. 如果由一个厂商生产一系列的产品比由多个厂商各自分别生产要合算,就有(　　)。

A. 收益递减

B. 收益减少

C. 范围经济

D. 规模经济

30. 以下(　　)在做决策时不予考虑。

A. 固定成本

B. 沉没成本

C. 会计成本

D. 机会成本

二、判断题

1. 在短期内,若企业的总成本函数 $STC=aQ+b$,则可判断固定成本为 b。(　　)

2. 长期平均成本曲线是短期平均成本曲线的包络线,并且长期平均成本曲线与短期平均成本曲线的最低点相切。(　　)

3. 长、短期平均成本曲线都呈 U 型,都是由于边际报酬递减规律造成的。(　　)

4. 如果边际成本曲线上升,则对应的平均成本曲线一定上升。(　　)

5. 平均固定成本绝不会随着产量的增加而提高。(　　)

6. 已知产量为 9 个单位时,平均成本为 10 元,当产量增加到 10 个单位时,平均成本为 9.5 元,此时边际成本为 0.5 元。(　　)

7. 长期边际成本曲线是短期边际成本曲线的包络线。(　　)

8. 当产量在某一范围内变化时,只要边际成本曲线位于平均成本曲线的上方,平均成本曲线一定向下倾斜。(　　)

9. 长期平均成本曲线在达到一定产量水平后趋于上升,是由于边际收益递减规律在起作用。(　　)

10. 在短期内管理人员的工资属于可变成本。(　　)

11. 可变要素的边际成本总是递增的。(　　)

12. 短期总成本曲线与长期总成本曲线都是从原点出发向右上方倾斜的一条曲线。(　　)

13. 在边际成本曲线的最低点,边际成本等于平均成本。(　　)

14. 短期平均成本绝不会小于长期平均成本。(　　)

15. 成本函数与投入要素的价格变化没有直接的关系。(　　)

16. 因为厂房的折旧是按月提取的,不生产就不打入成本,所以,折旧是可变成本。(　　)

17. 边际成本大于平均成本,平均成本一定上升。(　　)

18. 长期成本曲线上的每一点都与短期成本曲线上的某一点相对应,但短期成本曲线上并非每一点都与长期成本曲线上的某一点相对应。(　　)

19. 经济学中的经济利润是指总收益与显成本之间的差额。(　　)

20. 在短期平均成本曲线 SAC 与长期平均成本曲线 LAC 相切处,SMC=LMC。(　　)

三、名词解释

1. 机会成本
2. 隐成本
3. 沉没成本
4. 固定成本
5. 经济利润
6. 边际成本
7. 长期总成本
8. 规模经济
9. 范围经济
10. 学习效应

四、填空题

1. 在厂商生产决策过程中，________成本不予考虑。

2. 当 LMC ________ LAC 时，LAC 曲线呈上升趋势。

3. 如果一个企业处于经济规模报酬不变阶段，则 LAC 曲线是________。

4. 如果没有不变成本，劳动是唯一的可变投入，且劳动的收益不变，则产量随劳动的增加而________，平均成本随产量的增加而________。

5. 成本函数描述的是________和________的关系。

6. 经济成本是________和________之和。

7. ________是指生产一定的产量所花费的成本的总和，它在短期内可以划分为________和________两部分。

8. ________在短期内等于平均不变成本和平均可变成本之和。

9. 总收益减去________就是会计利润，会计利润减去________就是经济利润。

10. 机会成本存在的根本原因是________。

11. 随着产量的增加，短期固定成本________。

12. 对于一个既定的产量，长期平均成本等于短期平均成本，长期平均成本比长期边际成本大，则长期平均成本在________，短期边际成本________长期边际成本。

13. 假定两个职工一个工作日可以生产 200 公斤大饼，六个职工一个工作日可以生产 500 公斤大饼，则平均可变成本是________。(上升、下降或不变)

14. 从原点出发的直线与 STC 曲线的切点上，SAC ________ SMC。(大于、小于或等于)

15. 假定某企业的短期成本函数为 $STC(Q)=Q^3-10Q^2+17Q+80$，那么短期固定成本为________，短期可变成本为________。

16. 假定某企业的长期成本函数为 $LTC(Q)=2Q^3-30Q^2+34Q$，那么长期平均成本函数为________，长期边际成本函数为________。

17. 某厂商生产 5 件衣服的总成本为 1 500 元，其中厂房和机器折旧为 500 元，工人工资及原材料费用为 1 000 元，那么固定成本为________，平均可变成本为________。

18. 在长期平均成本的________(递增、递减阶段或最低点)，长期平均成本曲线切于某一条短期平均成本曲线的最低点。

19. 假定某机器设备原来用于出租，租金为 1 200 元，现在改生产产品 Y，所花费的人工、材料费为 1 000 元，则生产产品 Y 的会计成本是________，经济成本是________。

20. 短期内每一产量上的边际成本值是该产量上________成本曲线的斜率。

五、计算题

1. 下面是某制造商的短期生产成本列表，请计算平均成本与边际成本。

产　量	总成本	平均成本	边际成本
1	10		
2	18		
3	24		
4	28		
5	30		
6	39		
7	49		

2. 假定某企业的短期成本函数为 $STC(Q)=2Q^3-20Q^2+34Q+80$，则

(1) 指出该短期成本函数中的可变成本与不变成本。

(2) 写出相应的平均可变成本函数、平均不变成本函数、平均总成本函数和边际成本函数。

3. 已知某企业的短期总成本函数为 $STC(Q)=4Q^3-80Q^2+600Q+700$，求最小的平均可变成本值。

4. 已知某企业的边际成本函数为 $MC=3Q^2-20Q+100$，且已知生产 10 单位产量时的总成本为 1 500。

(1) 求固定成本的值。

(2) 写出相应的总成本函数、总可变成本函数和平均总成本函数。

5. 某企业短期总成本函数为 $STC(Q)=\frac{1}{3}Q^3-4Q^2+240Q+1\,000$，则

(1) 当 SMC 达到最小值时，产量为多少？

(2) 当 AVC 达到最小值时，产量为多少？

六、简答题

1. 请解释经济学家关于成本概念为什么会与会计上的成本不同。

2. 机会成本对决策分析有什么意义？为什么？

3. 为什么长期和短期平均成本曲线都呈 U 型？

七、阅读与思考

阅读以下材料，联系实际情况，运用所学理论进行评析。

在“下海”的浪潮中,某服装公司处长小王与夫人用自己的20万元资金办了一个服装厂。一年结束时,会计拿来了收支报表。当小王正看报表时,他的一个经济学家朋友小李来了,小李看完报表后说,我的算法和你的会计不同。小李也列出了一份收支报表。这两份报表(单位:万元)见下表:

收支报表			
会计的报表		经济学家的报表	
销售收益	100	销售收益	100
设备折旧	3	设备折旧	5
厂房租金	3	厂房租金	3
原材料 4	60	原材料	60
电力	3	电力	3
工资	10	工资	10
贷款利息	15	贷款利息	15
		小王和夫人应得的工资	4
		自有资金利息	2
总成本	94	总成本	102
利润	6	利润	−2

注:设备原值15万元,使用期限为5年,现值为10万元。

请分析为什么两张报表得出的利润不同。

习题答案

一、单选题

1～5:CBCBB　　6～10:ACDAA　　11～15:DCCAA　　16～20:BDABA
21～25:DBADA　　26～30:ADDCB

二、判断题

1. √
2. ×
3. ×
4. ×
5. √
6. ×
7. ×
8. ×
9. ×

10. ×
11. ×
12. ×
13. ×
14. √
15. ×
16. ×
17. √
18. √
19. ×
20. √

三、名词解释

1. 机会成本：把经济资源投入某一特定用途后所放弃的在其他用途中所能获得的最高收入。

2. 显成本：企业在生产过程或经营活动中所使用的自己所拥有的投入物的价值。

3. 沉没成本：过去已经支出的费用，或者根据协议将来必须支出的费用，它是非相关成本，在做经济决策时不予考虑。

4. 固定成本：不随企业的产量变化而变化的成本为固定成本。

5. 经济利润：经济利润等于总收入减去总成本，而此处所说的总成本，既包含显成本，也包含隐成本。

6. 边际成本：厂商增加一单位产量时所增加的总成本。

7. 长期总成本：长期内厂商在每一个产量水平上通过选择最优的生产规模所消耗的总成本。

8. 规模经济：由于生产规模扩大而导致长期平均成本下降的情况。

9. 范围经济：在相同的要素投入水平下，由一个单一的企业同时生产多种产品比多个不同的企业分别生产其中一种产品的产出水平高。

10. 学习效应：在长期的生产过程中，企业的工人、技术人员等可以通过积累有关产品生产各方面的经验，从而使得生产产品的长期平均成本下降。

四、填空题

1. 沉没
2. >
3. 水平的
4. 等幅增加　保持不变
5. 成本　产量
6. 显成本　隐成本
7. (生产)总成本　固定成本　可变成本
8. 平均成本

9. 显成本(会计成本)　隐成本
10. 资源的稀缺性
11. 不变
12. 递减　等于
13. 上升
14. 等于
15. 80　Q^3-10Q^2+17Q
16. $LAC(Q)=2Q^2-30Q+34$　$LMC(Q)=6Q^2-60Q+34$
17. 500元　200元
18. 最低点
19. 1 000　2 200
20. 短期总成本和短期可变成本

五、计算题

1.

产　量	总成本	平均成本	边际成本
1	10	10	10
2	18	9	8
3	24	8	6
4	28	7	4
5	30	6	2
6	39	6.5	9
7	49	7	10

2. 已知 $STC(Q)=2Q^3-20Q^2+34Q+80$,TFC 为常数,即短期不变成本 TFC=80,则短期可变成本 $TVC(Q)=2Q^3-20Q^2+34Q$

平均可变成本 $AVC(Q)=\frac{TVC(Q)}{Q}=\frac{2Q^3-20Q^2+34Q}{Q}=2Q^2-20Q+34$

平均不变成本 $AFC(Q)=\frac{TFC}{Q}=\frac{80}{Q}$

短期平均总成本 $SAV(Q)=\frac{STC(Q)}{Q}=AVC(Q)+AFC(Q)=2Q^2-20Q+34+\frac{80}{Q}$

短期边际成本 $SMC(Q)=\frac{d(STC)}{dQ}=\frac{d(2Q^3-20Q^2+34Q+80)}{dQ}=6Q^2-40Q+34$

3.
$$STC(Q)=4Q^3-80Q^2+600Q+700$$
$$AVC(Q)=4Q^2-80Q+600$$
对 AVC 求导有 $8Q-80=0$,得 $Q=10$,代入 AVC 得最小平均可变成本为 200。

4. 因为 $MC=3Q^2-20Q+100$,积分可得 $TVC=Q^3-10Q^2+100Q$,且 $Q=10$ 时,STC=1 500,TVC=1 000,所以 TFC=500。

综上:(1)　$TFC=500$

(2)
$$STC=TFC+TVC=Q^3-10Q^2+100Q+500$$
$$TVC=Q^3-10Q^2+100Q$$
$$SAC=\frac{STC}{Q}=Q^2-10Q+100+\frac{500}{Q}$$

5. (1)由 $STC(Q)=\frac{1}{3}Q^3-4Q^2+240Q+1\ 000$ 求导得
$$SMC(Q)=Q^2-8Q+240$$
对 SMC 求导有 $2Q-8=0$，得 $Q=4$。

即当 SMC 达到最小时，产量为 4。

(2) 由 $STC(Q)=\frac{1}{3}Q^3-4Q^2+240Q+1\ 000$ 得
$$AVC(Q)=\frac{1}{3}Q^2-4Q+240$$
求导得 $\frac{2}{3}Q-4=0$，得 $Q=6$。

即当 AVC 达到最小时，产量为 6。

六、简答题

1. 会计人员通常关注于回顾企业的资产和负债以及向外部使用者报告以往的财务状况。因此，会计人员所度量的会计成本是一种历史成本，它反映企业对所购买的生产要素的货币支出。

经济学家关心的是稀缺资源的配置。因此，他们关注的是将要发生的成本预计是多少，以及企业如何通过合理资源配置来降低成本。经济学家关注的经济成本是企业在生产中所使用的资源的成本。

2. 经济学从机会成本的概念来分析厂商的生产成本，是因为经济学家从稀缺资源配置的代价而不是会计学的意义来考察成本的概念。当一个社会或一个企业用一定的经济资源生产一定数量的一种或多种产品时，这些经济资源就不能同时被使用在其他的生产用途方面。这就是说，这个社会或企业所获得的一定数量的产品收入，是以放弃用同样的资源来生产其他产品时所能获得的收入为代价的。因此，从资源配置的角度看，生产某产品的真正成本，不仅应该包括生产该产品的各种费用支出，而且应该包括放弃的另一种用途可能获得的收入。

3. 短期平均成本曲线呈型，是因为先受边际报酬递增，而后受边际报酬递减的影响。

在企业生产扩张的开始阶段，由于规模经济的存在，长期平均成本下降，当生产扩张到一定的规模以后，厂商继续扩大生产，就会产生规模不经济，这时长期平均成本上升。规模经济和规模不经济的存在导致长期平均成本曲线呈 U 型特征。

七、阅读与思考

会计报表中的总成本是实际支出的会计成本，经济学家报表中的总成本是经济成本。会计所计算出的利润是会计利润，经济学家所计算出的利润是经济利润。

所谓会计成本，是指企业对所购买的生产要素的货币支出，在会计报表中，用于设备折旧、厂房租金、原材料、电力、工资和贷款利息的支出(94 万元)是会计成本。销售收益(100 万元)

减去会计成本(94 万元),就是会计利润(6 万元)。会计成本的信息不足包括以下三个方面:① 会计成本往往只能说明过去,不能说明将来;② 会计成本往往含有一些人为因素;③ 会计成本不能准确地反映厂商生产的实际代价。

经济成本是在会计成本上加了机会成本。机会成本是指把经济资源投入某一特定用途后所放弃的在其他用途中所能获得的最高收入。本例中,机会成本包括:① 小王与夫人应得的工资。他们如果自己不办厂,则可以去上班赚到工资,所以他们放弃的上班工资收入就是办厂的机会成本之一。② 小王自有资金的利息。小王办厂资金中有自有资金 20 万元,如果他们不办厂,那么该笔资金可以存入银行,获得利息。因此,放弃的利息收入也是机会成本之一。③ 设备折旧数值两张报表不同。会计是按线性折旧计算的,即全部设备为 15 万元,设备使用年限为 5 年,因此折旧额为 3 万元,而经济学家是按设备资产的现值来计算折旧的,去年买的设备 15 万元,现在去卖只能得到 10 万元,因此折旧额为 5 万元。经济成本比会计成本多出 8 万元,即经济成本为 102 万元,因此经济利润为-2万元,即亏损 2 万元。

第六章　完全竞争市场

提　要

1. 在市场理论中，划分市场结构的标准主要有如下几个：市场上厂商的数量；行业中厂商各自生产的产品的差别程度；单个厂商对市场价格的影响力；厂商进入或退出一个行业的难易程度。根据这些标准，市场结构可以分为四类，它们是完全竞争市场、垄断竞争市场、寡头市场和垄断市场。

2. 在一个完全竞争市场中，有大量的买者和卖者，市场上每个厂商生产的商品是无差异的；所有的经济资源可以在各行业之间完全自由流动，市场上从事交易活动的每一个人的信息是完全对称的。因此，完全竞争市场上的每个消费者和每个厂商都是既定市场价格的接受者，而且厂商在长期均衡时经济利润等于零。

3. 在完全竞争市场上，厂商所面临的对其产品的需求曲线，即厂商的需求曲线，是从既定的市场价格出发的一条水平线。因此，厂商的平均收益曲线、边际收益曲线和厂商的需求曲线是三线重合的。

4. 完全竞争厂商实现利润最大化或亏损最小化的原则是边际收益等于边际成本。此原则对于所有不同市场结构条件下厂商的短期生产和长期生产都是适用的。

5. 短期里完全竞争厂商在既定生产规模下，通过对产量的调整来实现 MR＝SMC 的利润最大化的原则。在厂商 MR＝SMC 的短期均衡点上，其利润可以大于零、小于零或者等于零。当厂商的利润小于零(即亏损)时，厂商需要根据平均收益 AR 与平均可变成本 AVC 的比较来决定是否继续生产。当 AR＞AVC 时，厂商虽然亏损，但仍继续生产；当 AR＜AVC 时，厂商必须停止生产；当 AR＝AVC 时，厂商处于生产与不生产的临界点。

6. 以完全竞争厂商的短期均衡分析为基础，可导出完全竞争厂商的短期供给曲线。完全竞争厂商的短期供给曲线是厂商短期边际成本 SMC 曲线的一部分，完全竞争厂商的短期供给曲线是向右上方倾斜的，它表示厂商的供给量与商品价格呈现同方向的变化；此外，该曲线还表示厂商在每一价格水平上的供给量都是可以给他带来最大利润或最小亏损的最优产量。

7. 将完全竞争厂商的短期供给曲线水平加总，便可以得到完全竞争行业的短期供给曲线。显然，在完全竞争市场上，行业的短期供给曲线保持了厂商的短期供给曲线的基本特征与性质，这便是：完全竞争行业的短期供给曲线也是向右上方倾斜的，它表示整个行业的供给量与商品价格呈现同方向的变化；此外，行业的短期供给曲线还表示在每一价格水平上的行业供给量都是可以给行业内的每一个厂商带来最大利润或最小亏损的最优的行业生产量。

8. 在长期内，完全竞争厂商是通过对全部生产要素的调整来实现 MR＝LMC 的利润最大化原则的。厂商对全部生产要素的调整可以表现为两个方面：一方面，厂商在每一个产量水平上都选择最优的生产规模进行生产；另一方面，厂商可以根据经营的情况，选择进入或退出一个行业。当行业内每一个厂商都盈利时，新的厂商便会加入到该行业的生产中来；当行业内每一个厂商都亏损时,行业内原有厂商的一部分就会退出该行业的生产。显然,完全竞争厂商长期均衡时利润一定刚好等于零。据此,完全竞争厂商的长期均衡一定发生在长期平均成本 LAC 曲线的最低点。在这个最低点上,生产者的平均成本降到了 LAC 曲线的最低水平,消费者购买商品的价格也降到了 LAC 曲线的最低水平。

9. 在推导完全竞争行业的长期供给曲线时,要考虑当一部分厂商进入或退出一个行业时,他们对生产要素市场的需求以至于对生产要素市场的价格所产生的影响。当一部分厂商进入一个行业并增加对生产要素的需求时,生产要素市场的价格可以保持不变,或者上升,或者下降。由此,相应地便有成本不变行业、成本递增行业和成本递减行业。在此基础上,可推导出成本不变行业的长期供给曲线是一条水平线,成本递增行业的长期供给曲线是向右上方倾斜的,以及成本递减行业的长期供给曲线是向右下方倾斜的。

习　题

一、单选题

1. 一个企业所面临的需求曲线具有完全价格弹性,则(　　)。

A. 它可通过降价来扩大需求量

B. 它可通过提价来增加总收益

C. 它面临一条向右倾斜的平均收益曲线

D. 它的边际收益等于产品的价格

2. 当一企业的 MC＝MR 时,下列说法正确的有(　　)。

A. 经济利润大于零

B. 经济利润等于零

C. 经济利润可能小于零

D. 以上说法均不正确

3. 在完全竞争市场下,产品的价格刚好处于企业的最低平均可变成本,那么,企业(　　)。

A. 有亏损,为弥补亏损而继续生产

B. 其经济收益不能弥补固定成本,停止生产

C. 其亏损为全部可变成本

D. 其亏损为全部总成本

4. 下述(　　)是完全竞争市场中某个卖者的需求曲线的特征。

A. 在各产出水平上,价格和边际收入都相等

B. 平均收益小于价格

C. 在各产出水平上需求弹性都为 1

D. 与市场需求曲线相同

5. 以下(　　)市场接近于完全竞争市场。

A. 糖果

B. 小麦

C. 邮电

D. 汽车

6. 下列条件中与完全竞争市场中短期均衡条件不相符的是(　　)。

A. $P=MP$

B. MC=MR

C. $P=MC$

D. MC=AR

7. 某行业是一个规模报酬递增的行业,则该行业的长期供给曲线(　　)。

A. 有正的斜率

B. 有负的斜率

C. 水平

D. 不能确定

8. 在完全竞争市场条件下,某一厂商把产量调整到平均成本曲线最低点所对应的水平,则(　　)。

A. 他将取得最大利润

B. 他不能获得最大利润

C. 他是否获得最大利润仍无法确定

D. 他一定亏损

9. 某完全竞争厂商在一定产量 $Q=12$,TC=780 时,该商品的市场价格为 65,若厂商在该产量上实现短期均衡,则下列说法正确的有(　　)。

A. 该厂商得到了超额利润

B. 该厂商得到了正常利润

C. 该厂商得到了最大利润

D. 该厂商得到了最小利润

10. 假如某厂商的平均收益曲线从水平线变为向右下方倾斜的曲线,这说明(　　)。

A. 既有厂商进入该行业,也有厂商退出该行业

B. 完全竞争被不完全竞争所取代

C. 新的厂商进入该行业

D. 原有厂商退出了该行业

11. 在短期中,某完全竞争厂商使用一种可变要素 a 和一种固定要素 b 生产一种产品 x。P_x 表示 x 的价格,P_a 表示 a 的价格,P_b 表示 b 的价格,当厂商处于短期均衡时,下列表述不正确的是(　　)。

A. $MC=P_x$

B. $MP_a=P_a/P_x$

C. $MP_a/P_a=MP_b/P_b$

D. $P_x \geqslant AVC$

12. 在完全竞争市场上产品价格为 1 元,某厂商短期里产量达到 500 单位,总成本是 800 元,总不变成本是 200 元,边际成本是 1 元,若此时边际成本随产量增加而递增,按照利润最大化原则,他应该(　　)。

A. 增加产量

B. 停止生产

C. 减少产量

D. 保持产量不变

13. 下列信息是关于某个厂商现状的，$MP_a=6$，$MP_b=15$，$P_a=3$ 元，$P_b=5$ 元，产品售价为 1 元，为实现利润最大化，该厂商应使用(　　)。

A. 更少的生产要素 a 和更多的生产要素 b

B. 更多的生产要素 a 和更少的生产要素 b

C. 更少的生产要素 a 和 b

D. 更多的生产要素 a 和 b

14. 在完全竞争市场上，已知某厂商在短期里产量是 500 单位，总收益 500 元，边际成本是 1 元，总成本是 800 元，总不变成本是 200 元，若此时边际成本随产量增加而递减，按照利润最大化原则，应该(　　)。

A. 增加产量

B. 停止生产

C. 减少产量

D. 保持目前产量

15. 在下列(　　)情况下，完全竞争的厂商会处于长期均衡。

A. LMC 是下降的

B. LAC 是下降的

C. LMC 是上升的

D. LAC 是上升的

E. LMC 等于 LAC

F. 上述说法均不正确

16. 在某个产量水平上，厂商的平均成本达到了最小值，则(　　)。

A. 厂商的经济利润是 0

B. 厂商获得最大利润

C. 厂商的亏损最小

D. 边际成本等于平均成本

17. 在完全竞争市场里，当厂商在平均成本曲线最低点所对应的产量上进行生产，则(　　)。

A 厂商的经济利润为 0

B. 厂商获得最大利润

C. 不能确定该厂商是否获得最大利润

D. 厂商的亏损最小

18. 在完全竞争市场中，行业的长期供给曲线取决于(　　)。

A. SMC 曲线最低点的轨迹

B. LMC 曲线最低点的轨迹

C. SAC 曲线最低点的轨迹

D. LAC 曲线最低点的轨迹

19. 如果一个完全竞争行业是成本递增行业,则(　　)。
A. 生产中使用的要素的供给曲线是向右上方倾斜的
B. 生产中使用的要素的供给曲线是水平的
C. 生产中使用的要素的供给曲线是垂直的
D. 不能确定要素的供给曲线的走势
20. 在完全竞争厂商的长期均衡产量上必然有(　　)。
A. MR=LMC≠SMC,式中 MR=AR=P
B. MR=LMC=SMC≠LAC,式中 MR=AR=P
C. MR=LMC=SMC=LAC≠SAC,式中 MR=AR=P
D. MR=LMC=SMC=LAC=SAC,式中 MR=AR=P
21. 在短期内,单个的完全竞争企业的供给曲线是(　　)。
A. 平均变动成本曲线位于边际成本曲线以下的部分
B. 边际成本曲线位于平均变动成本曲线以上的部分
C. 边际成本曲线位于平均总成本曲线和平均变动成本曲线之间的部分
D. 边际收益曲线位于需求曲线以下的部分
22. 假定某公司生产 20 单位产品,在完全竞争市场上每单位售价 10 元,它的全部固定成本是 100 元,生产 20 单位产品时的平均变动成本是 3 元,则(　　)。
A. 该公司在短期内应关闭
B. 该公司已实现了利润最大化
C. 该公司出现了 60 元的损失
D. 该公司实现了 40 元的经济利润
23. 如果你发现自己所生产的产品的价格低于 AVC 的最低水平,此时你应该(　　)。
A. 在 P=MC 的那一点确定的产量上生产以使损失最小化
B. 在 P=MC 的那一点确定的产量上生产以使利润最大化
C. 停止生产,因为如果生产你所遭受的损失将超过你的全部固定成本
D. 停止生产,因为总收益大于总变动成本
24. 如果某个完全竞争企业在短期内停业,则(　　)。
A. 其损失为零
B. 其将获得正常利润
C. 其将遭受的损失等于总成本
D. 其将遭受的损失等于总固定成本
25. 当总收益足以弥补(　　)损失时,完全竞争企业在短期内就应该生产。
A. 全部变动成本
B. 总成本
C. 全部固定成本
D. 边际成本
26. 若某企业发现在 MR=MC 所确定的产量上进行生产时,TC=1 000 元,TVC=800 元,总收益为 900 元,则该企业在短期内(　　)。
A. 应该停业

B. 应该生产,因为其损失低于 TFC

C. 应该生产,因为其能获得经济利润

D. 清算资产并退出该行业

27. 如果完全竞争企业生产的产量低于其处于短期均衡时的产量,由此可知(　　)。

A. 价格高于其平均总成本

B. 边际收益高于边际成本

C. 边际成本高于价格

D. 价格高于边际收益

E. 都不对

28. 完全竞争市场中的企业(　　)。

A. 无论在短期还是在长期都不会获得经济利润

B. 如果消费需求旺盛且稳定,在长期内可以获得经济利润

C. 在短期内可能获得经济利润,在长期内则不可能

D. 在长期内可能获得经济利润,在短期内则不可能

29. 下述说法中(　　)正确。

A. 完全竞争市场中成本递增行业的市场长期供给曲线具有负斜率

B. 完全竞争市场中成本递增行业的企业的长期供给曲线具有完全弹性

C. 完全竞争市场中成本递减行业的企业的长期供给曲线具有正斜率

D. 完全竞争市场中行业供给曲线比企业供给曲线缺乏弹性

30. 在短期内,完全竞争企业在(　　)情况下,始终会获得经济利润。

A. P=SAC

B. P=SMC

C. P>SMC

D. P>SAC

二、判断题

1. 在完全竞争条件下,因为企业无法影响价格,所以不论在短期还是在长期,价格曲线都不会移动。(　　)

2. 当边际收入等于边际成本时,总是达到利润最大或亏损最小。(　　)

3. 在长期,完全竞争市场中的消费者支付最低的价格,使得企业获得正常利润。(　　)

4. 如果一个企业的平均收入低于平均成本,则该企业应该停产。(　　)

5. 不论何时,只要企业不再获得经济利润,企业就会退出该行业。(　　)

6. 在长期中,完全竞争市场的价格等于最低长期平均成本。(　　)

7. 经济利润为零的企业根本不盈利。(　　)

8. 成本递增产业的长期供给曲线先递减再递增。(　　)

9. 如果一个企业处于长期均衡中,那么它同时处于短期均衡之中。(　　)

10. 完全竞争行业的短期供给曲线是由该行业中每个厂商的短期供给曲线的水平加总构成的。(　　)

11. 完全竞争市场中的厂商总收益曲线的斜率为零。(　　)

12. 垄断竞争与完全竞争的主要区别在于垄断竞争的市场需求曲线是向下倾斜的。（　　）

13. 只有在完全竞争的条件下，才存在行业产出的供给曲线。（　　）

14. 若某完全竞争的行业成本不变，则该行业的长期供给曲线具有完全弹性。（　　）

15. 由于垄断竞争厂商在长期中也不存在超额利润，因此，垄断竞争与完全竞争具有同样的效率。（　　）

16. 如果某完全竞争厂商雇佣的最后一个工人提供了比全部劳动力的平均生产力更多的产出量，那么该厂商不是在追求利润最大化。（　　）

17. 虽然高固定成本可能是净亏损的原因，但它不会是停产的理由。（　　）

18. 长期里完全竞争厂商的利润为 0，所以它不为能降低成本的发明支付任何费用。（　　）

19. 对于一个完全竞争企业来说，其边际收入、平均收入与市场价格是相同的。（　　）

20. 完全竞争市场上，厂商在短期内的供给曲线向上倾斜的原因是由于产量越大，平均成本越大。（　　）

三、名词解释

1. 完全竞争
2. 边际收益
3. 成本不变行业
4. 成本递增行业
5. 成本递减行业
6. 生产者剩余
7. 收支相抵点
8. 停止营业点
9. 长期平均成本曲线
10. 长期均衡

四、填空题

1. 在完全竞争的情况下，生产某种商品的厂商很多，他们的商品彼此之间________差别，他们增减产量对价格________影响。

2. 在完全竞争的条件下，平均收益曲线和边际收益曲线是________的。

3. 在完全竞争的市场上，厂商的产量和价格处于短期均衡的条件是________。

4. 在________市场上，厂商处于长期均衡的条件是 MR＝MC＝AR＝AC。

5. 决定市场类型的四个因素是________________。

6. 在完全竞争厂商的长期均衡产量上必然会有 MR_LMC_SMC_LAC_SAC，式中 MR_AR_P。

7. 假定产品市场和要素市场都属于完全竞争，产品和要素价格都是 10 元。企业最优决策时的边际生产价值是________。

8. 在经济分析中，利润最大化的原则是________。

9. 充分自由竞争的市场是________的,如果政府对价格进行限制,则是________。

10. 完全竞争的企业________可以在短期均衡时实现经济利润最大化。

11. 完全竞争条件下,厂商所面临的需求曲线是一条________。

12. 完全竞争厂商的短期供给曲线是短期边际成本曲线上________停止营业点的部分。

13. 完全竞争厂商实现短期均衡时,________获得经济利润。

14. 在厂商短期均衡产量上,AR<SAC,但AR>AVC,则厂商________,________应继续生产。

15. 完全竞争厂商实现短期均衡时,SMC曲线与AVC曲线的交点称为________。

16. 一个完全竞争行业的长期供给曲线________该行业中每个厂商供给曲线的水平相加。

17. 在________下,才存在行业的供给曲线。

18. 从原点出发的射线在与TC曲线相切的产量上,MC________ATC,ATC最________。

19. 作为市场价格接受者的厂商是________。

20. 某完全竞争行业的价格和供给量在长期内呈同方向变化,则该行业的长期供给曲线________。

五、计算题

1. 已知某完全竞争企业的成本函数为 $TC=Q^3-10Q^2+81Q+25$,求:

(1) 停止营业点的价格;

(2) 当 $P=81$ 时的最佳产量和利润。

2. 已知完全竞争市场上单个厂商的长期成本函数为 $LTC=Q^3-20Q^2+200Q$,市场的产品价格为 $P=600$。

(1) 求该厂商实现利润最大化时的产量、平均成本和利润各是多少?

(2) 该行业是否处于长期均衡?为什么?

(3) 求该行业处于长期均衡时每个厂商的产量、平均成本和利润各为多少?

(4) 判断(1)中的厂商是处于规模经济阶段,还是处于规模不经济阶段?

3. 某完全竞争厂商的短期边际成本函数 $SMC=0.6Q-10$,总收益函数 $TR=380Q$,且已知当产量 $Q=20$ 时的总成本 $STC=260$。求该厂商利润最大化时的产量和利润。

4. 已知某完全竞争行业中单个厂商的短期成本函数为 $TC=0.1Q^3-2Q^2+15Q+10$,求:

(1) 当市场上产品的价格为 $P=55$ 时,厂商的短期均衡产量和利润各是多少?

(2) 当市场价格下降为多少时,厂商必须停产?

(3) 厂商的短期供给函数。

5. 已知某完全竞争的成本不变行业中单个厂商的长期总成本函数为 $TLC=Q^3-120Q^2+40Q$,求:

(1) 当市场商品价格为 $P=100$ 时,厂商实现 MC=LMC 时的产量、平均成本和利润各是多少?

(2) 该行业长期均衡时的价格和单个厂商的产量各是多少?

(3) 当市场的需求函数为 $Q=660-15P$ 时,行业长期均衡时的厂商数量为多少?

6. 已知某完全竞争的成本递增行业的长期供给函数 $LS=5\,500+300P$。

(1) 求当市场需求函数 $D=8\,000-200P$ 时，市场的长期均衡价格和均衡产量是多少？

(2) 求当市场需求增加，市场需求函数为 $D=10\,000-200P$ 时，市场长期均衡加工和均衡产量各是多少？

(3) 比较(1)、(2)，说明市场需求变动对成本递增行业的长期均衡价格和均衡产量的影响。

7. 已知某完全竞争市场的需求函数为 $D=6\,300-400P$，短期市场供给函数为 $SS=3\,000+150P$，单个企业在 LAC 曲线最低点的价格为 6，产量为 50，单个企业的成本规模不变。

(1) 求市场的短期均衡价格和均衡产量各是多少？

(2) 判断(1)中的市场是否同时处于长期均衡，求企业内的厂商数量是多少？

(3) 如果市场的需求函数变为 $D'=8\,000-400P$，短期供给函数为 $SS'=4\,700+150P$，求市场的短期均衡价格和均衡产量各是多少？

(4) 判断(3)中的市场是否同时处于长期均衡，并求行业内的厂商数量是多少？

(5) 判断该行业属于什么类型？

(6) 需要新加入多少企业，才能提供(1)～(3)所增加的行业总产量？

8. 在一个完全竞争的成本不变行业中，单个厂商的长期成本函数为 $LTC=Q^3-40Q^2+600Q$，该市场的需求函数为 $Q_d=13\,000-5P$，求：

(1) 该行业的长期供给函数。

(2) 该行业实现长期均衡时的厂商数量是多少？

六、简答题

1. 完全竞争市场的条件是什么？

2. 为什么完全竞争厂商利润最大化既可以表示为 MR＝MC，也可以表示为 MC＝P？

3. 厂商的 MC 曲线在产量增加时常可画成向下倾斜然后向上倾斜。完全竞争市场供给曲线是在单个厂商的 MC 曲线基础上做出的。为什么产量增加时市场供给曲线从来不画成向下倾斜然后再向上倾斜？

4. 为什么完全竞争中的厂商不愿为产品做广告？

5. “看不见的手”的作用是什么？

七、阅读与思考

蓝则罗提是加纳利群岛中的一个岛屿，是一个一年四季都非常受欢迎的好去处。该岛的主要去处是波尔多卡门，那儿以前是一个渔村，现在的规模比以前扩大了很多。该岛的政府制定了一些规章制度，以保护其特有的环境，并试图避免建造大量的高层旅馆。自备伙食的别墅和公寓占大多数，只有极少量的二层以上的楼房。在波尔多卡门只有几个旅馆。因而，大多数的度假者都不能在驻地吃饭。在旧城区内和约 100 英里的海岸线上有很多小店铺，其中大多是小饭店和小咖啡馆，它们可以提供各式各样欧亚风味的佳肴。它们的规模都很小(仅能容纳 30～40 人就餐)。地方政府明令禁止做广告。这些小店铺绝大多数是家庭式的。你可以在一天之内走遍所有的饭店，逐个研究它们的菜谱和室内设施。

由于以上因素所致，这些饭店都只是价格的接受者。实际上，饭店有可能在现行市价下

(一道主菜大约1 000比塞塔)对价格稍做更改来吸引顾客,但极少或几乎没有饭店实行其他的价格。举例来说,某地方议会试图建立一个附属于地方大学的能够提供高标准饮食和服务的培训餐厅,但不到一年就以失败而告终。由于其价格是市价的150%还多,因而无人光顾。

你怎样运用所学过的理论模型来解释和预测这一市场中饭店的行为?

1. 我们的模型如何解释现存的情况?

2. 如果一家饭店的员工全部是其家庭成员而无需另外雇工,我们的模型对这种情况将如何解释?

3. 一家饭店如何通过产品的差异化来取得暂时的优势?我们的模型将如何解释呢?

4. 假如一个地方连锁超市兼并了占有地理优势的20家饭店,这将对市场产生什么影响呢?

5. 假如一个处于竞争地位的超市兼并了20家饭店,将会对市场产生什么影响呢?

6. 假如岛上的政府为推行一项改善市政设施的计划,需要一项新的收入来源,从而强行接管了两个饭店集团,我们的模型将对此做出怎样的预测?

习题答案

一、单选题

1～5:DCBAB　6～10:ADCBB　11～15:CBDAE　16～20:DCDAD
21～25:BDCDA　26～30:BECCD

二、判断题

1. ×
2. √
3. √
4. ×
5. ×
6. √
7. ×
8. ×
9. ×
10. √
11. ×
12. ×
13. ×
14. ×
15. ×
16. √
17. √

18. √

19. √

20. ×

三、名词解释

1. 完全竞争：亦称纯粹竞争市场，是指竞争充分而不受任何阻碍和干扰的一种市场结构。

2. 边际收益：厂商增加一单位产品销售所获得的总收入的增量。

3. 成本不变行业：该行业的产量变化所引起的生产要素需求的变化，不对生产要素的价格发生影响。

4. 成本递增行业：该行业的产量增加所引起的生产要素需求的增加，会导致生产要素的价格上升。

5. 成本递减行业：该行业的产量增加所引起的生产要素需求的增加，会导致生产要素的价格下降。

6. 生产者剩余：出售商品的收益减去生产这些产品的变动成本或者减去每一单位这些产品的边际成本的总和。

7. 收支相抵点：厂商无经济利润但能实现正常利润的均衡点，是边际成本与平均成本的交点。

8. 停止营业点：在完全竞争条件下，厂商的平均收益等于平均可变成本，厂商可以继续生产，也可以不生产；也就是说，无论厂商生产还是不生产，其结果都是一样的。

9. 长期平均成本曲线(LAC)：厂商在长期内按产量平均计算的最低总成本。长期平均成本曲线是短期平均成本曲线的包络线。

10. 完全竞争市场的长期均衡：长期中，厂商通过改变所有要素的投入数量，从而实现利润最大化而达到的一种均衡。一方面，厂商对工厂规模和产量水平进行调整；另一方面，对行业内企业数量进行调整，即厂商进入或退出某一行业。厂商的长期均衡就是通过这两个方面的调整实现的。

四、填空题

1. 没有　没有

2. 重合并且是水平

3. MR＝MC(P＝MC)

4. 完全竞争

5. 市场上厂商的数目、厂商所生产的产品的差别程度、单个厂商对市场价格的控制程度、厂商进入或退出一个行业的难易程度

6. 全为“＝”

7. 10

8. 边际收益等于边际成本

9. 有效　无效

10. 都

11. 水平线
12. 等于和高于
13. 不一定
14. 亏损 但
15. 停止营业点
16. 不是
17. 完全竞争
18. = 小
19. 完全竞争厂商
20. 向右上方倾斜

五、计算题

1. 解:(1) 在完全竞争市场,企业的价格为固定值,停止营业点的价格就等于企业的平均可变成本的最小值,即有 $AVC=\frac{VC}{Q}=Q^2-10Q+81$,当 $\frac{d(AVC)}{dQ}=0$ 时,平均成本取最小值,有 $2Q-10=0$,解得 $Q=5$,则最小的平均可变成本 $AVC=56$。所以,企业的停止营业点的价格 $P=AVC=56$。

(2) 在完全竞争市场下,企业取得最大利润的条件为 $MR=MC=P$。所以

$$MC=3Q^2-20Q+81$$

解得 $Q=0$(舍去)或 $\frac{20}{3}$,此时企业的最大利润为

$$TR-TC=81Q-Q^3+Q^2-81Q-25=123$$

2. 解:(1) 由已知条件可得 $\frac{d(LTC)}{dQ}=3Q^2-40Q+200$,且已知 $P=600$,根据竞争厂商利润最大化原则 $LMC=P$,有

$$3Q^2-40Q+200=600$$

整理得 $3Q^2-40Q-400=0$,解得 $Q=20$(负值舍去)。

由已知条件可得

$$LAC=\frac{LTC}{Q}=Q^2-20Q+200$$

以 $Q=20$ 代入 LAC 函数,得利润最大化时的长期平均成本为

$$LAC=20^2-20\times20+200=200$$

此外,利润最大化时的利润值为

$$P\cdot Q-LTC=(600\times20)-(20^3-20\times20^2+200\times20)=12\,000-4\,000=8\,000$$

所以,该厂商实现利润最大化时的产量 $Q=20$,平均成本 $LAC=200$,利润为 8 000。

(2) 令 $\frac{d(LTC)}{dQ}=0$,即有

$$\frac{d(LAC)}{dQ}=2Q-20=0$$

解得 $Q=10$,且 $\frac{d^2(LAC)}{dQ^2}=2>0$。

所以，当 $Q=10$ 时，LAC 曲线达最小值。

以 $Q=10$ 代入 LAC 函数，可得

$$\text{LAC} = 10^2 - 20 \times 10 + 200 = 100$$

综合(1)和(2)的计算结果，我们可以判断(1)中的行业未实现长期均衡。因为由(2)可知，当该行业实现长期均衡时，市场的均衡价格应等于单个厂商的 LAC 曲线最低点的高度，即应该有长期均衡价格 $P=100$，且单个厂商的长期均衡产量应该是 $Q=10$，且还应该有每个厂商的利润 $\pi=0$。而事实上，由(1)可知，该厂商实现利润最大化时的价格 $P=600$，产量 $Q=20$，$\pi=8\ 000$。显然，该厂商实现利润最大化时的价格、产量、利润都大于行业长期均衡时对单个厂商的要求，即价格 $600>100$，产量 $20>10$，利润 $8\ 000>0$。因此，(1)中的行业未处于长期均衡状态。

(3) 由(2)可知，当该行业处于长期均衡时，单个厂商的产量 $Q=10$，价格等于最低的长期平均成本，即有 P 等于最小的 LAC$=100$，利润 $\pi=0$。

(4) 由以上分析可以判断：(1) 中的厂商处于规模不经济阶段。其理由在于：(1) 中单个厂商的产量 $Q=20$，价格 $P=600$，它们都分别大于行业长期均衡时单个厂商在 LAC 曲线最低点生产的产量 $Q=10$ 和面对的 $P=100$。换言之，(1) 中的单个厂商利润最大化的产量和价格组合发生在 LAC 曲线最低点的右边，即 LAC 曲线处于上升段，所以单个厂商处于规模不经济阶段。

3. 解：由于对完全竞争厂商来说，有

$$P = \text{AR} = \text{MR}, \qquad \text{AR} = \frac{\text{TR}(Q)}{Q} = 38, \qquad \text{MR} = \frac{\text{dTR}(Q)}{\text{d}Q} = 38$$

所以 $P=38$。

根据完全竞争厂商利润最大化的原则 MC$=P$，有

$$0.6Q - 10 = 38$$

$Q^* -80$，即利润最大化时的产量。

再根据总成本函数与边际成本函数之间的关系：

$$\text{STC}(Q) = 0.3Q^2 - 10Q + C = 0.3Q^2 - 10Q + \text{TFC}$$

所以 $Q=20$ 时，STC$=260$，代入上式，求 TFC，有

$$260 = 0.3 \times 400 - 10 \times 20 + \text{TFC}$$

$$\text{TFC} = 340$$

于是，得到函数为 $\text{STC}(Q)=0.3Q^2-10Q+340$。

最后，以利润最大化的产量 80 代入利润函数，有

$$\pi(Q) = \text{TR}(Q) - \text{STC}(Q) = 38Q - (0.3Q^2 - 10Q + 340) =$$

$$38 \times 80 - (0.3 \times 80^2 - 10 \times 80 + 340) = 3\ 040 - 1\ 460 = 1\ 580$$

即利润最大化时，产量为 80，利润为 1 580。

4. 解：(1)

$$\text{STC}=0.1Q^3-2Q^2+15Q+10$$

所以

$$\text{SMC}=\frac{\text{d(STC)}}{\text{d}Q}=0.3Q^2-4Q+15$$

根据完全竞争厂商实现利润最大化原则 $P=$SMC 且已知 $P=55$，于是有

$$0.3Q^2 - 4Q + 15 = 55, \qquad 0.3Q^2 - 4Q - 40 = 0$$

解得利润最大化的产量 $Q=20$(负值舍去)。

以 $Q=20$ 代入利润等式有

$$\pi = \mathrm{TR} - \mathrm{STC} = P \cdot Q - \mathrm{STC} =$$
$$55 \times 20 - (0.1 \times 20^3 - 2 \times 20^2 + 15 \times 20 + 10) =$$
$$1\,100 - 310 = 790$$

即厂商短期均衡的产量 $Q=20$,利润 $\pi=790$。

(2) 当市场价格下降为 P 小于平均可变成本 AVC 即 $P \leqslant \mathrm{AVC}$ 时,厂商必须停产,而此时的价格 P 必定小于最小的可变平均成本 AVC。

根据题意,有

$$\mathrm{AVC} = \frac{\mathrm{TVC}}{Q} = 0.1Q^2 - 2Q + 15$$

令 $\frac{\mathrm{d(AVC)}}{\mathrm{d}Q}=0$,即有

$$\frac{\mathrm{d(AVC)}}{\mathrm{d}Q} = 0.2Q - 2 = 0$$

解得 $Q=10$。

故 $Q=10$ 时 AVC 最小,最小的可变平均成本 $\mathrm{AVC}=0.1\times10^2-2\times10+15=5$。

于是,当市场价格 $P<5$ 时,厂商必须停产。

(3) 根据完全竞争厂商短期实现利润最大化原则 $P=\mathrm{SMC}$,有

$$0.3Q^2 - 40Q + 15 = P$$

解

$$Q = \frac{4 \pm \sqrt{16 - 1.2(15 - P)}}{0.6}$$

根据利润最大化的二阶条件 $\mathrm{MR}'<\mathrm{MC}'$ 的要求,取解为 $Q=\frac{4\pm\sqrt{1.2P-2}}{0.6}$。

考虑到该厂商在短期只有在 $P\leqslant5$ 时才生产,而 $P<5$ 时必定会停产,所以该厂商的短期供给函数 $Q(P)$ 为

$$Q = \frac{4 \pm \sqrt{1.2P - 2}}{0.6} \quad (P \geqslant 5)$$
$$Q = 0 \qquad (P < 5)$$

5. 解:(1) 根据题意,有

$$\mathrm{LMC} = \frac{\mathrm{d(LTC)}}{\mathrm{d}Q} = 3Q^2 - 24Q + 40$$

且完全竞争厂商的 $P=\mathrm{MR}$,根据已知条件 $P=100$,故有 $\mathrm{MR}=100$。

由利润最大化的原则 MR=LMC 得

$$3Q^2 - 24Q + 40 = 100$$

整理

$$Q^2 - 8Q - 20 = 0$$

解得 $Q=10$(负值舍去)。

又因为平均成本函数

$$\mathrm{SAC}(Q) = \frac{\mathrm{STC}(Q)}{Q} = Q^2 - 12Q + 40$$

所以，以 $Q=10$ 代入上式，得

$$SAC=10^2-12\times10+40=20$$

最后，利润 $=TR-STC=P\cdot Q-STC=(100\times10)-(10^3-12\times10^2+40\times10)=1\,000-200=800$。

因此，$P=100$ 时，厂商实现 $MR=LMC$ 时的产量 $Q=10$，平均成本 $SAC=20$，利润为 800。

(2) 由已知的 LTC 函数，可得

$$LAC=\frac{LTC}{Q}=\frac{Q^3-12Q^2+40Q}{Q}=Q^2-12Q+40$$

令 $\frac{d(LTC)}{dQ}=0$，解得 $Q=6$，且 $\frac{d^2(LAC)}{dQ^2}=2>0$。

所以 $Q=6$ 是长期平均成本最小化的解。

以 $Q=6$ 代入 LAC，得平均成本的最小值为

$$LAC=6^2-12\times6+40=4$$

由于完全竞争行业长期均衡时的价格等于厂商最小的长期平均成本，所以该行业长期均衡时的价格 $P=4$，单个厂商的产量 $Q=6$。

(3) 由于完全竞争的成本不变行业的长期供给曲线是一条水平线，且相应的市场长期均衡价格是固定的，它等于单个厂商最低的长期平均成本，所以本题的市场长期均衡价格固定为 $P=4$，以 $P=4$ 代入市场需求函数 $Q=660-15P$，便可以得到市场长期均衡数量为 $Q=660-15\times4=600$。

现已求得在市场实现长期均衡时，市场均衡数量 $Q=600$，单个厂商的均衡产量 $Q=6$，于是，行业长期均衡时的厂商数量 $=600/6=100$(家)。

6. 解：(1) 在完全竞争市场长期均衡时有 $LS=D$，即有

$$5\,500+300P=8\,000-200P$$

解得 $P=5$。

以 $P=5$ 代入 LS 函数，得

$$Q=5\,500+300\times5=7\,000$$

或者以 $P=5$ 代入 D 函数，得

$$Q=8\,000-200\times5=7\,000$$

所以市场长期均衡价格和均衡数量分别为 $P=5$，$Q=7\,000$。

(2) 同理，根据有 $LS=D$ 有

$$5\,500+300P=10\,000-200P$$

解得 $P=9$。

以 $P=9$ 代入 LS 函数，得

$$Q=5\,500+300\times9=8\,200$$

或者以 $P=9$ 代入 D 函数，得

$$Q=10\,000-200\times0=8\,200$$

所以，市场长期均衡价格和均衡数量分别为 $P=9$，$Q=8\,200$。

(3) 比较(1)、(2)可知，对于完全竞争的成本递增行业而言，市场需求增加，会使市场的均

衡价格上升,即由 $P=5$ 上升为 $P=9$,使市场的均衡数量也增加,即由 $Q=7\ 000$ 增加为 $Q=8\ 200$。也就是说,市场需求与均衡价格呈同方向变化,与均衡数量也呈同方向变化。

7. 解:(1) 根据短期均衡的条件 $D=SS$ 有

$$6\ 300-400P=3\ 000+150P$$

解得 $P=6$。

以 $P=6$ 代入市场需求函数,有

$$Q=6\ 300-400\times 6=3\ 900$$

或者以 $P=6$ 代入短期市场供给函数有

$$Q=3\ 000+150\times 6=3\ 900$$

(2) 因为该市场短期均衡时的价格 $P=6$,且由题意可知,单个企业在 LAC 曲线最低点的价格也为 6。所以,由此可以判断该市场同时又处于长期均衡。

因为由(1)可知,市场长期均衡时的数量是 $Q=3\ 900$,且由题意可知,在市场长期均衡时单个企业的产量 50,由此可以求出长期均衡时行业内厂商的数量为 3 900/50=78(家)。

(3) 根据市场短期均衡条件 $D=SS$ 有

$$8\ 000-400P=4\ 700+150P$$

解得 $P=6$。以 $P=6$ 代入市场需求函数,有

$$Q=8\ 000-400\times 6=5\ 600$$

或者以 $P=6$ 代入市场短期供给函数,有

$$Q=4\ 700+150\times 6=5\ 600$$

所以,该市场在变化了的供求函数条件下分别为 $P=6$,$Q=5\ 600$。

(4) 与(2)中的分析类似,在市场需求函数和供给函数变化后,该市场短期均衡的价格 $P=6$,且由题意可知,单个企业在 LAC 曲线最低点的价格也为 6,所以由此可以判断该市场的短期均衡同时又是长期均衡。

因为由(3)可知,供求函数变化后的市场长期均衡时的产量 $Q=5\ 600$,且由题意可知,在市场长期均衡时单个企业的产量为 50,所以由此可以求出市场长期均衡时行业内的厂商数量为 5 600/50=112(家)。

(5) 由以上分析和计算过程可知,在该市场供求函数发生变化前后市场长期均衡时的价格是不变的,均为 $P=6$,而且单个企业在 LAC 曲线最低点的价格也是 6 时,我们可以判断该行业属于成本不变行业。

(6) 由(1)、(2)可知,(1)时的厂商数量 78 家,由(3)、(4)可知,(3)时的厂商数量为 112 家。因为由(1)~(3)所增加的厂商数量为 112-78=34(家)。

8. 解:(1) 由题意可得

$$\mathrm{LAC}=\mathrm{LTC}/Q=Q^2-40Q+600,\qquad \mathrm{LMC}=\frac{\mathrm{d(LTC)}}{\mathrm{d}Q}=3Q^2-80Q+600$$

由 LAC=LMC 得以下方程:

$$Q^2-40Q+600=3Q^2-80Q+600$$

$$Q^2-20Q=0$$

解得 $Q=20$(负值舍去)。

由于 LAC=LMC,LAC 达到极小值点,因此以 $Q=20$ 代入 LAC 函数,便可得 LAC 曲线

最低点的价格为 $P=20^2-40\times20+600=20$。

因为成本不变行业的长期供给曲线是从相当于 LAC 曲线最低点的价格高度出发的一条水平线，所以有该行业的长期供给曲线为 $P_s=200$。

(2) 已知市场的需求函数为 $Q=13\,000-5P$，又从(1)中得到行业长期均衡时的价格 $P=200$，因此以 $P=200$ 代入市场需求函数，便可以得到行业长期均衡时的数量为

$$Q=1\,300-5\times200=12\,000$$

又由于从(1)中可知行业长期均衡时单个厂商的产量 $Q=20$，该行业实现长期均衡时的厂商数量为 12 000/20=600(家)。

六、简答题

1. 完全竞争意味着：① 市场中存在着大量的生产者和购买者；② 生产者的产品是同质的；③ 购买者和生产者掌握完全的信息；④ 生产要素可以自由流动。即只有生产者和购买者双方都实现了完全竞争，该市场才是完全竞争的。完全竞争尽管在现实生活中很难存在，但这并不削弱完全竞争模型的重要意义。它是研究不完全竞争市场结构的点和评价各种不完全竞争市场结构的参照。

2. 完全竞争厂商的需求曲线是一条平行线，意味着该厂商可以按照现行价格销售任何数量。单个厂商按不变价格每增加一个单位的产品销售，其边际收益与其价格相等。所以 MR=MC=P。

3. 完全竞争厂商的供给曲线是其边际成本曲线上高于平均可变成本最低点(即停产点)的那部分线段，这部分线段上的任意点均表示厂商在特定价格条件下的生产者均衡点(即均满足 MC=MR 条件)，根据成本理论边际成本曲线递增的部分与平均可变成本曲线最低点相交，因此完全竞争厂商的供给曲线不可能有向下倾斜的部分，完全竞争市场供给曲线是在单个厂商的供给曲线基础上作出的，从而完全竞争市场供给曲线不能画成向下倾斜然后再向上倾斜。

4. 完全竞争市场的两大条件是产品同质性和信息完全性。这两个条件使厂商只能根据市场决定的价格来销售其产品。即完全竞争厂商是市场价格被动的接受者，与此同时，在完全竞争市场上，厂商能按市场价格卖出他愿意生产的任何数量的产品。这种情况下做广告只会增加成本而收益不会增加，因此厂商不愿做广告。

5. “看不见的手”的作用就是价格机制的作用。价格在市场期、短期和长期分别有着不同的作用。在市场期，价格只能调节需求量，使得已经生产出来的产品被如数分配给愿意以这样的价格购买的消费者，出清市场，既不存在短缺，也不存在过剩。因此在市场期，价格机制的作用在于分配产品。在短期，价格机制具有一定的资源配置作用。它可以调整需求量，也可以调整供给量。在厂商根据价格调整供给量时，实际上是通过调整可变要素的使用量来实现的。短期中价格的资源配置作用较为有限。在长期，价格的作用就十分明显，也就更加重要。它可以通过调整所有要素来实现产量的改变。总的来说，“看不见的手”的作用在于根据产品价格，即产品的相对稀缺程度来调整产品的供应量，使产品的市场供给量与其需求量相适应，即保证社会有相对充分的资源用于某种人们需要的产品上。一旦某种产品的需求达到被相对充分满足的状态，即达到长期均衡状态，如果信息是充分的，就不会有更多的资源用于该种产品的生产，剩余的资源就会流向更需要的行业。这样，价格这只“看不见的手”就在引导逐利厂商行为

的同时,把资源引导到符合社会需要的方向,即实现了资源的合理配置。

七、阅读与思考

1. 案例中所给的情况与完全竞争市场非常相近。所有的厂商都具有相同的成本结构。由于消费者具有市场的完全信息,因此所有厂商的需求曲线和边际收益曲线都相同,都是水平的。任何试图通过降价来获得市场份额的厂商将以亏损和倒闭而告终。任何涨价的厂商将促使消费者到别处购买产品,因而其结果是或者倒闭,或者把价格调回到市价水平。市场中的所有厂商只能取得正常利润——资金和所有者劳动用作其他用途时的机会成本。在任何市场结构下,厂商都会在MR=MC的产量下取得最大利润。完全竞争市场中,MR等于价格,所以,蓝则罗提饭店利润最大时的产量为价格等于边际成本时的产量。

2. 显而易见,在本案例中厂商付给家庭成员的工资要低于付给雇工的工资,所以,它比其他厂商拥有较低的平均成本和边际成本,在一段时间内它会取得超额利润。但是,其他的饭店也可能降低工资,市场将很快回到均衡状态,即所有厂商都只能取得正常利润,但由于所有饭店的成本都有降低了,价格也会随之降低。

3. 一家饭店可以采取很多方式使自己的产品区别于其他的产品。例如,可以用现场演奏乐曲或烛光晚宴来吸引顾客。但只要它一有新花样推出,其他的饭店就会效仿,因而随着市场回到最初的均衡状态,它暂时的优势将逐渐消失。

4. 大型超市经营多样化的战略使其介入餐饮业,从而在餐饮业现有规模下形成了垄断竞争的局面。融资和市场营销的规模经济能使这个强大的竞争者降低成本,甚至用更高的价格来树立品牌形象,提高产品在消费者心目中的信誉,这样就可以获得超额利润。与此同时,弱小的饭店将退出市场,市场集中便开始了。

5. 另一个强大竞争者的加入,使前面介绍过的市场集中过程得以继续。两个实力强大的集团开始控制整个市场,实力弱的厂商不断退出市场。这两个大集团所面临的需求曲线不是水平的,而是向右下方倾斜的。两者都可获得超额利润。两大集团所做出的战略决策将决定以后发生的一切。

情况A:如果两大集团都要通过价格战从对方夺取市场份额,那么两者在长期将会发现它们的超额利润被竞争夺去了。同时,小的饭店将继续退出市场,除非它们在市场中找到合适的位置。

情况B:如果两大集团在价格上进行协商,而以非价格因素进行竞争,它们将继续获得超额利润。这使它们能够通过兼并更多的小厂商来扩大市场份额,从而提高市场集中比率。从消费者的角度来讲,垄断加强了。如果厂商此时大做广告就会增加其竞争成本,反而使状况恶化。与竞争性市场相比,消费者的选择减少了,价格却提高了,而市场中的产品质量更接近了。

6. 在这个案例中,公共部门的机构将占有很大的市场份额。于是可能导致成本高于待业平均成本,从而提供质次价高的产品。这就为竞争性强、效率高的私营部门公司的进入创造了机会——具有较低的运营成本和私营部门公司能提供物美价廉的产品。公共部门的机构很可能成为亏损者,于是不得不出售私营部门。

第七章　完全垄断市场

提　要

1. 完全垄断通常是指一个具有相当高的进入壁垒的市场上只有一个厂商生产高度差异化的产品。简单地说,完全垄断市场是指整个行业中只有唯一的一个厂商的市场组织。具体地说,完全垄断市场含义包括四点:① 最基本特征是唯一厂商(行业);② 关键假设是没有相近替代品,需求的交叉弹性为零,产品高度差异化;③ 高的市场进入壁垒;④ 控制整个行业的价格,厂商是市场价格制定者。

2. 垄断市场按市场结构的标准划分,有五大特征:① 垄断企业;② 不可替代;③ 无竞争;④ 可能实行价格歧视策略;⑤ 信息不完全。

3. 垄断产生的原因:① 显著的规模经济性;② 要素壁垒;③ 技术壁垒;④ 政府特许;⑤ 自然垄断。

4. 垄断程度用勒纳指数衡量:$L=\frac{P-\mathrm{MC}}{P}$(通常 $P\geqslant \mathrm{MC}$),因此,勒纳指数在 0～1 之间。勒纳指数越高,垄断者具有的垄断程度越高。

5. 垄断程度存在差异的原因:① 市场的需求弹性——需求弹性越大,需求量大幅度下降,收益下降;需求弹性较小,垄断者抬高价格销售,增加收益。② 一个行业中企业的数量——数量增加,每个企业的垄断力量下降,竞争加剧。③ 企业之间的相互作用。

6. 垄断厂商的需求曲线:销售量与市场价格呈反方向变化,因此垄断厂商可以通过改变销售量来控制市场价格。

7. 垄断厂商的收益曲线:

(1) 平均收益曲线:$\mathrm{AR}=\frac{\mathrm{TR}}{Q}=P\times\frac{Q}{Q}=P$,厂商的平均收益 AR 可以简单地表示为商品价格 P。垄断厂商的 AR 曲线和需求曲线 d 重叠,都是同一条向右下方倾斜的曲线,换句话说,需求曲线不仅表示每一产量下的价格,也表示每一产量下的平均收益。

(2) 总收益曲线:一开始垄断厂商增加产量时,总收益上升;但是当产量增加时,收益增加的数量则越来越少,并最终开始下降。

(3) 边际收益曲线:在完全垄断的市场条件下,包括在所有不完全竞争的场合下,边际收益曲线在 AR 的下方。这两条线的分离导致最终均衡时,市场价格高于边际成本。边际收益分成两部分:① 产品的销售收入即价格/平均收益;② 因价格降低造成的损失,这等于价格降低的幅度乘以总销售量。

需求曲线:$P=a-bQ$。

总收益曲线:$\mathrm{TR}=aQ-bQ^2$。

边际收益曲线:$\mathrm{MR}=a-2bQ$。

(4) 边际收益、价格和需求的价格弹性：

厂商的边际收益、价格和需求的价格弹性三者关系如下：

$$\mathrm{AR}=\frac{\mathrm{TR}(Q)}{Q}=\frac{P\cdot Q}{Q}=P$$

$$\mathrm{TR}(Q)=P\cdot f(Q)$$

$$\mathrm{MR}=\frac{\mathrm{d(TR)}}{\mathrm{d}Q}=\frac{\mathrm{d}}{\mathrm{d}Q}[P\cdot f(Q)]$$

$$\mathrm{MR}=P+\frac{f(Q)\cdot \mathrm{d}P}{\mathrm{d}Q}$$

根据价格弹性计算公式：

$$E_{\mathrm{d}}=\frac{P\cdot \mathrm{d}Q}{Q\cdot \mathrm{d}P}$$

$$\frac{P}{E_{\mathrm{d}}}=\frac{Q\cdot \mathrm{d}P}{\mathrm{d}Q}$$

所以

$$\mathrm{MR}=P\left(1+\frac{1}{E_{\mathrm{d}}}\right)$$

$$\mathrm{MR}=P\left(1-\frac{1}{|E_{\mathrm{d}}|}\right)$$

① 当$|E_{\mathrm{d}}|>1$时，有 MR>0。此时，TR 曲线斜率为正，表示厂商总收益 TR 随销售量 Q 的增加而增加(需求曲线中点以上的部分)。

② 当$|E_{\mathrm{d}}|<1$时，有 MR<0。此时，TR 曲线斜率为负，表示厂商总收益 TR 随销售量 Q 的增加而减少(需求曲线中点以下的部分)。

③ 当$|E_{\mathrm{d}}|=1$时，有 MR=0。此时，TR 曲线斜率为零，表示厂商总收益 TR 达到极大值点(需求曲线中点)。

8. 垄断厂商的短期均衡：

(1) 垄断厂商取得超额利润条件：MR=MC，价格即平均收益大于平均成本，即需求曲线 D(AR)在 MR=MC 时，位于平均成本曲线 AC 的右上方。

(2) 垄断厂商得到正常利润条件：MR=MC，价格即平均收益等于平均成本，即 D(AR)线与 AC 线相切于 MR 和 MC 线相交点对应产量所对应在 D 上的点。

(3) 垄断厂商发生亏损条件：MR=MC，价格即平均收益小于平均成本，即 AC 线位于 AR 线右上方。

9. 垄断厂商的供给曲线：凡是在或多或少的程度上带有垄断因素的不完全竞争市场中，或者说，凡是在单个厂商对市场价格具有一定的控制力量，相应地，单个厂商的需求曲线向右下方倾斜的市场中，是不存在具有规律性的厂商和行业的短期及长期供给曲线的。

10. 垄断厂商在长期内对生产的调整一般可以有三种可能的结果：① 短期亏损，长期不存在最优生产规模，退出生产；② 短期亏损，长期通过最优生产规模的选择，摆脱亏损，甚至获得利润；③ 短期获得利润，长期生产规模调整，获得更大的利润。

11. 垄断厂商的长期均衡条件：MR=LMC=SMC，垄断厂商在长期均衡点上一般可获得利润。

12. 一级价格歧视也称为完全价格歧视，是指垄断厂商按照消费者需求价格而实行的定价，也即垄断厂商按照不同消费者购买不同数量产品愿意支付的最高价格分别定价。从理论上讲，垄断厂商采取一级价格歧视，就能够占有全部消费者剩余。难点：必须了解每一个消费者所愿意支付的最高价格，否则无法实行一级价格歧视。因此现实做法为垄断厂商对消费者的保留价格进行估计，然后根据这个估计来近似实行一级价格歧视。

13. 二级价格歧视不如一级价格歧视那么严重。一级价格歧视要求垄断者对每一单位的产品都制定一个价格，而二级价格歧视只要求对不同的消费数量段规定不同的价格。实行二级价格歧视的垄断厂商利润会增加，部分消费者剩余被垄断者占有，此外，垄断者有可能达到或接近于 $P=MC$ 的有效率的资源配置的产量。

14. 三级价格歧视是指垄断厂商对同一产品在不同的市场上(或对不同的消费群)收取不同的价格。做法如下：

(1) 厂商按照 $MR_1=MR_2=MC$ 的原则来确定产量和价格。其中，MR_1 和 MR_2 分别表示第 1 个市场和第 2 个市场的边际收益，MC 表示产品的边际成本。这是因为，第一，对于不同的市场而言，厂商应该使各个市场的边际收益相等。只要各市场之间的边际收益不相等，厂商就可以通过不同市场之间的销售量的调整来获得更大的利益。哪个市场的边际收益大，厂商将会增加那个市场的销售量来获得更大的利益，直到 $MR_1=MR_2$ 为止。第二，厂商应该使生产的边际成本 MC 等于各市场相等的边际收益。只要两者不等，厂商就可以通过增加或减少产量来获得更大的利益，直到实现 $MR_1=MR_2=MC$ 的条件为止。

(2) 市场 1：$MR_1=P_1\left(1-\frac{1}{|E_{d_1}|}\right)$　　市场 2：$MR_2=P_2\left(1-\frac{1}{|E_{d_2}|}\right)$

再根据 $MR_1=MR_2$ 的原则，可得 $\frac{P_1}{P_2}=\frac{1-\frac{1}{|E_{d_2}|}}{1-\frac{1}{|E_{d_1}|}}$。

由(2)可知，三级价格歧视要求厂商在需求价格弹性小的市场上指定较高的产品价格，在需求价格弹性大的市场上指定较低的产品价格。实际上，对价格变化反应不敏感的消费者指定较高的价格，而对价格反应敏感的消费者指定较低的价格，是有利于垄断者获得更大的利润的。

15. 价格歧视的影响：① 对一部分消费者而言，实行歧视价格使其消费者剩余减少，客观上对他们不利，而对另一部分消费者而言，低价满足了他们的消费需求，客观上有利于其福利的增加；② 对垄断厂商而言，实行歧视价格，使其经济利润增加，对垄断厂商是有利的；③ 对整个社会而言，实行歧视价格，增加了经济剩余，提高了经济福利。

16. 价格歧视的效率得失：一级价格歧视福利效果清晰，没有效率损失但导致了分配上的不公平；二级价格歧视使垄断厂商利润增加，部分消费者剩余被垄断者占有，此外，垄断者有可能达到 $P=MC$ 的有效率的资源配置的产量，但对消费者的利益难以直接判断；三级价格歧视的福利效果难以判断，要求在需求价格弹性小的市场提高价格，在需求价格弹性大的市场上降低价格。其中，三级价格歧视的低效率主要来源：① 垄断的低效率——价格高于边际成本，导致产出受到限制，达不到竞争性水平；② 消费的低效率——不同消费者为同一产品支付的单价不同，所以每个消费者的边际支付意愿各不相同，彼此之间又没有交易机会，导致低效率；③ 厂商为了分割细节市场而投入的附加成本和消费者为寻求低价而投入的搜索成本。

17. 完全垄断市场的利与弊：

利:① 促进资源效率提高的可能性——规模经济;② 刺激创新——专利是形成垄断的一种原因,因此刺激企业进行创新,大量投资于科研开发工作。

弊:① 市场竞争的损失,使社会在一定程度上失去了技术进步的推动力。② 生产效率的损失:各个行业的垄断企业都只用降低产量、提高产品价格的方法获取丰厚的利润,都不会设法提高生产效率。③ 社会产量的损失:利润最大化决定企业产量的情况下,由于垄断企业的生产条件和生产能力没有充分发挥作用,造成社会产量的损失。④ 消费者利益的损失:垄断企业垄断市场供给,凭借垄断权力控制市场价格,消费者只能被迫接受垄断企业控制的市场高价格,价格与其价值严重违背,消费者的利益与权力严重背离,必然造成消费者利益的重大损失。

18. 政府解决垄断的管制措施:

(1) 价格管制:① 边际成本定价法(P=MC)。自然垄断厂商是在AC曲线下降的规模经济段进行生产,所以MC曲线必定位于AC曲线的下方,即MC决定的价格P一定小于平均成本AC。因此,两种选择:厂商退出生产;政府资助。② 平均成本定价(P=AC)。厂商不亏损,会继续经营,利润为零。但是政府很难准确确定垄断厂商的成本。③ 双重定价法。欲望较强的消费者,P>AC,厂商获得利润;欲望较弱的消费者按边际成本定价法制定较低的价格,P<AC。厂商可用较高价格获得的利润弥补制定较低价格所遭受的亏损,整体利润为零,但愿意继续经营。

(2) 鼓励管制:管制价格不完全等于平均总成本,厂商获得了降低成本的激励,如果厂商经营不善,就会受到利润减少或亏损的惩罚。

(3) 资本回报率管制:资本回报率控制在平均市场水平,也就一定程度上控制住了垄断厂商的价格和利润。

(4) 反垄断法:防止垄断的法律措施。

(5) 管制的低效率:政府所遇问题有信息不对称及缺乏公正性导致监督环节出现失误。

从各国打破垄断的实践来看,常用的手段主要有分割垄断厂商和引入竞争厂商这两种典型方式。

习 题

一、单选题

1. 以下最不可能成为垄断者的是(　　)。

A. 某地区的电力公司

B. 可口可乐公司

C. 小镇上唯一的一名医生

D. 某地区的自来水公司

2. 下列对于完全垄断企业和完全竞争企业的描述中,不正确的是(　　)。

A. 都是利润最大化者

B. 短期内都有可能出现亏损

C. 都将产量确定在边际成本等于边际收入的那一点上

D. 都面对着一条完全有弹性的需求曲线

3. 在完全垄断市场中，企业将扩大其产出水平的情况是(　　)。

A. 价格低于边际成本

B. 价格高于边际成本

C. 边际收入低于边际成本

D. 边际收入高于边际成本

4. 一个完全垄断企业面对的需求曲线是(　　)。

A. 斜率为负的市场需求曲线

B. 斜率为正的市场需求曲线

C. 完全无弹性的，因为只有一个生产销售者

D. 完全有弹性的，因为只有一个生产销售者

5. 满足(　　)时，完全垄断企业的总收入最大。

A. 边际收入大于零

B. 边际收入等于零

C. 边际收入小于零

D. 以上均有可能

6. 完全垄断企业的需求函数为 $Q=10-P$，则其边际收入函数是(　　)。

A. $MR=5-2Q$

B. $MR=10-Q$

C. $MR=10-2Q$

D. $MR=10-0.5Q$

7. 完全垄断企业利润最大化时有(　　)。

A. $P>MR=MC$

B. $P=MR=MC$

C. $P<MR=MC$

D. $P>MR=MC$

8. 完全垄断企业达到长期均衡的条件是(　　)。

A. MR=MC

B. MR=MC=LMC

C. MR=MC=LMC=SAC

D. MR=MC=LMC=LAC

9. 垄断会降低资源配置效率，是因为当利润最大化时(　　)。

A. 总收入超过总成本

B. 价格超过边际成本

C. 边际收入超过边际成本

D. 边际成本超过边际收入

10. 若政府对一完全垄断企业的限价正好使其经济利润为零，则其价格等于(　　)。

A. 边际收入

B. 边际成本

C. 平均成本

D. 平均可变成本

11. 当完全垄断市场的需求富于弹性时,边际收入 MR 为(　　)。

A. 正

B. 负

C. 0

D. 1

12. 企业要有效地实行价格歧视策略,以下除(　　)外是必须具备的条件。

A. 产品倒卖非常困难

B. 市场可以被分割为两个及两个以上的市场

C. 不同消费者的需求弹性不同

D. 企业面临的是一个需求弹性很小的市场

13. (　　)属于第二级价格歧视。

A. 商品的打包降价销售

B. 拍卖市场的出价最高者得到产品

C. 供电公司对工业用电和居民用电实施差别收费

D. 联想电脑在国内外的销售价格不同

14. (　　)不是完全垄断市场的基本假设。

A. 只有一家企业生产和销售某种商品

B. 该商品没有很近的替代品

C. 商品价格等于其生产的边际成本

D. 进入市场非常困难或者不可能

15. 如果一个垄断企业的产品需求弹性很小,它将(　　)。

A. 降低价格,增加收入

B. 提高价格,增加收入

C. 降低价格,提高产量

D. 提高价格,减少产量

16. 当边际收入等于零时,完全垄断企业的总收入(　　)。

A. 最大

B. 最小

C. 为零

D. 可能最大,也可能最小

17. 对于完全垄断企业来说,(　　)。

A. 提高价格一定能增加收入

B. 降低价格一定会减少收入

C. 提高价格不一定能增加收入,降低价格不一定会减少收入

D. 以上都不正确

18. 如果垄断企业的长期平均成本超过市场价格,则企业将(　　)。

A. 继续生产

B. 停留在这一生产水平

C. 暂时停业

D. 停止生产并清理资产

19. 以下(　　)描述属于第一级价格歧视。

A. 商品的打包降价销售

B. 拍卖市场的价高者得

C. 用电公司对工业用电和居民用电差别收费

D. 买一支牙膏 3.9 元,买一打(12 支)只需 40 元

20. 假设某一城市有一家超市,因为这一城市只有这家超市有授予的许可证,成为该城市范围内唯一一家超市。授予许可证是(　　)的一个例子。

A. 自然进入壁垒

B. 单一企业控制生产某种产品所必需的资源的情况

C. 价格歧视垄断

D. 法律进入壁垒

21. 一家游乐场发现,周末来玩的游客平均支付意愿高于工作日来玩的游客。因此,如果这家游乐场想要实现价格歧视和获得较多的利润,那么该游乐场(　　)。

A. 周末的票价定得较高

B. 工作日和周末定的票价相同

C. 周末的票价定得较低

D. 题中所给出的回答该问题的信息不足

22. 价格歧视可以通过减少(　　)来(　　)市场效率。

A. 生产者剩余;提高

B. 经济无谓损失;提高

C. 经济无谓损失;降低

D. 生产者剩余;降低

23. 和没有被政府价格管制的垄断者相比较,如果政府制定的最高限价为 P,经济无谓损失将会(　　),垄断者将会(　　)。

A. 降低;获得较小的经济利润

B. 为零;亏损

C. 降低;实现盈亏平衡

D. 为零;获得较小的经济利润

24. 下列不能成为进入一个垄断行业壁垒的是(　　)。

A. 垄断利润　　B. 立法　　C. 专利权　　D. 资源控制

25. 有些时候,厂商认为垄断可能会比竞争更可取,这是因为(　　)。

A. 垄断厂商有更多的激励来降低其生产成本

B. 给定的市场规模下,单一厂商往往带来规模不经济

C. 在一个污染性行业中,垄断是限制其产量水平以降低污染的最好方法

D. 处于专利权而拥有垄断地位是回报技术创新的一个最好的途径

26. 当市场需求增加时,垄断厂商会(　　)。

A. 提高价格以增加边际收益

B. 增加产量以提高价格

C. 降低产量以增加边际成本

D. 减少产量以降低价格

27. 垄断利润(　　)。

A. 能为完全竞争者和垄断者一样在长期中获取

B. 不能为垄断者在长期中所获取,因为价格在最优产出水平上必须等于长期平均成本

C. 不是一种成本,因为它不代表生产中使用的资源所体现的替换成本

D. 为保证资本继续进入该行业所必需

28. 除了(　　),都是可以有效地实行差别定价的必备条件。

A. 每个分市场上不同的需求价格弹性

B. 一个巨大的无弹性的总需求

C. 保持市场分割以防止商品在较有弹性的需求时被顾客再售卖

D. 分割市场的能力

29. 自然垄断企业(　　)。

A. 通常会受到政府的管制

B. 需求曲线斜率为正

C. 如果必须使用边际成本定价规则,那么该企业会获得经济利润

D. 长期平均成本曲线斜率为正,直至这条曲线与需求曲线相交

30. 以下(　　)不属于政府减少垄断无效率的措施。

A. 政府颁发专利权或版权

B. 政府制定最高限价,使垄断者实现盈亏平衡

C. 为了防止整个垄断者控制某产业,政府建立公共机构提供产品并保护消费者权益

D. 制定反垄断法

二、判断题

1. 在完全垄断市场中,垄断者的产品定价等于其边际收入。　(　　)
2. 完全垄断企业为实现利润最大化,也必须满足边际成本等于边际收入。　(　　)
3. 完全垄断企业的供给曲线是一条向上倾斜的直线。　(　　)
4. 完全垄断企业长期均衡时,MR、MC 与 LMC 交于同一点。　(　　)
5. 完全垄断企业处于长期均衡时,则一定处于短期均衡。　(　　)
6. 垄断者实施价格歧视需要满足条件:不同消费者的需求弹性不同。　(　　)
7. 垄断者经济利润等于零时,产品价格等于边际成本。　(　　)
8. 在经济生活中,只有完全垄断者才可以实施价格歧视策略。　(　　)
9. 企业对某产品实施打包销售实际上是第二级价格歧视行为。　(　　)
10. 完全垄断企业拥有控制市场的权利,因此它可以随意定价。　(　　)
11. 垄断者的长期均衡条件为 MR=LMC=LAC。　(　　)
12. 垄断者长期均衡时短期平均成本等于长期平均成本。　(　　)

13．垄断者实施价格歧视将在需求价格弹性大的市场上制定更高的价格。（　）
14．一家电影院对成人和儿童收取不同的票价是第二级价格歧视。（　）
15．当企业实施第一级价格歧视时，社会福利损失最大。（　）
16．社会是不可能从垄断中获益的。（　）
17．价格歧视是垄断者企业为了获得消费者剩余的一种努力。（　）
18．一家自然垄断企业是控制一种至关重要的自然资源的企业。（　）
19．对于一家单一垄断企业而言，边际收益 MR 等于价格 P。（　）
20．专利是给予专利所有者一种合法垄断。（　）

三、名词解释

1．垄断市场
2．自然垄断
3．一级价格歧视
4．价格管制
5．完全垄断
6．勒纳指数
7．三级价格歧视
8．垄断厂商的需求曲线
9．价格歧视
10．二级价格歧视

四、填空题

1．经济学家总结了四种主要的市场结构模式：完全竞争、寡头垄断、________和垄断竞争。

2．在________的条件下，生产某种商品的厂商只有一个，其产量的高低________影响价格。

3．在________的条件下，平均收益曲线和边际收益曲线向右下方倾斜，并且平均收益曲线位于边际收益曲线的上方。

4．不论是长期还是短期，垄断厂商的产量和价格的均衡条件都是________。

5．垄断者之所以存在，是因为显著的规模经济性、________、________、政府特许、自然垄断这五大因素导致了其他厂商的________。进入壁垒是________其他企业进入这一行业的东西。

6．垄断程度用________衡量。________越________，垄断程度越高。

7．边际收益曲线总是位于需求曲线的________（方向）。

8．一开始垄断厂商增加产量时，总收益________。但是当产量增加时，收益增加的数量则越来越________，并最终开始________。

9．当需求的价格弹性$|E_d|>1$时，有 MR ________。此时 TR 曲线斜率为________，表示厂商总收益 TR 随销售量 Q 的增加而________，表示在需求曲线中，为中点以________的部分。

10．垄断厂商取得超额利润的均衡条件是________，价格即平均收益________平均成本，

即需求曲线 D(AR)在________时,位于平均成本曲线 AC 的________。

11. 垄断厂商的长期均衡条件为________,垄断厂商在长期均衡点上一般可获得________。

12. 三级价格歧视是指垄断厂商对同一产品在不同的市场上制定________的价格。厂商按照________原则来确定产量和价格。

13. 三级价格歧视低效率的主要来源:________的低效率、________的低效率、厂商为了分割细节市场而投入的附加成本和消费者为寻求低价而投入的搜索成本。

14. 双重定价法对于欲望较强的消费者,________,厂商获得利润;欲望较弱的消费者按________定价法制定较低的价格,________。厂商可用较高价格获得的利润弥补制定较低价格所遭受的亏损,整体利润为________,但愿意继续经营。

15. ________是对垄断者被允许采用的价格进行限制。政府可以对垄断制定最高限价使厂商正好实现________。政府实施价格管制后,厂商将会生产________,价格更低,因此消费者状况更好,总福利________。

16. 垄断者之所以存在,是由于存在________,这是指通过让一个企业生产行业内所有的产品实现最大的成本优势,我们称这种垄断为________。自来水、天燃气、电力的地方公用事业通常属于自然垄断。

17. 政府也能通过颁发专利权和版权——生产某种产品的________来制造进入壁垒。

18. ________是垄断者以同样的价格将产品提供给所有消费者。许多垄断者发现,他们可以通过对同一种产品的不同顾客制定不同的价格来________利润。并非所有的垄断者都这样做,这样的行为被称为________。

19. 当垄断者按照每个消费者愿意支付的最高价格确定价格时,我们就可以说发生了________价格歧视。如果厂商实施了完全价格歧视,价格会________边际收益。

20. 政府限制垄断的政策通常是为了杜绝经济无谓损失,而不是防止价格歧视,因为价格歧视在一定程度上可以________市场效率。

五、简答题

1. 简述垄断市场形成的原因。
2. 定义价格歧视,简述实行价格歧视所需的条件及价格歧视的种类。
3. 垄断厂商的收益与需求价格弹性有什么关系?
4. 阐述完全垄断市场的利与弊。

六、计算题

1. 某垄断企业产品的需求函数 $P=32-0.8Q$,总成本函数 $T(C)=0.6Q^2+4Q+10$。

(1) 求企业总收入函数。

(2) 求企业的边际收入和边际成本函数。

(3) 利润最大化时产量、价格、总收入和总利润分别为多少?

2. 已知某垄断厂商的短期成本函数为 $STC=0.1Q^3-6Q^2+14Q+3\,000$,反需求函数为 $P=150-32.5Q$。求该垄断厂商的短期均衡产量与均衡价格。

3. 已知某垄断厂商利用一个工厂生产一种产品,其产品在两个分割的市场上出售,其成

本函数为 $TC=Q^2+40Q$，两个市场的需求函数分别为 $Q_1=12-0.1P_1$，$Q_2=20-0.4P_2$。

(1) 求当该厂商实行三级价格歧视时，他追求利润最大化前提下的两市场各自的销售量、价格以及厂商的总利润。

(2) 求当该厂商在两个市场实行统一的价格时，他追求利润最大化前提下的销售量、价格以及厂商的总利润。

(3) 比较(1)和(2)的结果。

4. 假设一家垄断厂商的需求曲线为 $P=10-2Q$，成本函数为 $TC=Q^2+4Q$。

(1) 求利润最大时的产量、价格和利润。

(2) 如果政府企图对该厂商采取限价措施，迫使其达到完全竞争行业所能达到的产量水平，则限价应为多少？此时企业利润如何？

(3) 如果政府打算对该厂商征收一笔固定的调节税，以便把该厂商所获得的超额利润都拿走，问这笔固定税的总额是多少？

(4) 如果政府对该厂商生产的每单位产品征收产品税 2 单位，则新的均衡点如何？

5. 某城市只有唯一的高尔夫球俱乐部，要决定其会员费和场地使用费，首先要对市民的需求和俱乐部的成本进行调查。调查结果如下：

市民对于高尔夫的热爱分为两种："热衷于高尔夫"的市民需求为 $Q_1=10-P$，其中 Q_1 为每周场地小时，P 为每人每小时的费用；"偶尔打高尔夫"的市民需求为 $Q_2=4-0.25P$。

假设这两种类型的市民都为 1 000 人，场地足够，即场地的边际成本为 0。但是因为场地的修理，你每周有 10 000 元的固定成本。但是你需要对热衷和偶尔打高尔夫的市民制定相同的价格。

(1) 假设为了使高尔夫成为一种"高级"休闲方式，你想把会员限制在热衷于高尔夫的市民中。你将如何制定年度会员费和场地费(假设每年 52 周)，才能使俱乐部的利润最大化？

(2) 但是市场有高尔夫普及会赚取更大利润的趋势。这个预测是否正确？那么在这种情况下，多少年费和场地费会使周利润最大化？并且利润是多少？

(3) 随着市民生活水平的提高，有更多的人参与高尔夫俱乐部。现在有 3 000 个热衷于高尔夫的市民和 1 000 个偶尔打高尔夫的市民。那么，俱乐部是否对偶尔打高尔夫的市民开放？利润最大化的年会费和场地费是多少？每周利润是多少？

七、阅读与思考

阅读以下材料，联系实际情况，运用所学理论进行评析。

2006 年 11 月，从各大 IT 网站获悉，联想公司在美发起了的假日促销活动，其美国网站信息显示 ThinkPad(以下简称 TP)四个系列主力机型均有销价。其中 TP60 价格从 640 美元降至 565 美元(约合 4 434 元人民币)，创下新低。2006 年年中，联想公司已经在美国两次发动了 TP 大规模降价，最高降幅分别达 33%和 42%。价格远远超过其在国内的优惠，并且会一直持续下去。

这则消息一经在国内报道，立即引起了轩然大波。大多数人都很奇怪联想公司在美国和中国的销售策略是否颠倒了，更多的是愤慨联想这样的行为。以前，消费者普遍容忍和理解国外品牌国内外的价格差异，现在面对联想公司这样不存在国内关税的企业所做出的定价而感到愤怒和深深的不解。

习题答案

一、单选题

1～5：BDDAB　　6～10：CABBC　　11～15：ADACB　　16～20：ACDBD
21～25：ABAAD　　26～30：ACBAA

二、判断题

1. ×
2. √
3. ×
4. √
5. √
6. √
7. ×
8. ×
9. √
10. ×
11. ×
12. √
13. ×
14. ×
15. ×
16. ×
17. √
18. ×
19. ×
20. √

三、名词解释

1. 垄断市场：整个行业的全部供给由一家厂商所控制的市场结构。

2. 自然垄断：在某种类产品的生产中，行业内总会有某个厂商凭借雄厚的经济实力和其他优势，最先达到这一生产规模，从而垄断了整个行业的生产和销售。这种由于规模经济造成的垄断称为自然垄断。

3. 一级价格歧视：也称为完全价格歧视，是指垄断厂商按照消费者需求价格而实行的定价，也即垄断厂商按照不同消费者购买不同数量产品愿意支付的最高价格分别定价。

4. 价格管制：政府一般对一些自然垄断企业实施价格上的限制，以维护消费者的利益。

5. 完全垄断：一个具有相当高的进入壁垒的市场上只有一个厂商生产高度差异化的

产品。

6. 勒纳指数：垄断程度用勒纳指数衡量 $L=\frac{P-\mathrm{MC}}{P}$（通常 $P\geqslant\mathrm{MC}$），因此勒纳指数在 0～1 之间。勒纳指数越高，垄断者具有的垄断程度越高。

7. 三级价格歧视：垄断厂商对同一产品在不同的市场上（或对不同的消费群）制定不同的价格。

8. 垄断厂商的需求曲线：销售量与市场价格呈反方向变化，因此垄断厂商可以通过改变销售量来控制市场价格。

9. 价格歧视：垄断者常常面临着一群完全不同的消费者，每个消费者的偏好和支付能力不一样，而消费者之间的信息又不完全畅通。在这种情况下，如果他对每个消费者制定不同的价格，而不是实行统一价格，则垄断者就可以获得利润。

10. 二级价格歧视：二级价格歧视不如一级价格歧视那么严重。一级价格歧视要求垄断者对每一单位的产品都制定一个价格，而二级价格歧视只要求对不同的消费数量段制定不同的价格。实行二级价格歧视的垄断厂商利润会增加，部分消费者剩余被垄断者占有，此外，垄断者有可能达到或接近于 $P=\mathrm{MC}$ 的有效率的资源配置的产量。

四、填空题

1. 完全垄断
2. 完全垄断　能够
3. 非完全竞争
4. MR＝MC
5. 要素壁垒　技术壁垒　进入壁垒　防止
6. 勒纳指数　勒纳指数　高
7. 下方
8. 上升　少　下降
9. 大于 0　正　增加　上
10. MR＝MC　大于　MR＝MC　右上方
11. MR＝LMC＝SMC　利润
12. 不同　$\mathrm{MR}_1=\mathrm{MR}_2=\mathrm{MC}$
13. 垄断　消费
14. $P>\mathrm{AC}$　边际成本　$P<\mathrm{AC}$　零
15. 价格管制　盈亏平衡　更多　增加
16. 规模经济　自然垄断
17. 独占权
18. 单一定价　提高　价格歧视
19. 完全（一级）　等于
20. 提高

五、简答题

1. 答：垄断是指一个行业的全部供给由一个厂商控制的市场结构。其形成的原因主要有下列几种情况：

① 资源控制导致的垄断。当一个厂商控制了生产某种商品的全部资源时，该厂商就可有效地排斥其他厂商生产同种产品的可能性，从而形成垄断市场结构。

② 技术专利导致的垄断。由于厂商具有独家生产某种产品的专利权和技术，可以保证该厂商在一定的时期内生产该产品。

③ 政府的特许经营。政府往往在某些行业实行垄断的政策，一般说来，这类行业的一个共同特征即最优生产规模非常巨大，需要相当规模的前期投资。所以，该行业由一家厂商提供产品相对于由多家厂商提供来讲是资源使用最优的，如铁路运输部门、电力部门等。该类行业也就是通常所说的自然垄断行业。

④ 由策略性壁垒导致大垄断。厂商总是采取各种措施对其垄断地位进行保护，特别是在厂商既无技术优势，又无法律保护时，厂商往往采取其他手段(如巨额广告费等)来加大投入成本的办法，从而有效阻止其他厂商进入。

2. 答：价格歧视指由于垄断者具有某种垄断力量，因此可以对自己所出售的同类产品制定不同的价格，以使自己所获利润达到最大值。实现价格歧视必须具备以下几个条件：厂商不能是价格的接受者，即有权改变价格；厂商必须能够按需求弹性对顾客加以区分；买者必须具有不同的需求弹性；厂商必须能够防止产品的再次出售。价格歧视有以下三种情况：

(1) 一级价格歧视，即垄断者对每多出售一单位产品都制定不同的价格。一级价格歧视可以再分为完全一级价格歧视与不完全一级价格歧视。不完全一级价格歧视是指价格与销售量离散变动；完全一级价格歧视，又称为纯一级价格歧视，是指价格与销售量连续变动。在实际一级价格歧视的情况下，消费者剩余被生产者完全剥夺了，但生产是有效率的，因为在边际点上，价格等于边际成本，总产出水平较高，消费者剩余与生产者剩余加总量较大。完全一级价格歧视纯粹是一种理论讨论，在现实中很少见到。

(2) 二级价格歧视，即垄断者对一定数量的商品制定一种价格，对于另外一定数量的该种商品制定另一种价格，等等。二级价格歧视又称为成批定价。

(3) 三级价格歧视，即垄断者对同一商品在不同的市场上制定不同的价格，或者对不同的人制定不同的价格，但使得每一市场上出售产品的边际收益相等。实行三级价格歧视需要具备两个重要的条件。第一个条件是存在着可以分隔的市场。若市场不可分隔，则市场上的套利行为将使得价格歧视消失。第二个条件是被分隔的各个市场上需求价格弹性不同。如果被分隔的各个市场需求价格弹性相同，则最佳策略是对同一产品制定相同的价格。

3. 答：当垄断企业所面临的需求曲线是一条向右下方倾斜的曲线时，厂商的边际收益、价格和需求的价格弹性三者的关系如下。

$$\mathrm{TR}(Q)=P\cdot f(Q)$$

$$\mathrm{AR}=\frac{\mathrm{TR}(Q)}{Q}=\frac{P\cdot Q}{Q}=P$$

$$\mathrm{MR}=\frac{\mathrm{d(TR)}}{\mathrm{d}Q}=\frac{\mathrm{d}}{\mathrm{d}Q}[P\cdot f(Q)]$$

$$\mathrm{MR}=P+f(Q)\cdot\frac{\mathrm{d}P}{\mathrm{d}Q}$$

根据价格弹性计算公式：

$$E_d = \frac{P \cdot dQ}{Q \cdot dP}$$

则

$$\frac{P}{E_d} = \frac{Q \cdot dP}{dQ}$$

所以

$$MR = P\left(1 + \frac{1}{E_d}\right)$$

$$MR = P\left(1 - \frac{1}{|E_d|}\right) \quad (1)$$

从式(1)中可以看出：

- 当$|E_d|>1$时，有 MR>0。此时，TR 曲线斜率为正，表示厂商总收益 TR 随销售量 Q 的增加而增加。
- 当时$|E_d|<1$，有 MR<0。此时，TR 曲线斜率为负，表示厂商总收益 TR 随销售量 Q 的增加而减少。
- 当$|E_d|=1$时，有 MR=0。此时，TR 曲线斜率为零，表示厂商总收益 TR 达到极大值点。

4. 完全垄断市场的利与弊：

利：① 促进资源效率提高的可能性——规模经济；② 刺激创新——专利是形成垄断的一种原因，因此，刺激企业进行创新，大量投资于科研开发工作。

弊：① 市场竞争的损失，使社会在一定程度上失去了技术进步的推动力。② 生产效率的损失：各个行业的垄断企业都只用降低产量、提高产品价格的方法获取丰厚的利润，都不会设法提高生产效率。③ 社会产量的损失：利润最大化决定企业产量的情况下，由于垄断企业的生产条件和生产能力没有充分发挥作用，造成社会产量的损失。④ 消费者利益的损失：垄断企业垄断市场供给，凭借垄断权力控制市场价格，消费者只能被迫接受垄断企业控制的市场高价格，价格与其价值严重违背，消费者的利益与权力严重背离，必然造成消费者利益的重大损失。

六、计算题

1. 解：需求函数 $P=32-0.8Q$，总成本函数 $TC=0.6Q^2+4Q+10$

则总收入函数为

$$TR = P \cdot Q = (32-0.8Q)Q = 32Q - 0.8Q^2$$

边际收入函数为

$$MR = \frac{d(TR)}{dQ} = 32 - 1.6Q$$

边际成本函数为

$$MC = \frac{d(TC)}{dQ} = 1.2Q + 4$$

根据完全垄断市场企业利润最大化条件 MR=MC 得

$$32 - 1.6Q = 1.2Q + 4$$

解得 $Q=10$。

则 $P=32-0.8Q=24$，　$TR=P\cdot Q=240$

总利润 $\pi=TR-TC=240-110=130$

2. 解：因为 $SMC=\frac{d(STC)}{dQ}=0.3Q^2-12Q+140$

且由 $TR=P(Q)\cdot Q=(150-3.25Q)\cdot Q=150Q-3.25Q^2$，得出 $MR=150-6.5Q$。

根据利润最大化的原则 MR＝SMC 有

$$0.3Q^2-12Q+140=150-6.5Q$$

解得 $Q=20$(负值舍去)。所以 $Q=20$ 代入反需求函数，得 $P=150-3.25Q=85$。

所以均衡产量为 20；均衡价格为 85。

3. 解：(1) 由第一个市场的需求函数 $Q_1=12-0.1P_1$ 可知，该市场的反需求函数为 $P_1=120-10Q_1$，边际收益函数为 $MR_1=120-20Q_1$。

同理，由第二个市场的需求函数 $Q_2=20-0.4P_2$ 可知，该市场的反需求函数为 $P_2=50-2.5Q_2$，边际收益函数为 $MR_2=50-5Q_2$。

而且市场需求函数 $Q=Q_1+Q_2=(12-0.1P)+(20-0.4P)=32-0.5P$，且市场反需求函数为 $P=64-2Q$，市场的边际收益函数为 $MR=64-4Q$。

此外，厂商生产的边际成本函数 $MC=\frac{d(TC)}{dQ}=2Q+40$。

该厂商实行三级价格歧视时利润最大化的原则可以写为 $MR_1=MR_2=MC$。

关于第一个市场：根据 $MR_1=MC$，有 $120-20Q_1=2Q+40$，即 $22Q_1+2Q_2=80$。

关于第二个市场：根据 $MR_2=MC$，有 $50-5Q_2=2Q+40$，即 $2Q_1+7Q_2=10$。

由以上关于 Q_1、Q_2 的两个方程可得，厂商在两个市场上的销售量分别为 $P_1=84$，$P_2=49$。

在实行三级价格歧视时，厂商的总利润为

$$\pi=(TR_1+TR_2)-TC=P_1\cdot Q_1+P_2\cdot Q_2-2(Q_1+Q_2)-40(Q_1+Q_2)=$$
$$84\times3.6+49\times0.4-42-40\times4=146$$

(2) 当该厂商在两个市场上实行统一的价格时，根据利润最大化的原则即该统一市场的 MR＝MC，有 $64-4Q=2Q+40$，解得 $Q=4$。

所以 $Q=4$ 代入市场反需求函数 $P=64-2Q$，得 $P=56$。

于是，厂商的利润为

$$\pi=P\cdot Q-TC=(56\times4)-(42+40\times4)=22$$

所以，当该垄断厂商在两个市场上实行统一的价格时，他追求利润最大化的销售量为 $Q=4$，价格为 $P=56$，总的利润为 $\pi=22$。

(3) 比较以上(1)和(2)的结果，可以清楚地看到，将该垄断厂商实行三级价格歧视和在两个市场实行统一定价的两种做法相比较，他在两个市场制定不同的价格实行三级价格歧视时所获得的利润大于在两个市场实行统一定价时所获得的利润(因为 146＞22)。这一结果表明进行三级价格歧视要比不这样做更为有利可图。

4. (1) 由题意可得

$$TR=P\cdot Q=(10-2Q)\cdot Q=10Q-2Q^2$$
$$MR=10-4Q,\qquad MC=2Q+4$$

由 MR＝MC 得 $Q=1$，$P=10-4Q=6$，利润 $\pi=\text{TR}-\text{TC}=3$。

(2) 因为达到完全竞争，所以可得 $P=\text{MC}$，$10-2Q=2Q+4$。

解之，得 $Q=1.5$，$P=7$，$\pi=PQ-\text{TC}=2.25$。

由此可知，政府应限价为 $P=7$，此时 $Q=1.5$，厂商获利 2.25，之所以利润不为零，是因为短期内只有一家厂商，随着长期内厂商数目的调整，利润会趋于零。

错解：根据 $P=\text{AC}$ 可得 $P=6$，$Q=2$。但是当 $P=6$ 时，如果厂商选择少生产一点，即 $Q_1<Q=2$，则 $P>\text{AC}$，此时厂商利润将大于零。因此政府如果定价为 $P=4$，则无法使厂商生产 $Q=2$ 的产量。

(3) 如果政府要把该厂商获得的超额利润都拿走，则这笔固定税的总额为 2.25。

(4) 政府每单位产品征收产品税 2 单位，则相当于 $\text{MC}_1=\text{MC}+2$，由 $\text{MR}=\text{MC}_1$ 得 $Q=\frac{2}{3}$，$P=\frac{26}{3}$，$\pi=P\cdot Q-\text{TC}-2Q=\frac{4}{3}$。

5. (1) 只对“热衷于高尔夫”的市民开放时，$Q=10-P$，因此每个市民的消费者剩余为每周 50 美元，由于边际成本为 0，因此即使不收场地费，会员费也能将消费者剩余全部拿到。周利润＝1 000×50－10 000＝40 000(元)。

(2) 当有两种市民时，俱乐部拥有者应该将场地费定得高于边际成本和通过将会员费定在等于需求较小的消费者(偶尔打高尔夫的市民)的余下的消费者剩余水平上，使利润最大化。

会员费 $T=\frac{1}{2}\times Q_2\times(10-P)$，其中 $Q_2=4-0.25P$，故 $T=20-\frac{13P}{4}+\frac{P^2}{8}$。

$$\text{所有玩高尔夫的市民总的会员费}=2\,000\times\left(20-\frac{13P}{4}+\frac{P^2}{8}\right)$$

$$\text{场地费收益}=P(Q_1+Q_2)=P[(10-P)\times 1\,000+(4-0.25P)\times 1\,000]=14\,000P-1\,250P^2$$

$$\text{总收益 TR}=\left[2\times\left(20-\frac{13P}{4}+\frac{P^2}{8}\right)+(14P-1.25P^2)\right]\times 1\,000=(40+7.5P-P^2)\times 1\,000$$

$$\text{周利润}=\text{TR}-\text{TC}=(40+7.5P-P^2)\times 1\,000-10\,000$$

令 $\frac{\Delta \text{TR}}{\Delta P}=7\,500-2\,000P=0$，解得 $P=3.75$ 元/小时，$T=9.57$，此时年费 $T\times 52=497.66$ 元。

$$\text{周利润}=\text{TR}-\text{TC}=(40+7.5P-P^2)\times 1\,000-10\,000=44\,062.5(\text{元})$$

可见，俱乐部选择两种类型都加入比只热衷于高尔夫的市民加入可以获得的利润更多。

(3) 每周 50 元的会费只能吸引热衷于高尔夫的市民。有 3 000 个热衷于高尔夫的市民，因此，总收益为每周 150 000 元，利润为每周 140 000 元。

而兼有两种类型的市民时：

$$\text{会员费}=4\,000\times\left(20-\frac{13P}{4}+\frac{P^2}{8}\right)$$

$$\text{场地费收益}=P(Q_1+Q_2)=P[(10-P)\times 3\,000+(4-0.25P)\times 1\,000]=34\,000P-3\,250P^2$$

$$\text{总收益 TR}=4\,000\times\left(20-\frac{13P}{4}+\frac{P^2}{8}\right)+34\,000P-3\,250P^2=(80+21P-2.75P^2)\times 1\,000$$

$$周利润 = TR - TC = (80 + 21P - 2.75P^2) \times 1\,000 - 10\,000$$

令 $\frac{\Delta TR}{\Delta P}=21\,000-5\,500P=0$,解得 $P=3.8$ 元/小时。

$$周利润 = TR - TC = 110\,090 元$$

这样,反而少于只收“热衷于高尔夫”的市民。因此俱乐部应该制定年费为 2 600 元,并赚到 52×140 000/10 000=728 万元的利润。

七、阅读与思考

解题思路:本案例主要考察三级价格歧视问题。

解析:联想公司之所以采取这种定价策略是有其原因的。

第一,联想的市场策略是通过严谨的市场调查的。

第二,决定定价的关键是市场的供求特征。具体体现为目标市场的价格弹性,目标市场的价格弹性不同,最优定价策略也就不同。而并非大众认为的各国人民不同的消费能力。

第三,中国 TP 的目标市场需求价格弹性小于欧美 TP 的目标市场需求价格弹性导致定价不同(当然也受税收的影响)。从正面分析,欧美的经济发展水平比较高,笔记本的普及率很高。笔记本和汽车一样成为必需品。而这种必需品对于欧美国民来说还算是价格总数比较大的(相比其他电器来说)。而欧美的政府管制比较严格,无论是质优的 ThinkPad 电脑还是质次的其他品牌笔记本电脑,质量基本上都有所保证,差距并不太大。在这种情况下欧美国民对价格比较敏感,弹性比较高是正常的。而大陆的 TP 系列则面对的是虚荣效应和攀比效应兼具的市场。这样 TP 在国内的定价带来的连带外部效应正负兼有,哪种起决定性作用就看具有攀比和虚荣的不同心理的消费者的实际消费量了。另外,大陆笔记本电脑本身还远未普及,对于中国消费者来说不是生活必需品,而是大型电器一类。相关市场的制度远没有完善,质优的 TP 系列和质次的笔记本甚至二手电脑的质量差距比较大。还有大量的不法商人导致信息不对称,而且 TP 的 T 系列本身在中国指向高端商务(即对价格不太敏感)。这一切均导致 TP 系列目标市场的需求价格弹性比较低。

下面从反面思考就是联想公司为什么不降低 TP 笔记本在中国大陆的售价呢?首先,国内消费者有以下特点:认为价格高意味着品质高端,尤其 TP 是一个品牌符号,是高端商务笔记本的代表,这点已经在消费者认知中深深扎根。这一点也足以让 TP 笔记本保持高价的价格策略;整体消费能力不高。有用 TP 笔记本彰显身份的心理。其次,联想公司在接手 IBM 的 PC 部门之前,ThinkPad 的定价政策就已经是目前这样了(实际上目前的 TP 在大陆的定价政策已经经过微调了)。由于大陆消费者的消费心理(详见前面说的虚荣和攀比两种心理)它也不敢贸然大幅改变 ThinkPad 定价政策;再次,联想公司接手 IBM 的 PC 部门之后还没盈利,在北美等市场为了稳住客户群大幅降低产品价格,使得联想公司在没有完全实现有效压缩 TP 品牌运营成本之前先大幅减少在北美等市场的利润。这样联想公司就更没法降低 TP 在大陆的售价了,如果大陆的 TP 售价再大幅降低,联想公司就会亏损有些严重。最后,大陆消费者比较弱势,在厂商产品定价问题上是缺席的。(引用《价格歧视的特殊案例分析》)

因此,结合所学习的价格歧视理论可以看出,不能对任何经济现象下断言,应该从理性的方面,结合所学知识来分析其合理性以及弊端。

第八章　不完全竞争市场

提　要

1. 垄断竞争市场的条件有以下6个。第一，在生产集团中有大量的企业生产有差别的同种产品，这些产品彼此之间都是非常接近的替代品。第二，一个生产集团中的企业数量非常多，以至于每个厂商都认为自己的影响很小，不会引起竞争对手的注意和反应，因而自己也不会受到竞争对手任何报复措施的影响。第三，厂商的生产规模比较小，因此，进入和退出一个生产集团比较容易。第四，进出市场是自由的。资源流动性较强，厂商进入或退出该行业都比较容易，没有人为的障碍。只要具备一定的资本，企业可以随时进出这个市场。进退市场的原则只有一个，即"利润最大化"。第五，交易者的信息是不完全的。第六，厂商是价格的影响者。

2. 垄断竞争厂商的需求曲线：由于垄断竞争厂商可以在一定程度上影响商品的价格，所以，垄断竞争厂商需求曲线是向右下方倾斜的；但是，市场中同时存在的竞争因素，又使得垄断竞争厂商向右下方倾斜的需求曲线比较平坦。垄断竞争厂商的需求曲线被分为 d 需求曲线和 D 需求曲线两种。d 需求曲线表示单个垄断竞争厂商单独改变价格时所预期的市场对自己产品的需求量；D 需求曲线表示每个垄断竞争厂商在每一市场价格水平上实际面临的市场需求量。当市场价格上升或下降时，d 需求曲线的位置会分别沿着 D 需求曲线向上或向下平移。d 需求曲线和 D 需求曲线相交表示垄断竞争市场的供求相等状态。

3. 垄断竞争厂商的收益曲线：平均收益曲线就是厂商的需求曲线。因此，平均收益曲线是向右下方倾斜的。平均收益递减，边际收益递减且小于平均收益。因此与垄断厂商类似，垄断竞争厂商的边际收益曲线(MR)也是位于平均收益曲线(AR)之下的，且较 AR 曲线更为陡峭。

4. 垄断竞争厂商的短期均衡：在短期内，垄断竞争厂商在既定的生产规模下，通过对产量和价格的同时调整来实现 MR＝SMC 的利润最大化的均衡条件。在这一过程中，d 需求曲线的位置会因市场价格的变化而移动。垄断竞争厂商短期均衡的条件是 MR＝SMC。在垄断竞争厂商的短期均衡产量上，必定存在一个表示市场供求关系相等的 d 需求曲线和 D 需求曲线的交点。此时，垄断竞争厂商可能获得最大的利润，可能利润为零，也可能承担最小的亏损。

5. 垄断竞争厂商的长期均衡：在长期内，垄断竞争厂商不仅可以调整生产规模，还可以加入或退出生产集团，因此，垄断竞争厂商在长期均衡时的利润一定为零。在厂商的长期调整过程中，行业内厂商数量的变化会使 D 需求曲线的位置发生移动，市场价格的变化又会使得 d 需求曲线的位置发生移动。垄断竞争厂商长期均衡的条件为 MR＝LMC＝SMC，AR＝LAC＝SAC。在长期均衡产量上，垄断竞争厂商的利润为零，且存在一个 d 需求曲线和 D 需求曲线的交点。

6. 非价格竞争：垄断竞争企业经常使用非价格竞争，努力造成产品的差别，争取在一段时间内取得垄断的好处。产品的差别可以从两个角度体现：一是产品自身品质的不同；二是消费者对产品的心理效用不同。因此，非价格竞争主要表现为品质竞争、促销活动的竞争和广告的竞争。

7. 寡头垄断的特征表现为七个方面。第一,市场中的企业数量不多,通常是由少数几家企业控制了大部分的产量。每个企业在市场中都有举足轻重的地位。当市场中只有两家企业提供产品时,我们称之为双头垄断。第二,企业之间的相互依赖性很强。各个企业在进行价格、产量、广告和投资等重要决策时不仅要考虑自身的状况,而且必须考虑自己的行为会对同行产生的影响,以及竞争对手可能做出的反应。第三,行业进入障碍大。由于规模、资金、市场、原料、渠道以及专利等方面的原因,新企业难以与原有企业进行竞争,而且可能会受到原有企业的阻止。第四,产品是同质的或有差异的。由此可将寡头垄断市场分为无差别寡头垄断(纯寡头垄断)市场和有差别寡头垄断市场。第五,价格相对稳定。寡头垄断市场中价格一经确定,便不易改变。寡头企业的竞争主要体现在产品质量、外观、设计、广告和销售方法等非价格竞争上。第六,生产规模缺乏一致性。寡头市场中,有的厂商规模庞大,但只是少数,更多的是小型企业,其中大部分是巨型厂商的附庸,为其提供零部件和其他服务。第七,信息不完备。信息的不完全性和厂商行为的不确定性,导致市场竞争状态的不确定性。

8. 古诺模型:古诺模型又称双寡头模型。假设条件是:市场上只有 A、B 两个厂商生产和销售相同的产品,它们的生产成本为零;它们共同面临的市场需求曲线是线性的,A、B 两个厂商都准确地了解市场的需求曲线;A、B 两个厂商都是在已知对方产量的情况下,各自确定能够给自己带来最大利润的产量,即各个厂商都是消极地以自己的产量去适应对方已经确定的产量。通过构造寡头的反应函数(一个寡头对另一个寡头的产出水平做出各种推测的情况下使自己所能达到的利润最大化的产量),得到每个寡头厂商的均衡产量是市场总容量的三分之一,行业的均衡总产量是市场总产量的三分之二。古诺模型的一般结论是:若该行业有 m 个厂商,则每个寡头的均衡产量=市场总容量×$\frac{1}{m+1}$;行业的均衡总产量=市场总容量×$\frac{1}{m+1}$。

9. 斯塔克伯格模型:基本假设条件是,在一个寡头行业中有两个厂商,他们生产相同的产品。其中一个寡头厂商是处于支配地位的领导者,另一个寡头厂商是追随者;另外,每个厂商的决策变量都是产量,即每个厂商都通过选择自己的最优产量来实现各自的最大利润。由于领导型厂商能首先确定自己的产量,所以领导型厂商是在了解并考虑到追随型厂商对自己所选择的产量的反应方式基础上来决定自己的利润最大化产量的。而追随者厂商便是在给定领导型厂商产量选择的前提下做出自己的利润最大化的产量决策。

10. 价格领导模型:在具有价格领导者的行业中,支配型企业首先制定一个行业通行的价格,其他企业则是跟风者,根据支配型企业的价格来决定自己的价格,从而避免价格竞争带来的损失。这一定价模式的突出特点是,支配型企业可以根据自身利润最大化的原则来制定价格和产量,而其他的企业与完全竞争市场中的企业一样,甘当价格接受者。

11. 卡特尔模型:在一个卡特尔组织中,寡头垄断行业中的主要企业通过明确的、正式性的协议来就各自在行业中的产量支配、共同关心的定价问题以及其他诸如销售区域分配等事项达成一致,并要求成员严格遵守这种正式的协议。

12. 不同市场的经济效率的比较:

在完全竞争市场条件下,厂商的需求曲线是一条水平线,而且厂商的长期利润为零。在完全竞争厂商的长期均衡时,产品的均衡价格最低,它等于最低的生产的平均成本,产品的均衡产量最高。在非完全竞争市场条件下，厂商的需求曲线是向右下方倾斜的。在垄断竞争市场上，厂商的长期均衡利润为零，产品的均衡价格比较低，它等于生产的平均成本，产品的均衡产量比较高，企业存在着多余的生产能力。在垄断市场上，厂商在长期内获得利润，产品的均衡价格最高，且大于生产的平均成本，产品的均衡数量最低。在寡头市场上，没有统一的寡头厂商均衡模型。一般认为，寡头市场是与垄断市场比较接近的市场组织，在长期均衡时，寡头厂商的产品均衡价格比较高，产品的均衡数量比较低。

西方经济学家认为，一个行业在长期均衡时是否实现了价格等于长期边际成本，也是判断该行业是否实现了有效的资源配置的一个条件。同时，关于垄断市场与技术进步的关系，有的西方经济学家认为，垄断厂商会阻碍技术进步。关于规模经济，对不少行业的生产来说，只有大规模的生产能受到规模经济的好处，而这往往只有在寡头市场和垄断市场条件下才能做到。关于产品的差异，西方经济学家认为，完全竞争市场条件下，同质的产品无法满足消费者的各种偏好。垄断竞争市场条件下，多样化的产品使消费者有更多的选择自由。关于广告支出，垄断竞争市场和产品差别寡头市场的大量广告为消费者提供了信息，但同时造成的资源浪费和抬高价格以及内容的夸张对消费者是不利的。

习　题

一、单选题

1. 垄断竞争与完全竞争的相似是因为(　　)。
   A. 二者具有完全富有弹性的需求
   B. 二者不受较高进入市场的壁垒所保护
   C. 二者的边际收益曲线都位于需求曲线下方
   D. 在长期中，二者都可以获得经济利润。
2. 垄断竞争企业获得垄断势力，取决于(　　)。
   A. 产品差异
   B. 生产成本
   C. 销售量
   D. 企业领导者
3. 寡头垄断与垄断竞争的主要区别是(　　)，而寡头垄断与垄断竞争的相同点是(　　)。
   A. 企业的生产成本不同；市场存在进入壁垒
   B. 非价格竞争的数量不同；都存在勾结以限制产量
   C. 企业间相互影响的程度不同；长期中生产效率低
   D. 以上都不正确
4. 以下(　　)命题正确。
   A. 垄断竞争能够实现资源的有效配置
   B. 垄断竞争企业如果出现亏损，就会退出市场
   C. 垄断竞争企业长期的经济利润为零

D. 以上都不正确

5. 垄断竞争企业在短期时所获得的经济利润可以(　　)。

A. 大于零

B. 小于零

C. 等于零

D. 以上三种情况都有可能发生

6. 垄断竞争企业的短期均衡点位于短期平均成本曲线的(　　)。

A. 上升阶段

B. 水平阶段

C. 下降阶段

D. 以上都有可能

7. 产品差异化(　　)。

A. 意味着垄断竞争企业可以在产品质量和市场营销方面展开竞争

B. 一家企业生产的产品与其竞争企业生产的产品略有不同时产生

C. 导致该企业的需求曲线向下倾斜

D. 以上选项均正确

8. 垄断竞争厂商长期均衡时必然有(　　)。

A. 价格高于长期平均成本

B. 主观需求曲线的弹性大于实际需求曲线的弹性

C. 资源在广告中浪费

D. 边际成本等于与实际需求曲线相对应的边际收益

9. 在垄断竞争市场上,长期均衡的条件是(　　)。

A. MR=LMC

B. MR=SMC

C. MR=LMC=SMC

D. MR=LMC=SMC,AR=LAC=SAC

10. 与垄断竞争企业不同,寡头企业(　　)。

A. 面对向右下方倾斜的需求曲线

B. 对市场价格没有影响

C. 制定的价格高于边际成本

D. 需要考虑竞争对手对企业的决策如何反应

11. 寡头垄断厂商的产品是(　　)。

A. 同质的

B. 有差异的

C. 既可以同质的,也可以是有差异的

D. 以上都不对

12. 下面属于古诺模型假设的是(　　)。

A. 同行业中只有两家企业

B. 每家企业具有相同的数量反应函数

C. 每家企业假定对方企业的产量保持不变
D. 每家企业假定对方企业的价格保持不变

13. 卡特尔不稳定的根本原因是(　　)。
A. 每家企业都有欺骗其他企业的动机
B. 它不能决定每家企业的产量
C. 它不能决定每家企业制定的价格
D. 以上都不正确

14. 垄断竞争企业会导致(　　)。
A. 生产能力过剩
B. 效率损失
C. 非价格竞争
D. 以上都正确

15. 以下不属于垄断竞争市场的特征是(　　)。
A. 市场中存在大量企业
B. 进入市场没有限制
C. 生产同质产品
D. 以上都不正确

16. 一家垄断竞争企业存在过剩生产能力是因为(　　)。
A. 在短期,MR＝MC
B. 在短期,该企业不会在边际成本处于最小值的产量水平进行生产
C. 在长期,该企业不会在平均总成本处于最小值的产量水平进行生产
D. 在长期,企业获得经济利润

17. 在长期,一家垄断竞争企业的经济利润为零是因为(　　)。
A. 产品差异化
B. 缺少进入壁垒
C. 过剩的生产能力
D. 每家企业的需求曲线都向下倾斜

18. 垄断竞争企业不断地开发新产品,是为了(　　)。
A. 使其产品的需求弹性更大
B. 增加产品的需求
C. 增加产品的边际成本
D. 以上选项均不正确

19. 在决定投入多少资金用于产品开发时,一家企业(　　)。
A. 仅考虑产品开发的边际收益
B. 仅考虑产品开发的边际成本
C. 既要考虑产品开发的边际收益,又要考虑产品开发的边际成本
D. 既要考虑产品开发的价格,又要考虑产品开发的平均总成本

20. 任一不完全竞争市场的本质特征是单个企业的(　　)。
A. 边际收益大于索要价格

B. 在产出超过一定数量以后,平均成本曲线下降

C. 要求曲线向右下倾斜

D. 在产出超过一定数量以后,平均成本曲线上升

21. 对存在合谋协议的双头而言,(　　),一家企业可以获得最大利润。

A. 当两家企业都守约时

B. 当一家企业守约,而另一家企业违约时

C. 当两家企业都违约时

D. 答案不能确定,因为这取决于行业的边际收益曲线

22. 在有同质产品的古诺均衡中,总产出(　　)。

A. 等于垄断产出

B. 小于垄断产出

C. 大于竞争产出

D. 位于垄断产出与竞争产出之间

23. 下面关于寡头垄断市场的陈述(　　)是不正确的。

A. 所有寡头垄断模型都假设厂商们考虑自己的行动对其他厂商的定价和产出决策所产生的影响

B. 主导企业价格领先模型假设,主导企业允许小企业按照主导企业制定的价格出售他们所希望出售的所有产品

C. 过剩的生产能力可以作为一种进入市场的障碍起作用

D. 按照斯威齐模型,行业中厂商假设价格升高不会导致其他厂商提高价格,但当降低价格时将导致其他厂商降低价格

24. 要得到古诺模型中的均衡,必须假定(　　)。

A. 该行业中只有两个厂商

B. 边际成本为零

C. 两个厂商有相同的需求函数

D. 每个厂商假定其他厂商保持价格不变

25. 卡特尔制定统一价格的原则是(　　)。

A. 使整个卡特尔的产量最大

B. 使整个卡特尔的利润最大

C. 使整个卡特尔的成本最小

D. 使整个卡特尔中各厂商的利润最大

二、判断题

1. 企业垄断势力越强,其需求曲线越平坦;反之越陡。(　　)
2. 在长期中,垄断竞争的经济利润和完全竞争相同。(　　)
3. 在长期中,垄断竞争企业处于均衡时,其产量满足社会福利最大化条件。(　　)
4. 在垄断竞争市场中,企业长期均衡条件是 MR=LMC。(　　)
5. 垄断竞争企业在短期内可能会有亏损,但在长期中不存在亏损。(　　)
6. 寡头垄断企业之间的产品可以没有差异。(　　)

7. 在寡头垄断中,他们都是通过协议的方式决定价格的。（　）

8. 在古诺模型中,如果一家企业没有准确预测到另一家企业的产量,那么古诺模型就不存在均衡解。（　）

9. 企业的成本对于卡特尔内部的产量分配没有影响。（　）

10. 卡特尔勾结的均衡结果与完全垄断不相同。（　）

11. 垄断竞争市场是由大量销售同质产品的小型企业构成的。（　）

12. 垄断竞争市场具有进入壁垒。（　）

13. 垄断竞争者的需求曲线比完全垄断者更加平坦。（　）

14. 新企业进入垄断竞争市场,将使市场中的某些企业出现亏损的情况。（　）

15. 垄断竞争和完全垄断一样减少社会福利。（　）

16. 减少垄断竞争市场中企业的数量将有助于解决垄断竞争企业的生产能力过剩的情况。（　）

17. 寡头可以通过广告来实现产品差异化。（　）

18. 寡头要想实现利润极大化,就必须尽力扩大其产量。（　）

19. 卡特尔实行统一的管理,所以它具有规模经济。（　）

三、名词解释

1. 垄断竞争市场
2. 寡头垄断
3. 生产集团
4. 价格领导
5. 古诺模型
6. 斯塔克伯格模型
7. 卡特尔
8. 非价格竞争
9. 串谋

四、填空题

1. 垄断竞争是一种行业中存在________相互竞争的生产者的市场结构,每个生产者都出售相似但是________的产品,并且在长期内能相对自由地进入和________该行业。每个垄断竞争厂商都意识到面临着来自于其他厂商的竞争,但是________的竞争者使默契串谋无法实行。垄断竞争厂商不是受价者,每个厂商生产有差异的产品,因此拥有市场势力,但是它们制定高价的能力受到其他厂商________的限制。

2. 因为垄断竞争厂商提供的产品不同,每个厂商面临________的需求曲线。类似于垄断厂商和完全竞争厂商,垄断竞争厂商将会遵循________原则,即边际收益等于边际成本来生产。

3. 在寡头垄断的条件下,生产某种商品的厂商数目________,他们可以通过________的方式制定价格。

4. 在________的条件下,生产某种商品的厂商很多,但他们的产品彼此之间存在差别。

5. 在垄断竞争的市场上,厂商的产量和价格处于短期均衡的条件是________。

6. 与完全竞争市场相比,垄断竞争的市场是________(富有/缺乏)效率的。主要表现在两个方面。其一,从资源配置的效率上讲,垄断竞争的市场在达到长期均衡时,价格________边际成本。其二,从生产能力利用角度来讲,垄断竞争市场达到长期均衡时没有把生产推进到________,说明垄断竞争的厂商存在着一部分闲置的生产能力。

7. 寡头与完全竞争、完全垄断和垄断竞争市场上厂商的一个重要区别是________。

8. 古诺模型假定:① 产业只有________个寡头,寡头生产________产品,追求________;② 寡头________做出产量决策,进行________竞争而非________竞争,产品价格依赖于二者的产出总量。③ 双方________(有/无)勾结行为;④ 每个寡头都把对方的产出水平视为________,并依此确定________;⑤ 边际成本为________。

9. 卡特尔是否有效地控制价格与产量,依赖于两个重要的条件:一是____________;二是____________。

五、简答题

1. 简述垄断竞争与完全竞争的比较。

2. 垄断竞争厂商均衡有何特点?

3. 为什么在垄断竞争中厂商的需求曲线比总的市场需求曲线要平坦?设一垄断竞争厂商短期中有一个正的利润,长期中它的需求曲线会发生什么变化?

4. 简述寡头垄断市场的特征。

5. 在一个有支配厂商的价格领先模型中,除支配厂商外,试评论其他厂商的行为与完全竞争厂商的行为是否一样。为什么这些厂商都愿意跟着支配厂商定价?

6. 试论述垄断市场、垄断竞争市场和寡头市场都不存在具有规律性的厂商供给曲线的原因。

7. 为什么古诺均衡是稳定的?如果它们不能共谋,它们为什么不将产量定在共同利润最大化的水平?

8. 为什么参加卡特尔的各厂商会按相同的价格出售产品,而不会要求生产相等的产量?

六、计算题

1. 给定某一垄断竞争厂商的长期均衡比例需求函数 $P=51-2Q$,平均成本 $\mathrm{AC}=Q^2-16Q+100$。求:

(1) 长期的均衡价格与均衡产量是多少?

(2) 均衡产量下,厂商的边际收益是多少?

2. 在垄断竞争市场结构中的长期(集团)均衡价格 P_e,是代表厂商的需求曲线与其长期平均成本(LAC)曲线相切之点,因而 $P_e=\mathrm{LAC}$。已知代表厂商的长期成本函数和 d 需求函数分别为 $\mathrm{LTC}=0.0025Q^3-0.5Q^2+384Q$ 和 $P=A-0.1Q$,上式中的 A 是集团内厂商数目。求解长期均衡条件下:

(1) 代表厂商的均衡价格和产量。

(2) A 的数量。

3. 现在有两个寡头垄断厂商,他们的行为遵循古诺模型,其成本函数分别为

$$\mathrm{TC}_1=0.3Q_1^2+40Q_1+10\,000$$

$$\mathrm{TC}_2=0.4Q_2^2+50Q_2+20\,000$$

这两个厂商生产同质产品，其市场需求函数为 $Q=4\ 000-10P$。试求：

(1) 厂商 1 和厂商 2 的反应函数。

(2) 均衡价格和厂商 1、厂商 2 的均衡产量。

(3) 厂商 1 和厂商 2 的利润。

4. 设有两个生产小机械的相同厂商，并且它们是市场上唯一的两个厂商。它们的成本函数分别为 $C_1=60Q_1$ 和 $C_2=60Q_2$，式中，Q_1 为厂商 1 的产量，Q_2 为厂商 2 的产量。价格将由需求函数 $P=300-Q$ 决定，其中 $Q=Q_1+Q_2$。

(1) 求出古诺-纳什均衡。算出各厂商在该均衡中的利润。

(2) 假设这两个厂商为了使联合利润最大化组成了一个卡特尔。它们将生产多少小机械？算出各厂商的利润。

(3) 设厂商 1 是该行业中唯一的厂商。市场产量和厂商 1 的利润和(2)中求出的有何不同？

(4) 回到(2)中的双寡头，设厂商 1 遵守协定，但厂商 2 通过增产欺诈。厂商 2 将生产多少小机械？各厂商的利润是多少？

5. 假设某市场有一个主导厂商和五个边缘厂商。市场需求为 $Q=400-2Q$。主导厂商有 20 的不变边际成本。每个边缘厂商有 $MC=20+5Q$ 的边际成本。

(1) 证明五家边缘厂商的总供给曲线为 $Q_f=P-20$。

(2) 求主导厂商的需求曲线。

(3) 求利润最大化时的生产数量和主导厂商制定的价格，并求此时每个边缘厂商的生产数量和价格。

(4) 假设有 10 个边缘厂商而不是 5 个，结果会有什么变化？

(5) 假设仍有 5 个边缘厂商，但每个都设法将边际成本减少为 $MC=20+2Q$。结果会有什么变化？

七、阅读思考题

在过去几十年间对世界经济最具有破坏性的大多数事件都源于世界石油市场，而世界石油的大部分是由少数国家(主要是中东国家)生产的，这些国家形成了一个卡特尔，称为世界石油输出国组织(OPEC)。在 1960 年最初成立时，OPEC 包括伊朗、伊拉克、科威特、沙特阿拉伯和委内瑞拉。到 1973 年，又有其他 8 个国家加入，分别是卡塔尔、印度尼西亚、利比亚、阿联酋、阿尔及利亚、尼日利亚、厄瓜多尔和加蓬。这些国家控制了世界石油储藏量的 3/4。在 20 世纪 70 年代，OPEC 的成员决定提高世界石油价格，以增加他们的收入。这些国家通过共同减少他们提供的石油产量而实现了这个目标。从 1973—1974 年，石油价格(根据总体通货膨胀进行了调整)上升了 50%以上。几年之后，OPEC 又一次故伎重演。1979 年石油价格上升了 14%，随后 1980 年上升了 34%，1981 年又上升了 34%。

但从 1982—1985 年，石油价格一直每年下降 10%左右。不满与混乱很快蔓延到 OPEC 各国。1986 年，OPEC 成员国之间的合作完全破裂了，石油价格猛跌了 45%。1990 年，石油价格(根据总体通货膨胀进行了调整)又回到 1970 年开始时的水平，而且在 20 世纪 90 年代的大部分年份中一直保持在这种低水平上。

问题：OPEC 为什么不能保持石油的高价格？

习题答案

一、单选题

1～5：BACCD　6～10：CDBDD　11～15：CCADC　16～20：CBBCC
21～25：BDABB

二、判断题

1. ×
2. √
3. ×
4. ×
5. √
6. √
7. ×
8. ×
9. ×
10. ×
11. ×
12. ×
13. √
14. ×
15. √
16. ×
17. √
18. ×
19. ×

三、名词解释

1. 垄断竞争市场：一种既有垄断又有竞争，介于完全竞争和完全垄断之间而更接近于完全竞争的一种市场结构。

2. 寡头垄断：少数几家大厂商控制着整个行业或行业的大部分产品的生产和销售的一种市场结构。

3. 生产集团：市场上大量的生产非常接近的同种产品的厂商的总和。

4. 价格领导：某行业中有一家厂商作为价格领袖，决定商品价格，其他厂商按此价格出售商品。

5. 古诺模型：一种典型的双寡头垄断，假设条件是市场上只有 A、B 两个厂商生产和销售相同的产品，它们的生产成本为零；它们共同面临的市场需求曲线是线性的，A、B 两个厂商都准确地了解市场的需求曲线；A、B两个厂商都是在已知对方产量的情况下，各自确定能够给自己带来最大利润的产量，即各个厂商都是消极地以自己的产量去适应对方已经确定的产量。古诺模型的一般结论是：若该行业有m个厂商，则每个寡头的均衡产量＝市场总容量×$\frac{1}{m+1}$；行业的均衡总产量＝市场总容量×$\frac{1}{m+1}$。

6. 斯塔克伯格模型：该模型假定一个寡头先做出产量决策，另一个寡头后做出产量决策。对于数量竞争而言，其实是一种先动优势模型，即首先行为者在竞争中取得优势。

7. 卡特尔：生产者通过明确的协议所组成的共同确定产品价格与产量，以获得超额利润的一种合作团体。

8. 非价格竞争：在垄断竞争市场上，由于每一个厂商生产的产品都是有差别的，所以垄断厂商往往通过品质竞争、促销活动的竞争以及广告竞争来扩大自己产品的市场销售份额。

9. 串谋：寡头厂商以某种方式勾结在一起，使其共同利润最大化。

四、填空题

1. 大量的　有差异的　退出　大量的　竞争
2. 向下倾斜　最优生产原则
3. 很少　协议
4. 垄断竞争
5. MR＝MC
6. 缺乏　高于　平均成本最低点
7. 寡头间行为不独立
8. 两　同质　利润最大化　同时　产量　价格　无　既定　自己的产量　常数
9. 卡特尔潜在的垄断力　卡特尔成员能否遵从他们所达成的产量与价格的协议

五、简答题

1. 答：与完全竞争厂商的均衡相比，垄断竞争厂商的需求曲线与平均收益曲线重合，是一条向右下方倾斜的线，边际收益曲线在平均收益曲线的下方，AR＞MR。而完全竞争厂商的需求曲线与平均收益曲线、边际收益曲线重合，是一条与横轴平行的线，AR＝MR。因此，垄断竞争下的成本及价格高于完全竞争下的成本及价格，垄断竞争下的产量则低于完全竞争下的产量。

2. 答：垄断竞争是介于完全竞争和完全垄断之间的市场结构。与完全竞争和完全垄断不同，垄断竞争厂商的均衡一般要受价格、产品质量和销售方法等方面因素的影响。与此相适应，垄断竞争厂商除采取价格竞争手段外，还可以通过改变产品的品质以及调整产品推销方式等非价格竞争手段实现利润最大化。

3. 答：(1) 因为在垄断竞争市场中，产品之间是非常接近的替代品，因为对某个品牌商品的需求弹性很大，所以厂商向下倾斜的需求曲线是比较平坦的，相对地比较接近完全竞争厂商需求曲线的形状。而市场需求曲线表示的是消费者对某个生产集团所生产的一类产品总的需求状况，这类产品对于消费者来说是必需的，替代品很少甚至没有，其需求曲线显然小于消费者对此类产品中不同品牌产品的需求弹性，因此市场需求曲线要较单个厂商的需求曲线陡峭。

(2) 在短期内,垄断竞争厂商在现有的生产规模下通过对产量和价格的同时调整来实现MR=SMC的均衡条件。在短期均衡时,垄断竞争性厂商可能获得最大的利润,可能利润为零,也可能蒙受最小损失。而垄断竞争厂商在长期均衡时的利润必定为零。因此在垄断竞争市场上存在着相互竞争的厂商,其他厂商的进入将使得厂商的超额利润为零。当生产集团内部某个厂商存在着利润时,新的厂商就会被吸引进来。当他们推出竞争性品牌时,在市场需求规模不变的条件下,这个厂商将会损失一部分市场份额,需求曲线、边际收益曲线向右平移,直至利润消失为止。

4. 答:寡头市场是指少数几家厂商控制整个行业产品的生产和销售的一种市场结构。在寡头市场上,每个厂商的产量都在全行业的总产量中占有较大的份额,从而每个厂商的产量和价格的变动都会对其他竞争对手产生影响。因此,寡头垄断市场呈现出不同于其他市场的特征,这主要表现在:寡头厂商之间存在着彼此认识到的相互依存性;寡头垄断市场的价格具有相对稳定性(主要依靠广告竞争和产品质量竞争);寡头市场厂商行为结果的不确定性。

5. 答:其他厂商的行为与完全竞争市场中的厂商行为一样。在完全竞争市场中,厂商的行为建立在:价格是由市场决定的,而不是由各个厂商决定的。在价格既定的条件下,每个厂商根据边际成本等于价格这一原则决定自己的产量。在价格领先模型中,价格由主导厂商决定,其他厂商只是根据既定的价格出售他们想要出售的数量。因此,这些非支配厂商跟随主导厂商定价,是因为如果不跟着降价,就会失去消费者,如果不跟着涨价,实际上就是自己降价,这可能会引起价格战。一般说来,其他厂商规模较小,预测能力较差,如果跟着支配厂商定价而变动价格,就可以避免独自定价的风险。

6. 答:由于带有垄断性质的厂商需求曲线是向右下方倾斜的,在短期均衡状态下,有可能出现一个价格水平对应几个不同的产量水平,也有可能出现一个产量水平对应几个不同的价格水平的情况,因此垄断厂商不存在具有规律性的供给曲线。

7. 答:(1) 古诺模型是一个双寡头模型:假设两个厂商生产同样的产品并都知道市场需求,各厂商必须决定生产多少,而且两厂商是同时做出决策。两个厂商能得到的价格将取决于两厂商的总产量。古诺模型的本质是各厂商将它的竞争者的产量水平当作固定的,然后决定自己生产多少。因此,在古诺均衡中,每个寡头的产量都是在给定它的竞争对手的产量时它所能实现的利润最大化的产量,此时,双方都处在给定竞争对手行为的条件下,自己所能做的最好的行为。所以双方都没有改变其产量的冲动。

(2) 如果不能共谋,寡头双方都面临着"囚徒困境",任何一方都不愿意冒先降低产量的风险。因此,如果不共谋,双方都很难将产量调整到共谋时的均衡水平。

8. 答:参加卡特尔的各厂商之所以会结成一个卡特尔,就是因为它们愿意根据整个行业的产品的需求状况和各厂商的成本状况,按利润极大化原则确定产品价格和全行业的产销量。在这样的情况下,价格和产量决定就与独占行业(完全垄断)一样。为使行业利润极大,各厂商协商一致决定,根据全行业产品需求曲线所产生的边际收益曲线和全行业的边际成本曲线(由各厂商的边际成本曲线在水平方向加总而成)相交来决定全行业的产量和价格,然后再由行业边际收益与各厂商的边际成本相等来瓜分产量,出售产品。由于各厂商成本情况不一样,势必造成各厂商产量不相等,并且由于是按卡特尔统一价格出售产品,因此,有些厂商会盈利多些,有些厂商会盈利少些,甚至发生亏损。为防止供过于求的情况发生时各厂商削价竞争带来的损失,盈利多的厂商会根据协议让出一部分利润给盈利小的或亏损的厂商。

六、计算题

1. 解：(1) 垄断竞争中，长期均衡时 $P=AC$，则

$$51-2Q=Q^2-16Q+100$$

解得 $Q=7,P=37$。

(2) 均衡产量时，MR=MC。

总成本函数为

$$C=AC\cdot Q=Q^3-16Q^2+100Q$$

边际成本函数为

$$MC=\frac{dC}{dQ}=3Q^2-32Q+100$$

所以，MR=MC=23。

2. 解：(1) 由于在垄断竞争厂商利润最大化的长期均衡时 $P=LAC$，且 MR=LMC。由题意得

$$LAC=\frac{LTC}{Q}=0.002\,5Q^2-0.5Q+384$$

$$TR=P(Q)\cdot Q=A\cdot Q-0.1Q^2$$

$$MR=\frac{d(TR)}{dQ}=A-0.2Q$$

$$LMC=\frac{d(TC)}{dQ}=0.007\,5Q^2-Q+384$$

根据 $P=LAC$ 得到方程①：$A-0.1Q=0.002\,5Q^2-0.5Q+384$

根据 MR=LMC 得到方程②：$A-0.2Q=0.007\,5Q^2-Q+384$

由方程①、②得 $Q=80,P=LAC=360$。

(2) 根据 $Q=80,P=A-0.1Q$，得到 $A=368$。

3. 解：(1) 已知市场需求函数为 $Q=4\,000-10P$，所以 $P=400-0.1Q_1$；而市场总需求量为厂商 1 和厂商 2 的产品需求量之和，即 $Q=Q_1+Q_2$，因此，$P=400-0.1Q_1-0.1Q_2$。

由此可得两厂商的总收益函数分别为

$$TR_1=P\cdot Q_1=400Q_1-0.1Q_1^2-0.1Q_1\cdot Q_2$$
$$TR_2=P\cdot Q_2=400Q_2-0.1Q_1\cdot Q_2-0.1Q_2^2$$

因此，两厂商的利润函数分别为

$$\pi_1=TR_1-TC_1=$$
$$400Q_1-0.1Q_1^2-0.1Q_1\cdot Q_2-0.3Q_1^2-40Q_1-10\,000=$$
$$360Q_1-0.4Q_1^2-0.1Q_1\cdot Q_2-10\,000$$
$$\pi_2=TR_2-TC_2=$$
$$400Q_2-0.1Q_1\cdot Q_2-0.1Q_2^2-0.4Q_2^2-50Q_2-20\,000=$$
$$350Q_2-0.5Q_2^2-0.1Q_1\cdot Q_2-20\,000$$

要实现利润最大化，则

$$\frac{d\pi_1}{dQ_1}=360-0.8Q_1-0.1Q_2=0$$

$$Q_1 = 450 - 0.125Q_2$$

$$\frac{d\pi_2}{dQ_2} = 350 - Q_2 - 0.1Q_1 = 0$$

$$Q_2 = 350 - 0.1Q_1$$

(2) 均衡产量和均衡价格可以从反应函数的交点得到，即

$$Q_1 = 450 - 0.125Q_2$$

$$Q_2 = 350 - 0.1Q_1$$

解得 $Q_1 = 410$， $Q_2 = 309$， $Q = Q_1 + Q_2 = 719$， $P = 328.1$

(3) 厂商1的利润为

$$\pi_1 = P \cdot Q_1 - TC_1 = 57\ 691$$

厂商2的利润为

$$\pi_2 = P \cdot Q_2 - TC_2 = 27\ 740.5$$

4. 解：(1) 厂商1的利润函数为

$$\pi_1 = P \cdot Q_1 - C_1 = 300Q_1 - Q_1^2 - Q_1 \cdot Q_2 - 60Q_1 = 240Q_1 - Q_1^2 - Q_1 \cdot Q_2$$

使利润最大化 $\frac{\partial \pi_1}{\partial Q_1} = 240 - 2Q_1 - Q_2 = 0$

所以厂商1的反应曲线为 $Q_1 = 120 - 0.5Q_2$。

类似地，厂商2的反应曲线为 $Q_2 = 120 - 0.5Q_1$。

联立两式，解得 $Q_1 = 80$，$Q_2 = 80$。

所以，均衡价格为 $P = 140$。

两寡头的利润为 $\pi_1 = \pi_2 = 6\ 400$。

(2) 由于两厂商面对相同的边际成本和需求状况，因此：

市场总收益为 $R = P \cdot Q = (300 - Q) \cdot Q = 300Q - Q^2$

总利润为 $\pi = R - C = 300Q - Q^2 - 60Q = 240Q - Q^2$

使利润最大化 $\frac{d\pi}{dQ} = 240 - 2Q = 0$

所以，利润最大化的产量为 $Q = 120$。

均衡价格为 $P = 300 - 120 = 180$。

由于两厂商面对相同的边际成本和需求状况，所以假设他们平分产量是合理的，即 $Q_1 = Q_2 = 60$。此时，他们的利润均为

$$\pi_1 = \pi_2 = 180 \times 60 - 60 \times 60 = 7\ 200$$

(3) 如果该行业中只有一个厂商(厂商1)，那么它的利润最大化的产量为 $Q_1 = 120$，最大的利润为 $\pi_1 = 14\ 400$。

(4) 由(2)得共谋时，每个厂商将生产60单位的产量。现在厂商2要进行欺诈，它知道厂商1将会生产60，因此：

$$Q_2 = 120 - 0.5 \times 60 = 90$$

此时，行业的总产量为 $Q_T = 60 + 90 = 150$。

均衡价格为 $P = 300 - 150 = 150$。

所以厂商1的利润为 $\pi_1 = 150 \times 60 - 60 \times 60 = 5\ 400$。

厂商2的利润为 $\pi_2 = 90 \times 150 - 60 \times 90 = 8\ 100$。

5. (1) 每家厂商的边际成本曲线为

$$MC = 20 + 5Q = P$$

即 $Q=\frac{P}{5}-4$。

因为每家企业都是相同的，所以 5 家厂商的总供给曲线为

$$Q_f = 5\left(\frac{P}{5} - 4\right) = P - 20$$

(2) 主导厂商的需求曲线是市场需求与边缘厂商总供给之间的差，即

$$Q_d = 400 - 2P - (P - 20) = 420 - 3P$$

(3) 为了实现利润最大化，主导厂商将使边际收益等于边际成本。对于主导厂商来说，$Q_D=420-3P$，所以 $P=140-\frac{1}{3}Q_D$。

其边际收益为 $MR=140-\frac{2}{3}Q_D$。

因而由 $$MR=140-\frac{2}{3}Q_D=20=MC$$

可以解得 $Q=180, P=80$。

每个边缘厂商将与主导厂商制定相同的价格，5 家边缘厂商的总产量为

$$Q_f = P - 20 = 60$$

每家边缘厂商将生产 12 单位的产量。

(4) 如果有 10 家边缘厂商，则边缘厂商的总供给曲线为

$$Q_f = 2P - 40$$

从而主导厂商的总需求曲线为 $Q_D=440-4P$，其新的边际收益为 $MR=110-\frac{Q}{2}$。由 $MR=MC=20$ 可得主导厂商的产量为 180，市场价格为 65。从而每个边缘厂商的价格也将为 65。10 家边缘厂商的总供给为 130－40＝90，每家边缘厂商的供给为 9。主导厂商的市场份额从 75%下降到了 67%。

(5) 当边际成本下降时，边缘厂商的供给曲线变为 $Q=\frac{P}{2}-10$，从而 5 家边缘厂商的总供给为 $Q_f=\frac{5}{2}P-50$。主导厂商的总需求为 $Q_D=450-4.5P$，其边际收益为 $MR=100-\frac{2Q}{4.5}$。由 $MR=MC=20$ 可得主导厂商产量为 180，从而价格为 60。每家边缘厂商将生产 20 单位的产量。主导厂商的市场份额从 75%下降为 64%。

七、阅读思考题

OPEC 想维持石油的高价格，但是卡特尔的每个成员都受到增加生产以得到更大的利润份额的诱惑。OPEC 成员常常就减少产量达成协议，然后又私下各自违背协议。

1973—1985 年，OPEC 最成功地维持了合作和高价格。但在 20 世纪 90 年代初，各成员开始扩大生产水平，OPEC 在维持合作方面变得无效率了。近年来，OPEC 成员继续定期开会，但这个卡特尔在达成和实施协议上再也不那么成功了。根据总体通货膨胀调整的原油价格仍然远远低于 OPEC 在 1981 年达到的水平。这种合作缺乏性损害了产油国的利润，而有利于全世界的消费者。

第九章　生产要素市场

提　要

1. 一般将生产要素分为四类，即土地、劳动、资本和企业家才能。它们的价格分别称为地租、工资、利息和利润。要注意这里的土地不仅仅指土地，而是指人们在进行生产活动中所运用的包括土地、江河、山川、海洋、矿藏等在内的自然资源。

2. 生产要素的市场价格与其他市场上的一般商品一样都是由其需求和供给来决定的。这条规律在微观经济学中是普遍适用的。这方面的最早理论是美国经济学家J·B·克拉克提出的边际生产力分配论，他认为在其他条件不变和边际生产力递减的前提下，一种生产要素的价格取决于其边际生产力。后来，经济学家们发现生产要素的价格不仅取决于边际生产力这一要素需求方面的因素，而且也取决于其他因素，并且提出生产要素的边际成本这一供给方面的因素也是决定价格的一个很重要的因素。

3.(1) 生产要素的边际产品(MP)或边际生产力是指每增加使用一单位的生产要素所带来的产品增加量。

(2) 边际收益产品(MRP)是指每增加一单位某要素的使用所增加的收益。以生产要素 L 为例，有

$$\mathrm{MRP}_L=\frac{\partial \mathrm{TR}(Q)}{\partial L}=\frac{\partial \mathrm{TR}(Q)}{\partial Q}\cdot\frac{\partial Q}{\partial L}=\mathrm{MR}\cdot\mathrm{MP}_L$$

(3) 边际产品价值(VMP)是指边际产品(MP)与给定价格(P)的乘积。如果产品市场是完全竞争的，则产品的价格 P 等于边际收益 MR。因此

$$\mathrm{MRP}=\mathrm{MR}\cdot\mathrm{MP}=P\cdot\mathrm{MP}=\mathrm{VMP}$$

4. 完全竞争厂商对生产要素的需求函数反映的是在其他条件不变时，完全竞争厂商对要素的需求量与要素价格之间的关系。这个关系可以用要素需求表来表示。同时，要素需求函数也可以从 $P\cdot\mathrm{MP}(L)=W$ 中推导出来。

更进一步，利用要素使用原则可以说明，在完全竞争条件下，厂商对单一要素的需求曲线与其边际产品价值线完全重合。实际上，要素需求曲线等于边际产品价值曲线的结论需要依赖两个“潜在假设”：第一，要素的边际产品曲线不受要素价格变化的影响；第二，产品价格不受要素价格变化的影响。

5. 在一定的条件下，完全竞争厂商的要素需求曲线就是其要素的边际产品价值曲线，然而，在讨论到完全竞争市场的要素需求曲线时，却不能简单地讲所有厂商的要素需求曲线加总获得市场的要素需求曲线。这是由于，在考虑单个厂商时，假定其他厂商是都不做调整的，这个假定在运用到完全竞争市场时显然是不适合的。

假设市场上有 n 个厂商，其中，每个厂商经过行业调整后的要素需求曲线分别是 $d_1, d_2, \cdots, d_n$，整个市场的要素需求曲线 d 可以看成所有要素需求曲线的简单水平加总，即

$$d=\sum_{m=1}^{n}d_m$$

特别地，如果假定这 n 个厂商的情况均一定，即

$$d_1=d_2=\cdots=d_n$$

则市场的要素需求曲线为

$$d=\sum_{m=1}^{n}d_m=n\cdot d_m$$

6. 要素所有者既可以是生产者，也可以是消费者。生产者生产"中间产品"或"中间生产要素"，是中间要素所有者；消费者向市场提供的则是"原始要素"。

生产者行为的目的是利润最大化，他们对"中间产品"的供给与对一般产品的供给没有差别，因此对"中间要素"供给的分析等同于对产品供给的分析。

消费者行为的目的是效用最大化，由于他们拥有"原始要素"的数量在一定时期内总是既定不变的，所以"原始要素"供给问题可以看成是：消费者在一定要素价格水平下，将其全部既定资源在"要素供给"和"保留自用"两种用途上进行分配以获得最大效用。这是本章的分析重点。

7. 消费者效用最大化的原则在这里表现为"要素供给"资源的边际效用与"保留自用"资源的边际效用相等。

(1) "要素供给"资源的边际效用，即要素供给量增加一单位所带来的消费者效用增量。因为要素供给通过收入而与效用相联系，所以要素供给的效用称为"间接效应"，它等于要素供给的边际收入与收入的边际效用的乘积。例如，劳动供给的边际效用为

$$\frac{\mathrm{d}U}{\mathrm{d}L}=\frac{\mathrm{d}U}{\mathrm{d}Y}\cdot\frac{\mathrm{d}Y}{\mathrm{d}L}$$

提示：在完全竞争条件下，消费者是要素价格的接受者，面临水平的要素需求曲线，此时要素的边际收入等于要素的价格，则要素供给的边际效用可以简化为

$$\frac{\mathrm{d}U}{\mathrm{d}L}=W\cdot\frac{\mathrm{d}Y}{\mathrm{d}L}$$

(2) "保留自用"资源的边际效用，即每增加一单位自用资源给该消费者带来的效用增量。假定消费者自用资源的效用是直接生产的，例如，消费者不把时间用于劳动，而用于闲暇 L，则自用资源的边际效用为 $\mathrm{d}U/\mathrm{d}L$。

(3) 要素的供给原则是效用最大化，即

$$\frac{\mathrm{d}U}{\mathrm{d}L}=W\cdot\frac{\mathrm{d}U}{\mathrm{d}Y}\quad 或\quad \frac{\frac{\mathrm{d}U}{\mathrm{d}L}}{\frac{\mathrm{d}U}{\mathrm{d}Y}}=W$$

提示：如果考虑"收入的价格"，$W_y=1$，则得到要素供给原则为

$$\frac{\frac{\mathrm{d}U}{\mathrm{d}L}}{\frac{\mathrm{d}U}{\mathrm{d}Y}}=\frac{W}{W_y}$$

类似于效用最大化条件。

8. 一般来讲，要素供给曲线是一条向右上方倾斜的曲线，即要素的价格越高，要素所有者

愿意提供的数量就越多。要素供给曲线的形状与所考察的市场大小有关。从整个社会来说，要素的供给是相对稳定的，要素的供给曲线是一条十分陡峭或垂直的曲线；从某一个行业来看，如果某种要素使用量只占社会总使用量的一个很小的比重，对某一行业的要素供给曲线来说，则是相当平坦或至少是斜率很小的向右上方倾斜的曲线；对某一家厂商来说，他面临的就是一条近乎水平的要素供给曲线。

9. 工资率变动的收入效应是指工资率相对于劳动者的收入而言对劳动时间产生的影响。如果劳动时间不变，工资率的提高使得劳动者的收入提高，而收入的提高使得劳动者有能力消费更多的闲暇。所以，工资率提高的收入效应使得劳动供给量减少，工资率降低的收入效应使得劳动供给量增加。

工资率变动的替代效应是指工资率变动对劳动者消费闲暇与其他商品之间的替代关系所产生的影响。较高的工资率意味着闲暇变得相对昂贵，所以工资率提高的替代效应使得劳动供给量增加，工资率降低的替代效应使得劳动供给量减少。

10. 经济学上的土地泛指一切自然资源。如果假定不考虑土地所有者自用土地的效用，则效用函数简化为$U=U(Y)$，即效用只取决于土地收入，效用最大要求土地收入最大，进而要求土地供给最大，因此土地供给曲线为一条垂直的直线。

一般地，任意一种资源，如果只能用于某种途径，而无其他用途，则该资源对该种用途的供给曲线就一定是垂直的。由于土地供给曲线垂直且固定不变，所以地租完全由土地的需求曲线决定。地租产生的根本原因在于土地的稀少，供给不能增加。

11. 租金指供给数量固定不变的一般资源的服务价格。地租是当所考虑的资源为土地时的租金，租金是一般化的地租。

准租金指对供给量暂时固定的生产要素的支付，即固定生产要素的收益。准租金为固定总成本与经济利润之和。当经济利润为零时，准租金便等于固定总成本。当厂商亏损时，准租金小于固定总成本。

有许多要素的收入尽管从整体上看不同于租金，但其收入的一部分却可能类似于租金，即如果从该要素的全部收入中减去这一部分并不会影响要素的供给，这一部分要素收入称为经济租金。经济租金为要素收入与其机会成本之差。

12. 欧拉定理是指在完全竞争条件下，如果规模报酬不变，则全部产品正好足够分配给各个生产要素，即产量分配净尽定理。这个定理可以用数学上的欧拉定理加以说明。在报酬递增情况下，产量会不够分配给各个生产要素；在规模报酬递减的情况下，产量在分配各生产要素之后又会有剩余。

13. 洛伦兹曲线是用来反映收入分配不平等程度的曲线。基尼系数是根据洛伦兹曲线得出的反映收入分配不平等程度的指标。以A表示实际收入分配曲线与绝对平均曲线之间的面积，以B表示实际收入分配曲线与绝对不平均曲线之间的面积，则基尼系数$G=A/(A+B)$。如果基尼系数为0，则表示收入分配绝对公平；如果基尼系数等于1，则表示社会的收入分配绝对不公平。在现实社会中，基尼系数介于0～1之间。

习　题

一、单选题

1. 派生需求是对(　　)的需求。

A. 产品和服务　　B. 要素

C. 产品、服务和要素　　D. 产品、服务和要素都不是

2. 生产某一产品所需的要素投入是 L,则要素的边际收益产品等于(　　)。

A. L 的边际产量乘以产品价格

B. L 的平均产量乘以产品价格

C. L 的边际产量乘以产品数量

D. L 的平均产量乘以产品的边际收益

3. 一个完全竞争的厂商,其在生产中只使用一种要素,则关于该厂商要素需求的说法错误的是(　　)。

A. 要素需求规律受边际报酬递减规律的支配

B. 厂商要素需求曲线的位置取决于要素的价格水平

C. 要素需求受制于产品的需求

D. 单个厂商的要素需求曲线就是要素的边际产品价值曲线

4. 一种可变要素的价格是 10 元,该要素的边际产出为 5 单位的某产品,则能使该完全竞争厂商获得最大利润的产品价格是(　　)。

A. 10 元　　B. 2 元　　C. 1 元　　D. 0.5 元

5. 在完全竞争的要素市场上,要素价格、产品的边际收益均为 4 美元,且此时厂商获得了最大利润,则该种要素的边际产量为(　　)。

A. 2　　B. 1　　C. 4　　D. 不确定

6. 拥有 VMP 曲线的厂商是(　　)。

A. 完全竞争要素市场中的厂商

B. 完全竞争产品市场中的厂商

C. 非完全竞争要素市场中的厂商

D. 非完全竞争产品市场中的厂商

7. 与单个厂商对某种要素的需求相比,整个市场对要素的需求曲线(　　)。

A. 二者重合　　B. 后者比前者陡峭

C. 前者比后者陡峭　　D. 无法确定

8. 当生产要素组合为 $10A$、$10B$、$10C$ 时,产量为 100;而当要素组合变为 $10A$、$10B$、$11C$ 时,产量为 103,由此可知(　　)。

A. 要素 A 的边际物质产品等于 3

B. 要素 B 的边际物质产品等于 3

C. 要素 C 的边际物质产品等于 3

D. 以上都不对

9. 假设生产产品 Q 需要三种要素 A、B、C，当 A 的投入量达到一定数量后，如果继续增加 A 的投入量，那么它的边际物质产品(　　)。
A. 在 B 和 C 的数量以及技术不变时下降
B. 在技术不变但 B 和 C 的数量同比增加时下降
C. 在任何情况下都下降
D. A 和 B

10. 在完全竞争市场(包括产品市场和要素市场)中，厂商的利润最大化条件是(　　)。
A. $P_x = \text{MC}$ 且 MC 上升
B. $\text{MPP}_a/P_a = \text{MPP}_b/P_b$
C. $\text{MPP}_a/P_a = \text{MPP}_b/P_b = 1/\text{MC}_x$
D. $\text{MPP}_a/P_a = \text{MPP}_b/P_b = 1/\text{MC}_x = 1/P_x$

11. 在完全竞争的要素市场中，若各种要素的价格、产品价格和边际收益均为 4，且此时厂商得到最大利润，那么各种生产要素的边际物质产品为(　　)。
A. 2　　B. 1　　C. 4　　D. 不确定

12. 在完全竞争市场上，如果产品的价格上升一倍，那么边际收益产品(　　)。
A. 不变　　B. 减少一倍
C. 增加一倍　　D. 减少两倍

13. 假设三种生产要素的价格分别是 6、4、1，边际物质产品分别是 12、8、2，那么这一生产要素的组合(　　)。
A. 是最小成本的组合
B. 不是最小成本组合
C. 是否为最小成本组合，要根据不同产品和要素市场而定
D. 是否为最小成本组合，要根据不同要素市场而定

14. 与中国经济相比，美国经济(　　)。
A. 更多是资本密集型　　B. 更多是劳动密集型
C. 更多是劳动和资本密集型　　D. 较少是劳动和资本密集型

15. 在下列(　　)情况下，提高工资不会使失业增加很多。
A. 劳动的需求富有弹性　　B. 劳动的供给富有弹性
C. 劳动产品的需求富有弹性　　D. 劳动产品的需求缺乏弹性

16. 在下面(　　)情况下可能带来经济利润。
A. 商品的供给量很大
B. 商品的需求量很小
C. 厂商有效地控制了商品的供给
D. 以上均对

17. 生产要素价格决定的主要理论基础是(　　)。
A. 边际生产率分配论　　B. 战略竞争理论
C. 市场论　　D. 成本论

18. 购买一台机器并不能直接提高某个人的效用，只能增加生产的能力。这说明要素需求的(　　)性质。

A. 间接性　　B. 直接性　　C. 共同性　　D. 非共同性

19. 在以下(　　)情况下,劳动的边际产值最可能大于工资率。

A. 产品市场的垄断　　B. 产品市场的竞争

C. 要素市场的垄断　　D. A和C

20. 若生产产品 Q 需要要素 A、B、C,那么投入 A 的边际产量是(　　)。

A. 投入一单位 A,同时按一定比例增加投入 B 和 C 所得到的额外产出

B. 投入 B 和 C 的数量保持不变,再增加一单位 X 所需要的 A

C. 投入 B 和 C 的数量保持不变,再增加一单位 A 所带来的 X 的增加量

D. 投入 B 和 C 的数量按一定比例增加,生产一单位 X 所需要的 A 的数量

21. 根据约翰·克拉克的收入分配理论,如果使用 10 单位某种特定的生产要素,那么支付给每单位此种市场要素的价格等于(　　)的价值。

A. 10 单位中每一个单位的边际产量的平均值

B. 其自身的边际产品

C. 第 10 单位的边际产品

D. 10 个单位的平均产量

22. 随着科学技术的进步和劳动生产率的提高,人们会倾向于资本密集型的生产方式,这将导致(　　)。

A. 劳动的供给曲线左移　　B. 劳动的供给曲线右移

C. 劳动的需求曲线左移　　D. 劳动的需求曲线右移

23. 某劳动者在工资率为 3 美元/小时的时候每周赚 150 美元,在 4 美元/小时的时候每周赚 300 美元,由此可以得出(　　)。

A. 替代效应起主要作用　　B. 收入效应起主要作用

C. 替代效应和收入效应都没有起作用　　D. 不确定

24. 在完全竞争条件下,假设某一企业的投入要素价格为 20 元,其投入的边际产量为 1/2 时实现了最大的利润,那么商品的价格是(　　)。

A. 10 元　　B. 20 元　　C. 30 元　　D. 40 元

25. 假设某律师提供 40 小时的咨询服务可以获得 6 000 元的报酬,但他在 40 小时工作中实际获得了 8 000 元,那么他的经济租金是(　　)。

A. 2 000 元　　B. 6 000 元　　C. 8 000 元　　D. 不确定

26. 当要素供给价格弹性为 0 时,以下四个命题中正确的是(　　)。

(1) 该要素的供给量是固定的且与该要素价格无关

(2) 该要素的供给量是无限大的且与该要素价格有关

(3) 该要素的需求曲线单独决定平衡价格

(4) 该要素的供给曲线单独决定平衡价格

A. (1)和(4)　　B. (1)和(3)

C. (2)和(3)　　D. (2)和(4)

27. 劳动边际收入产量是衡量(　　)。

A. 增加一单位劳动所带来的 TC 的增加量

B. 增加一单位劳动所带来的 TR 的增加量

C. 多生产一单位产量所带来的 TR 的增加量

D. 多生产一单位产量所带来的 TC 的增加量

28. 以下关于土地总供给的表述中,正确的是(　　)。

A. 土地的总供给在短期内是完全缺乏弹性的,但在长期来看是完全富有弹性的

B. 因为土地的总供给是完全富有弹性的,所以从土地中获得的所有收入都是转让收入

C. 因为土地的总供给是完全缺乏弹性的,所以从土地中获得的所有收入都是经济租金

D. 以上均不对

29. 随着工资率的不断提高,在(　　)条件下,劳动供给曲线就向后弯曲。

A. 收入效应与替代效应是同方向的

B. 收入效应与替代效应是反方向的

C. 替代效应大于收入效应

D. 收入效应大于替代效应

30. 当一个消费者同时消费其他商品和闲暇时,效用函数为 $U(C,L)$,下面关于效用函数不正确的是(　　)。

A. 其他商品 C 和闲暇 L 的边际效用都大于 0

B. 当消费者消费更多的闲暇,同时减少其他消费品时,闲暇和其他消费的边际替代率降低

C. 当消费者增加其他消费品 C 的消费时,C 的边际效用递减

D. 当消费者增加闲暇的消费时,闲暇的边际效用增加

二、判断题

1. 当某一种生产要素所生产的产品需求增加时,这种生产要素的需求曲线将会向右方移动。(　　)

2. 完全竞争市场上要素的均衡价格仍然取决于要素的需求和供给。(　　)

3. 由于对最终产品和服务的需求产生了对要素的需求,这类需求被称为派生需求。(　　)

4. 生产一种产品的三种生产要素 A、B、C 的 MP 分别是 12、8、2,价格分别是 6、4、2,则企业是在最小成本下生产。(　　)

5. 生产要素 A、B、C 的 MP 分别是 12、8、2,价格分别是 6、4、1,此时企业达到利润最大化,MR 一定等于 2。(　　)

6. 如果 MR 等于 2,A、B、C 的价格分别为 8、4、10,假设企业在利润最大化产量上运行,投入的生产要素 A、B、C 的边际产品 MP 一定分别等于 4、2、5。(　　)

7. 建造房子需要钢材,钢材是建造房子的派生需求。(　　)

8. 市场的劳动供给曲线比个人的劳动供给曲线更加陡峭。(　　)

9. 工资增加一定会促使人们的劳动供给增加。(　　)

10. 当替代效应大于收入效应时,个人劳动供给曲线会向后弯曲。(　　)

11. 一种要素供给的增加通常会引起该要素的总收入减少。(　　)

12. 在完全竞争市场中，由于某种原因，人们增加了对某种产品的需求，这时劳动市场均衡将发生变化，均衡工资下降，但就业量增加了。（　　）

13. 在一个竞争性的劳动市场上，如果最低工资高于均衡工资，将引起失业。（　　）

14. 土地的基本特征是数量固定，对价格完全有弹性。（　　）

15. 不论土地的生产率如何，对土地的需求是相同的。（　　）

16. 经济租金与要素的供给相关，要素供给曲线的斜率越小，经济租金越大；当要素供给曲线垂直时，所有的要素收入都是经济租金。（　　）

17. 对完全竞争厂商来说，如果其雇佣的最后一个工人所带来的产量增量比所有工人的平均产量大，则即便该厂商的劳动使用量满足 $VMP_L = W$ 的条件，也不可能实现利润的最大化。（　　）

18. 一个完全竞争的厂商和一个卖方垄断的厂商都是劳动市场上完全竞争的买者，由于二者支付的工资价格是相同的，因此为这两个厂商工作的工人得到的工作都将与其边际产出的价值相等。（　　）

19. 要素市场中所说的“边际收益”和“边际成本”与产品市场中的“边际收益”和“边际成本”完全不同。（　　）

20. 正是通过生产函数，企业关于使用要素的决策和关于生产产量的决策就像是一枚硬币的两面。（　　）

三、名词解释

1. 引致需求
2. 边际产品价值
3. 边际收益产品
4. 边际要素成本
5. 租金
6. 准租金
7. 经济租金
8. 欧拉定理
9. 洛伦兹曲线
10. 基尼系数

四、填空题

1. 生产要素的需求与产品需求不同，前者是__________需求，后者是__________需求。

2. 影响生产要素价格的决定要素有________、________、________、________。

3. 完全竞争厂商边际产品价值曲线的位置高低取决于两个因素，即________、________。

4. 设甲、乙两类工人，甲类工人要求的工资率为 250 元/月，乙类工人要求的工资率为 200 元/月。某厂商为了实现最大利润，必须雇佣所有甲、乙两类工人，并支付每个工人 250 元/月的工资。由此可知，甲、乙两类工人得到的月经济租金分别是________、________。

5. 如果预期的未来收入________现期收入，或者利率________，居民将增加他们的储蓄量。

6. 在劳动密集型产业中，当产品的需求上升时，对劳动力的需求将________。

7. MRP 曲线向右下方倾斜的原因是________。

8. 每增加一单位投入品所得到的产出增加部分称为________。

9. 厂商获得最大利润的点是________等于1的点。

10. 在竞争性市场中，追求最大化利润的厂商将雇佣工人直到________。

11. 如果厂商处于不完全竞争的产品市场中，且要素 A 是其唯一的可变要素，则该厂商对要素 A 的需求曲线由________曲线给出。

12. 完全竞争厂商使用要素的原则是________。

13. 卖方垄断厂商的要素使用原则是________。

14. 供给数量固定不变的一般资源的服务价格叫做________。

15. 一个国家的基尼系数越大，则表示该国收入分配差距________，相应地，洛仑兹曲线的弯曲程度也________。

16. ________是在其他生产要素不变的前提下，增加1单位某种生产要素所增加的实物产量。

17. 边际产量价值是在其他生产要素不变的前提下________。它等于边际实物量与________的乘积。

18. 边际收益产量是在其他生产要素不变的前提下________。它等于边际实物产量与________的乘积。

19. 在完全竞争的生产要素市场上，某种生产要素的边际价值曲线或边际收益产量曲线就是厂商对这种生产要素的________曲线。

20. 生产要素的价格越高，边际资源成本就越________，厂商对生产要素的需求量就越________。因此，在图像上，生产要素的需求曲线向________倾斜。

五、计算题

1. (1) 完成表9-1。

(2) 厂商是一个完全竞争厂商还是不完全竞争厂商？

(3) 如果工资率是60，厂商会雇佣多少工人？工资总额是多少？

(4) 如果工资率是35，会雇佣多少工人？工资总额又是多少？

表9-1 不同劳动雇佣量下的产出收益

劳动	产出	边际物质产品	价格	总收益	边际收益产品
1	15		6		
2	28		6		
3	40		6		
4	50		6		
5	57		6		
6	62		6		
7	64		6		
8	65		6		

2. 表 9-2 记录了对应于同种要素的不同投入水平上某块土地谷物的产量水平，请完成表格（设谷物的世界价格为 2）。

表 9-2　与某种要素投入量相对应的产量水平

要素投入量	谷物产量/每亩	MP_1	MRP_1
0	0	—	—
1	10		
2	19		
3	27		
4	34		
5	40		
6	45		
7	49		
8	52		
9	54		
10	55		

3. 某种生产要素的市场供给函数是 $L_S=100\ P_L-200$。若此要素市场是完全竞争市场，且对要素的需求为 $L_D=1\ 600-20\ P_L$，求厂商面临的要素供给函数和边际要素成本函数。

4. 任何要素的市场需求是所有厂商对要素需求的水平加总。现在假设只有三个企业对要素 A 有需求，并且这些企业在完全竞争市场出售他们的产品 X，企业的生产函数如表 9-3 所列，请回答(1)～(3)题。

表 9-3　企业的生产函数

要素 A 的数量	企业 1 的总产品	企业 2 的总产品	企业 3 的总产品
1	15	5	2
2	29	15	7
3	42	30	17
4	54	50	25
5	65	65	30
6	75	75	30

(1) 如果要素 A 的价格是 10，X 的价格是 1，则每个企业使用的 A 的最大数量是多少？如果要素 A 的价格上升到 15，X 的价格仍为 1，则每个企业使用的要素 A 的最大数量又是多少？

(2) 利用已知信息画出要素 A 的市场需求曲线。

(3) 设要素 A 的市场供给固定在 15 个单位，画出 A 的市场供给曲线，并指出 A 的均衡价格和均衡数量。

5. 假设某企业仅生产一种产品，且有唯一的可变要素劳动，有固定成本。短期生产函数为 $X=-0.1L^3+6L^2+12L$，其中，X 是小器具的每周生产量，L 是雇佣工人的数量。求：

(1) 当劳动的平均实物产量最大时，需雇佣多少工人？

(2) 当劳动的边际实物产量最大时，需雇佣多少工人？

(3) 当平均可变成本最小时，生产多少 X？

(4) 当每周工资为360,X的价格为30,利润最大时,生产多少X?

(5) 如果工资为每周510,则当X的价格为多少时,企业既不扩大生产,也不缩小生产?

(6) X的价格为10,总固定成本为15 000,若企业发现只需雇佣36个工人,则每周纯利润是多少?

六、简答题

1. 完全竞争产品生产厂商对一种可变要素的需求是怎样表示的?非完全竞争产品生产厂商呢?

2. 决定可变要素最佳投入量的原则是什么?说这一原则实质上是边际收益等于边际成本对吗?

3. 完全竞争要素市场均衡价格是如何决定的?

4. 比较微观经济学中产品市场理论和要素市场理论的异同点。

七、阅读与思考

阅读以下材料,联系实际情况,运用所学理论进行评析。

美国财经资讯公司彭博2003年8月13日公布的一份报告显示,2002年美国243家大型企业的CEO平均年薪已经达到1 200万美元。其中年薪最高的CEO是苹果计算机公司的斯蒂夫·乔布斯,年薪高达2.19亿美元。

斯蒂夫·乔布斯1997年1月与合伙人一起办起了苹果公司,并且在3年后成功地让其在华尔街上市。但在1985年,为人骄傲的乔布斯在一场权力争夺战中,被人扫地出门。他创立的Next公司一直不景气,最终在1996年被苹果公司收购。1997年,苹果遭遇严重危机,其个人电脑和商业电脑的市场份额几乎消失殆尽。此时,身为苹果公司顾问的乔布斯当上了临时CEO。重返领导岗位的他虚心向别人请教,共商挽救苹果的大计,还出人意料地提出,1997年自己只拿1美元的薪水。在乔布斯的领导下,公司1998年成功推出iMac电脑,并且迅速成为全美最畅销的个人电脑。1999年又接连推出iBook、G4和iMacDV产品。到2001年推出平面式iMac电脑,抢回更多的市场。此时,苹果公司曾在2000年赠送他一架私人飞机,且授予他美国历史上最高价值的股票期权——2 000万股股票。2001年和2002年又分别获得750万股和500万股股票。2000年,斯蒂夫·乔布斯拿到2.19亿美元的巨额薪水,这是对他5年间所做出的巨大贡献的回报。

习题答案

一、单选题

1～5:BABBB　　6～10:BBCCA　　11～15:DBBAD　　16～20:CAACC

21～25:CCADA　　26～30:BBCDD

29. 提示:随着工资率的不断提高,劳动供给曲线向后弯曲,这表明工资变动的总效应为负。由于工资提高,替代效应使闲暇消费下降、劳动供给增加,收入效应使闲暇消费上升、劳动供给减少。要使总效应为负,则必然有收入效应绝对值大于替代效应。

30. 提示：闲暇是一种普通商品，依然遵循边际效用递减规律。

二、判断题

1. √
2. √
3. √
4. ×
5. ×
6. ×
7. ×
8. ×
9. ×
10. ×
11. ×
12. ×
13. √
14. ×
15. ×
16. √
17. √
18. ×
19. ×
20. √

三、名词解释

1. (1) 引致需求是指由于消费者对产品的需求而引起的企业对生产要素的需求。相对而言，消费者对产品的需求被称为直接需求。企业对生产要素的需求不同于消费者对于商品的需求。

(2) 在产品市场上，需求来自消费，而消费者购买产品是为了自己的消费，从中获得满足，一次购买过程到此为止。在生产要素市场上，需求来自企业，而企业购买生产要素是为了生产，从中获得利润。企业购买生产要素并不是一次经济行为的终结。一个企业能否获得利润并不取决于其自身，而是取决于消费者的需求，要看消费者是否愿意为其产品支付足够的费用。

(3) 这样，消费者对产品的需求引致了企业对生产要素的需求。当然，在要素市场上，生产要素的价格仍然取决于企业对生产要素的需求、要素所有者对生产要素的供给以及两者的相互作用。

2. (1)边际产品价值指在完全竞争市场中，厂商在生产中增加某种生产要素一个单位所增加的产品价值。边际产品价值等于边际物质产品与价格的乘积，即 $VMP=MP\cdot P$。因为存在边际收益递减规律，随着这种可变要素投入量的增多，其边际实物产量递减，从而边际产品价值也逐渐下降,所以边际产品价值曲线为一条右下方倾斜的曲线。

(2) 在完全竞争条件下,边际收益等于平均收益,也等于产品价格,从而边际产品价值等于边际收益产品,即已知 MRP=MP·MR,MR=AR=P,所以,VMP=MP·P=MP·MR=MRP。因此,完全竞争市场边际产品价值曲线与边际收益产品曲线互相重合。该生产要素的边际收益产品曲线也就是其边际产品价值曲线,从而也就是厂商对该生产要素的需求曲线。

3. 边际收益产品:生产要素投入的增量所引起的总收益的增量,它等于边际收益与边际产量的乘积,用公式表示为 MRP=MR·MP。

4. 边际要素成本:增加一个单位生产要素的使用所增加的成本支出。

5. 租金:除了土地要素的供给是固定不变的以外,还有一些要素的供给也可以是固定不变的,如某些人的天赋才能。经济学中将这种供给数量固定不变的一般资源的价格称为租金。对于该类要素,租金的变化并不能增加或减少其市场供给量。

6. 准租金:对供给量暂时固定的生产要素的支付,即固定生产要素的收益。准租金等于固定总成本与经济利润之和。当经济利润大于 0 时,准租金大于固定总成本;当经济利润等于 0 时,准租金便等于固定总成本;当经济利润小于 0 时,准租金小于固定总成本。

7. 经济租金:许多要素的收入尽管从总体上看不同于租金,但有一部分类似于租金,即从要素总收入中减去该部分并不会影响要素的供给。通常将要素的这一部分收入称为经济租金。经济租金等于要素收入减去机会成本。假定需求是既定的,则经济租金的大小取决于要素供给曲线的形状。供给曲线越陡峭,经济租金越大,尤其是当要素供给曲线垂直时,全部要素收入都变为经济租金,它恰好等于租金或地租。

8. 欧拉定理:产品分配净尽定理。它说明:在完全竞争条件下,如果规模报酬不变,按要素的边际产品进行分配,恰好能分配完社会总产品,既不多,也不少。反之,则会出现社会总产品按要素的边际产品分配之后,有剩余或者不够分配的情况。

9. 洛伦兹曲线:美国统计学家洛伦兹提出的判断社会收入分配平均程度的一种方法。洛伦兹首先将一国总人口按收入由低到高排列,然后考虑收入最低的任意百分比所得到的收入百分比,最后将得到的人口累计百分比和收入累计百分比的对应关系描绘在图形上,就得到了洛伦兹曲线。洛伦兹曲线的弯曲程度越大,收入分配程度越不平等;相反,洛伦兹曲线的弯曲程度越小,收入分配程度越平等。运用洛伦兹曲线可对各种政策的收入效应进行比较。

10. 基尼系数:衡量一个国家贫富差距的指标。它是由意大利经济学家基尼根据洛伦兹曲线作出的衡量社会收入分配平等程度的指标。若以 A 表示实际的洛伦兹曲线与绝对平均线之间的面积,以 B 表示实际的洛伦兹曲线与绝对不平均线之间的面积,则有基尼系数 $G=A/(A+B)$。如果 A 为零,则基尼系数为零,收入分配绝对平均;如果 B 为零,则基尼系数为 1,收入分配绝对不平均。在现实社会中,基尼系数总在 0 和 1 之间。基尼系数越小,收入分配越平均;基尼系数越大,收入分配越不平均。

四、填空题

1. 派生(间接)　直接
2. 边际生产力　要素的供给　要素的边际成本　要素的需求
3. 要素边际产品函数 MP_L　产品价格 P
4. 0 元　50 元

5. 小于　上升
6. 上升
7. MR　MP 都是递减的
8. 边际物质产品
9. 资本的价格/资本的边际物质产品
10. 工资率等于边际收益
11. MRP 曲线
12. VMP＝W
13. MRP＝W
14. 租金
15. 越大　越大
16. 边际实物产量
17. 增加 1 单位某种生产要素而增加的实物产量所带来的货币收益　产品价格
18. 增加 1 单位某种生产要素而增加的实物产量所带来的货币收益　边际收益
19. 需求
20. 高　低　右下

五、计算题

1. 提示：是完全竞争厂商还是不完全竞争厂商，关键看其产量增加后产品的价格是否变化。边际物质产品和边际收益产品可以通过两者的定义求得。在工资等于边际收益产品的水平上厂商的利润最大化。

2. 谷物市场在世界范围内处于完全竞争市场，故边际收益等于价格，边际收益产品就等于边际产量乘以价格，第三列为 10、9、8、7、6、5、4、3、2、1，第四列应为 20、18、16、14、12、10、8、6、4、2。

3. 完全竞争的要素市场，价格由市场出清的条件来决定：$L_S = L_D$。

$$100P_L - 200 = 1600 - 20P_L$$

$$P_L = 15$$

厂商是要素价格的接受者，面临的要素供给曲线是一条平行于 L 轴的直线。厂商的边际要素成本函数是 MFC＝15。

4. 解：

(1) 要素 A 的价格是 10，在完全竞争市场上，厂商根据要素价格等于要素边际产品价值的条件确定要素需求量，要素边际产品价值等于要素的边际产量乘以要素的价格，得到要素价格为 10 时，企业 1、2、3 分别使用要素 A 的数量为 6、6、3，当要素价格为 15 时，其投入量分别为 1、5、0。

(2)、(3) 如图 9－1 所示，S 是 A 的供给曲线，D 是 A 的需求曲线。

市场均衡点在 E 点，此时的价格为 10，要素投入量为 15。

5. (1) 由生产函数得

$$X/L = -0.1L^2 + 6L + 12$$

令 $\mathrm{d}(X/L)/\mathrm{d}L = -0.2L + 6 = 0$，得 $L = 30$。

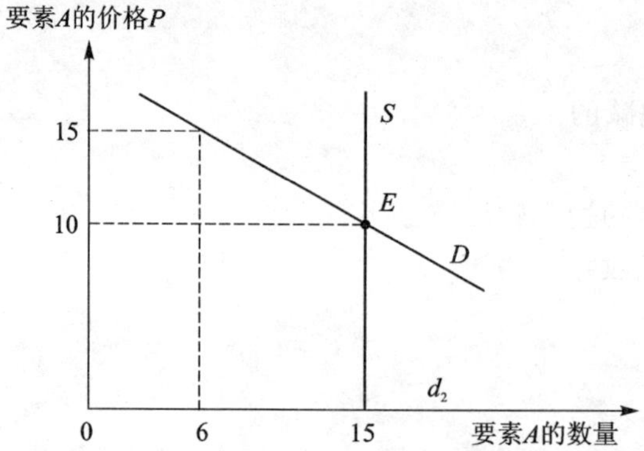

图 9-1　题 4 图

(2) 由生产函数可得

$$dX/dL = -0.3L^2 + 12L + 12$$

令

$$d^2X/dL^2 = -0.6L + 12 = 0$$

所以 $L=20$。

(3) 由(1)知 $L=30$ 时,X/L 最大,此时 $W \cdot L/X$ 最小。由该生产函数求得 $L=30$ 时,$X=3\ 060$。

(5) 停止扩大生产点是 AP 的最大点,因此由(1)知,$L=30$。利润最大化的条件是 $MP=W/P$。$L=30$ 时,$MP=102=510/P$,所以 $P=5$。

(6) $MP=W/P$,当 $L=36$ 时,$MP=55.2=W/10$。所以 $W=552$,当 $L=36$,$X=3\ 542.4$。

总收益$=3\ 542.4\times 10=35\ 424$,$TVC=552\times 36=19\ 872$,所以,TFC+利润$=15\ 552$,$TFC=15\ 000$,利润$=552$。

六、简答题

1. 答:完全竞争产品生产厂商对一种可变要素的需求是由该厂商的边际产品价值曲线来表示的。边际产品价值反映了增加一单位生产要素所增加的产量的销售额,为产品价格与边际产量的乘积。在完全竞争产品生产厂商那里,价格是常数,在要素投入量达到一定数量后,边际产量随要素投入量增加而递减。因此,边际产品价值曲线向右下方倾斜。要素最佳投入量的决定原则是边际要素成本等于边际产品价值。如果要素市场也是完全竞争的,要素价格是常数,那么边际要素成本就是要素的价格。追求利润最大化的厂商选择的要素数量,一定满足要素价格等于边际产品价值这一条件。如果要素价格变动,厂商就会通过变动可变要素投入量来改变边际产品价值。这样,边际产品价值曲线就成为厂商对一种可变要素的需求曲线。

非完全竞争产品生产厂商与完全竞争厂商相似,所不同的是,完全竞争产品生产厂商对一种可变要素的需求是由边际产品价值曲线来表示的,而非完全竞争产品生产厂商则是由边际收益产品来表示的。边际收益产品等于产品的边际收益与要素的边际产量之乘积。由于要素的边际产量曲线向右下方倾斜,非完全竞争产品生产厂商对一种可变要素的需求曲线也向右下方倾斜。

2. 答：决定要素最佳投入量的原则是边际要素成本等于要素的边际产品价值或边际收益产品。边际要素成本实际上就是要素的边际成本，要素的边际产品价值或边际收益产品就是要素的边际收益。所以，边际要素成本等于要素的边际产品价值也就可以理解为一种边际成本等于边际收益。

3. 略。

4. 答：不同点如下：

(1) 产品市场上需求曲线来源于消费者的效用函数，从而决定需求规律的因素是有关消费者行为的假设；在要素市场上，要素的需求来源于企业，而企业使用生产要素的目的是为了获得最大利润，但企业获得最大利润的前提是消费者的需求。

(2) 产品市场上的需求是消费者的直接需求；而消费者对产品需求的大小，部分地决定了生产该产品的企业对生产要素的需求，即是一种派生需求。

(3) 产品市场的供给曲线来源于企业的边际成本，从而来源于企业的生产规律，即边际收益递减规律；要素市场的供给取决于要素所有者的效用。

相同点如下：

(1) 在两个市场上，中心问题是价格决定，而价格决定是通过供求均衡来实现的。当供给和需求发生变动时，都会使均衡价格发生改变，供求定理发挥同样的作用。

(2) 在两个市场上，对经济当事人的行为分析是一致的。在产品市场上，消费者为了获得最大的效用，合理配置对收入的支出，用于购买既定价格的产品；在要素市场上，要素所有者遵循的原则依然是效用最大化，企业为了实现利润最大化，在既定的价格下选择使用生存要素的数量。

七、阅读与思考

解题思路：本案例主要从要素收入与租金角度考虑。

解析：微观经济理论认为，企业家才能与劳动、资本、自然资源并列为四种生产要素。而且企业家既是生产经营活动的组织者，又是企业风险的承担者和创新者。

大型公司的CEO就是企业家，它对一个企业的成功是至关重要的。其贡献越大，收入就越高。而它的高低由市场供求关系决定。在企业家市场上，对优秀企业家的需求很大，而供给却很少。企业家就是一种稀缺的要素。因而，高需求与低供给决定了企业家具有较高的收入水平。它是对企业家才能及其贡献的肯定。

从现实中看，国外大型企业经营者的收入具有多元化的结构，基本特征是薪金中固定收入的比重逐步减少，而中长期报酬的比重逐步增加。这些不同类型的收入具有不同的激励作用，以使得经营者能兼顾企业的短期利益和长期利益，保持企业的健康发展。如固定收入(工资福利费等)可鼓励企业家采取较为谨慎的投资决策，减少业绩的波动。而奖金一般与企业的收益短期相关，它鼓励企业家承担风险和进行创新。股票或股票期权则有利于激励企业家做出着眼于企业长期收益的投资和创新决策。

从另一个角度看，如上所述，企业家才能可看做一种特殊的要素，其供给基本固定，因此，对他支付的报酬可视为一种租金，这种租金显然要比一般的要素收入高出很多。

第十章　博弈论

提　要

1. 博弈论作为一门学科，是在 20 世纪 50—60 年代发展起来的，由美国著名数学家冯·诺依曼和经济学家奥·摩根斯坦引入经济学，当非零和博弈理论特别是不完全信息博弈理论获得充分发展时，开始成形。到了 20 世纪 70 年代，博弈论已经成为一门主流的经济学。随后十几年来，博弈论得到了快速的发展，揭示了经济行为相互制约的性质。1994 年，纳什、海萨尼、泽尔腾三位经济学家获得诺贝尔经济学奖，2005 年诺贝尔经济学奖又授予了美国经济学家托马斯·谢林和以色列经济学家罗伯特·奥曼，以表彰其在博弈论应用方面的突出贡献。

2. 博弈是指一些个人、团队或其他组织，面对一定的环境条件，在一定的约束条件下，依靠所掌握的信息，同时或先后、一次或多次，从各自可能的行为或策略集合中进行选择并实施，各自从中取得相应结果或收益的过程。

3. 一个标准的博弈应当包括参与人、行为、信息、策略、次序、收益、结果、均衡八个方面。

4. 博弈的参与人又称局中人，也称博弈方，是指博弈中独立决策、独立承担后果，以自身利益最大化来选择行动的决策主体(可以是厂商，也可以是消费者、企业、国家)。对我们来说，只要在一个博弈中统一决策、统一行动、统一承担结果，不管组织有多大，都看作博弈中的一个参与方。并且，在博弈的规则确定后，各方都是平等的，且必须按照规则行动。本书内，为了保证更好的理解，我们都将这些独立个体称作参与人。

5. 支付是指在一个特定的策略组合下参与人得到的确定的或者期望的效用水平。它是所有参与人策略或行为的函数，例如消费者获得的效用、厂商最终获得的利润。

6. 博弈行为是指参与人的所有可能的策略或行动的集合，例如厂商利润最大化决策中的产量、价格等。根据该集合是有限还是无限，可分为有限博弈和无限博弈，后者表现为连续对策、重复博弈等。

7. 博弈信息指的是参与人在博弈过程中掌握的对选择策略有帮助的情报知识，特别是有关其他参与人的信息，即该参与人所掌握的其他参与人的、对其决策有影响的所有知识。

8. 策略也称战略，是参与人可选择的全部行为或策略的集合。它规定了参与人在什么时候选择什么行动，也就是参与人应该在什么条件下选择什么样的行动，以及规定每个参与人在进行决策时，可以选择的方法、做法和经济活动的水平、量值等，以保证自身利益最大化。

9. 博弈的次序是指博弈参与人做出策略的先后顺序。在很多决策活动中，当存在多个参与人进行决策时，博弈的次序是不一样的。有的要求各参与人同时做出选择，这样能保证公平合理，有的博弈中参与人的决策顺序有先后之分，有时一个参与人还要做不止一次的决策选择。因此，界定一个博弈必须规定其中的次序，即使两个博弈的其他方面都相同，如果次序不同，那么他们就是不同的博弈。

10. 结果是指博弈参与人在博弈进行后从行动、支付和其他变量中所得到的所有感兴趣的东西，如均衡策略组合、均衡行动组合、均衡支付组合，等等。

11. 策略均衡，是指由各个参与人所使用的策略构成的策略组合处于一种稳定状态，且都没有改变所选策略的动机。当策略均衡时，博弈的结果就确定了，每个人得到的支付也就确定了。因此，要解一个博弈问题，首先要确定博弈的策略均衡。

12. 静态博弈是指参与人同时决策或非同时选择，但后行动者不知道先行动者采取了什么具体行动，参与人的支付依赖于他们所采取的不同策略组合的情况。因此，我们也把静态博弈称为"同时行动的博弈"。比如，喝酒时人们进行的"划拳"游戏就是一种静态博弈，同样地，"囚徒困境"也是静态博弈，因为两个囚犯不知道对方选择了什么样的策略，所以可以看作是同时决策的。

13. 动态博弈是指参与人的行动有先后顺序，且后行动者能够观察到先行动者所选择的的策略。典型的如下棋中，对弈双方有顺序的落子。

14. 信息是博弈论中的重要内容。所谓完全信息博弈，是指博弈过程中，每一位参与人对其他参与人的特征、策略及收益都有准确的信息。严格来讲，完全信息博弈是指策略空间及策略组合下的支付，是博弈中所有参与人的"公共知识"的博弈。如果信息了解得不够准确，或者不完全，这种情况下进行的博弈就是不完全信息博弈。

15. 在合作博弈分析中，分析的对象常常是团体，特点是参与人之间有着对各方具有约束力的协议，参与人在协议范围内进行博弈。典型的例子是寡头企业之间串谋，即公开或暗地签订协议，对各自的价格和产量进行限制，以获得更多的垄断利润。

16. 非合作博弈中，分析的对象常常是个体参与人，它考察的是单个参与人在具体博弈规则及一定信息条件约束下，面对其他人得到反应将如何行动。在非合作博弈中，参与人之间通常无法达成有约束力的协议进行合作，以收获合作收益。

17. 所谓零和博弈，是指博弈双方的支付结果加起来为零，即双方的利益是相互冲突的。比如石头、剪刀、布就是一个零和博弈。从支付结果看，除了零和博弈外，还有正和博弈、负和博弈。正和博弈，即双方支付结果总和为正数，意味着双方利益冲突不是那么激烈，可能出现双赢或共赢的结果。负和博弈，即参与人的支付结果总和为负，当然，如果假定参与人都是理性的，理论上没有人会参与这种博弈。

18. 所谓上策均衡，是指在某种特殊的博弈中，某一参与人的策略可能并不依赖于其他参与人的决策。无论其他参与人如何选择自己的策略，该参与人的最优策略选择是唯一的，也就是说，该参与人的某种策略带给他的支付始终高于其他任何一种策略。当然，这种策略就必然是参与人愿意选择的策略，我们称这种策略为上策，那么相对而言其他策略都是下策。完全由上策构成的策略组合就是上策均衡，又称占优战略均衡。

19. 所谓纳什均衡，是指在这一均衡中，每个参与人都确信在给定其他参与人战略的情况下，他选择了最优战略以回应对手的战略。通俗来说也就是：给定对手的策略，该参与人的策略是最好的策略；给定该参与人的策略，对手的策略也是他最好的策略。双方在对方的策略下现有的策略是最好的策略，该策略有自我实施的功能，即在纳什均衡下，没有人愿意偏离均衡，即没有一个参与人可以通过单方面改变自己的策略以提高自己的报酬。纳什均衡是完全信息静态博弈解的一般情况，构成纳什均衡的战略组合一定是在重复提出严格劣战略过程中无法被剔除的战略组合，也就是说，没有一种策略严格优于纳什均衡策略，更重要的是，许多不存在上策均衡或重复剔除的上策均衡的博弈，却存在纳什均衡。

20. 纳什(1950)证明,对于任何参与者和策略集个数有限的博弈,至少存在一个纳什均衡。如果一个博弈中参与人是有限的,并且每一个参与人只有有限个策略,那么该博弈至少存在一个纳什均衡,这就是纳什定理的内容。但纳什定理只给出了纳什均衡的存在性,没有说明其是否唯一。实际上,一个博弈可能存在多个纳什均衡。

21. 混合博弈中任何一方不可能通过选择某一确定策略来达到均衡,因为对方可以根据这一确定策略采取相应的行动使其丢失利益。因此,每一个参与人都必须找到一种策略组合使对手不可能通过改变其策略而得到收益,从而达到均衡。这种策略组合不可能是我们上述的单一策略,必须将不同的策略混合使用,因此我们将这类博弈称为混合策略博弈,其均衡称为混合策略均衡。

22. 子博弈是动态博弈中一个局部所构成的次级博弈,可以作为一个独立的博弈来进行分析。子博弈是原博弈的一部分,本身可以作为一个独立的博弈进行分析。习惯上认为,任何博弈都是自身的一个子博弈。所谓子博弈,是指由一个动态博弈第一阶段以外的某阶段开始的后续博弈阶段构成的,它必须具备初始信息集合进行博弈所需要的所有信息,能够自成一个博弈的原博弈的一部分,我们称之为原动态博弈中的一个"子博弈"。子博弈精炼纳什均衡能够将那些包含不可信的威胁或承诺的纳什均衡从均衡策略中排除,要求均衡策略的行为规则在每一个信息集上都是最优的,是真正稳定的均衡概念。

23. 重复博弈的基本特征是:重复博弈各个阶段的博弈之间不存在"物质"上的联系,也就是说,前一阶段的博弈不决定后一阶段的对策结构。在重复博弈的每一个阶段,所有的参与人都能够观测到博弈过去的历史。参与人的总支付是所有阶段博弈收益的贴现值之和或加权平均值。

24. 序贯博弈是一种比较典型的动态博弈。所谓序贯博弈,是指参与人先后做出决策的博弈。各参与人需要对选择策略后未来可能出现的情况进行权衡,从而确定当前的行动或策略选择。参与人在做出决策时,会考虑其他参与人可能采取的行动或策略,在此基础上确定自己当前的行动或策略,这是序贯博弈的一般性特征。

习　题

一、单选题

1. 博弈论中,局中人从一个博弈中得到的结果常被称为(　　)。

A. 效用

B. 支付

C. 决策

D. 利润

2. 博弈参与人指的是(　　)。

A. 参加博弈的人

B. 制定博弈规则的人

C. 为博弈支付的人

D. 可以最大化自己效用的主体

3. 博弈的基本要素包括（　　）。

A. 规则

B. 裁判

C. 策略均衡

D. 背景

4. 关于策略均衡，下面说法错误的是（　　）。

A. 均衡概念很多，包括上策均衡、纳什均衡等

B. 对同一博弈，不同均衡概念得出不同的解

C. 策略均衡不代表博弈的结果定了

D. 解一个博弈问题，首先要确定博弈的策略均衡

5. 下列关于博弈划分正确的叙述是（　　）。

A. 博弈可以划分为合作博弈和动态博弈

B. 博弈可以划分为非合作博弈和静态博弈

C. 博弈可以划分为完全信息博弈和动态博弈

D. 博弈可以划分为完全信息博弈和不完全信息博弈

6. 完全信息的动态博弈对应的均衡概念是（　　）。

A. 纳什均衡

B. 子博弈精炼纳什均衡

C. 贝叶斯纳什均衡

D. 精炼贝叶斯纳什均衡

7. 当博弈实现了纳什均衡时，意味着（　　）。

A. 参与人的行动是对称的

B. 参与人不想改变现在的策略

C. 参与人的支付是一样的

D. 参与人的策略是一样的

8. 下列说法正确的是（　　）。

A. 上策均衡一定是纳什均衡

B. 只要博弈参与人可以事先达成一致，就一定可以实现上策均衡

C. 上策均衡中每个参与人都实现了支付最大化

D. 在采用重复剔除的方法博弈中，一定存在上策均衡

9. 在囚徒困境中，下面说法正确的是（　　）。

A. (坦白、坦白)能够实现群体利益的最大化

B. 囚徒困境是动态博弈

C. (坦白、坦白)是上策均衡

D. 个人理性选择一定是群体理性选择

10. 纳什均衡、上策均衡和重复剔除的上策策略均衡之间的关系是（　　）。

A. 上策均衡不一定是纳什均衡

B. 重复剔除的上策策略均衡一定是上策均衡

C. 纳什均衡一定是在重复剔除严格劣策略过程中没有被剔除的策略组合

D. 每一个纳什均衡或者是上策均衡,或者是重复剔除的上策策略均衡

11. 以下(　　)情况属于不完全信息动态博弈。

A. 工程招标

B. 曹操和诸葛亮的华容道之战

C. 下围棋

D. 招聘新员工

12. 就排球比赛的输赢结果而言,比赛属于(　　)。

A. 零和博弈

B. 非零和博弈

C. 静态博弈

D. 合作博弈

13. 混合策略博弈中,要遵循的原则不包括(　　)。

A. 不能让对方实现知道自己可能采取的策略

B. 不用基于理性人的假设

C. 必须采取随机选择的原则

D. 选择策略的概率要让对方无法通过选择某一策略而占据优势

14. 关于子博弈,下面说法正确的是(　　)。

A. 子博弈是静态博弈中的概念

B. 原博弈本身也是一个子博弈

C. 所有多阶段博弈都有子博弈

D. 子博弈不能分割任何信息集

15. 关于子博弈精炼纳什均衡,下面说法错误的是(　　)。

A. 满足每一个子博弈的纳什均衡策略组合就是子博弈精炼纳什均衡

B. 子博弈精炼纳什均衡是真正稳定的均衡概念

C. 子博弈精炼纳什均衡与纳什均衡是一个概念

D. 子博弈精炼纳什均衡要求均衡策略的行为规则在每一个信息集上都是最优的

16. 关于重复博弈,下面说法错误的是(　　)。

A. 重复博弈是指相同或不同结构的博弈重复多次

B. 重复博弈是动态博弈的一种特殊形式

C. 在重复博弈的每一阶段,所有参与人都能观测到博弈过去的历史

D. 前一阶段的博弈不决定后一阶段的对策结构

17. 关于有限期和无限期重复博弈,下面说法错误的是(　　)。

A. 在有限期重复博弈中,不存在合作

B. 在无限期重复博弈中,不存在合作

C. 有限期重复博弈中囚徒困境不合作的解难以避免

D. 无限期重复博弈中囚徒困境的合作均衡解可以实现

18. 关于序贯博弈,下面说法错误的是(　　)。

A. 序贯博弈属于动态博弈

B. 序贯博弈中,参与人同时做出决策

C. 序贯博弈中参与人可能具有先动或后动优势

D. 序贯博弈常用博弈树来描述博弈过程

19. 对于以下报酬矩阵,( )命题是正确的。

		乙 左	乙 右
甲	上	3,4	1,1
甲	下	4,2	9,1

A. 甲和乙都有上策策略

B. 只有甲有上策策略

C. 只有乙有上策策略

D. 两人都没有上策策略

20. 对于如下报酬矩阵,乙的上策策略是( )。

		乙 左	乙 中	乙 右
甲	上	10,20	18,18	1,30
甲	中	11,5	19,8	2,12
甲	下	12,4	15,1	4,6

A. 上

B. 中

C. 左

D. 右

二、判断题

1. 囚徒困境说明个人的理性选择不一定是集体的理性选择。 ( )

2. 博弈中知道越多的一方越有利。 ( )

3. 纳什均衡一定是上策均衡。 ( )

4. 上策均衡一定是纳什均衡。 ( )

5. 在一个博弈中只可能存在一个纳什均衡。 ( )

6. 在一个博弈中博弈方可以有很多个。 ( )

7. 在一个博弈中如果存在多个纳什均衡,则不存在上策均衡。 ( )

8. 在博弈中纳什均衡是博弈双方能获得的最好结果。 ( )

9. 在博弈中如果某博弈方改变策略后得益增加,则另一博弈方得益减少。 ( )

10. 因为零和博弈中博弈方之间关系都是竞争性的、对立的,因此零和博弈就是非合作博弈。 ( )

11. 在一个博弈中可能出现多个上策均衡。 ( )

12. 一个博弈中如果每个参与人都有一个上策,则该博弈就一定会有一个上策均衡。 ( )

13. 不是每个博弈都有子博弈。 ( )

14. 动态博弈是指参与人同时决策或非同时决策,但后行动者不知道先行动者采取了什么具体行动。 ( )

15. 完全信息静态博弈对应的均衡概念是上策均衡。 ( )

16. 零和博弈是指博弈中一个或多个参与人的支付结果为零的博弈。 ( )

17. 博弈的扩展形式通常用决策树表示。 ( )

18. 严格下策反复消去法基于理性人的假设。 ( )

19. 纳什定理只给出了纳什均衡的存在性,没有说明其是否是唯一的。 ( )

20. 动态博弈本身也是一个子博弈。 ( )

三、名词解释

1. 博弈论
2. 策略均衡
3. 上策均衡
4. 严格劣策略
5. 纳什均衡
6. 纳什定理
7. 子博弈
8. 混合策略均衡
9. 重复博弈
10. 序贯博弈

四、填空题

1. 博弈的基本要素包括________、________、________和________。

2. 博弈的表现形式包括决策树和________。

3. 无论博弈对方选择怎样的策略,________都能使自己的支付大于其他可选策略。

4. 在纳什均衡下,________愿意偏离均衡。

5. 对于任何参与者和策略集个数有限的博弈,至少有________个纳什均衡。

6. 按照参与人决策的先后顺序、博弈持续的时间和重复的次数进行分类,可以将博弈划分为________和动态博弈。

7. 按照参与人对其他参与人掌握的信息完全和完备程度进行分类,可以分为________博弈和不完全信息博弈。

8. 从参与人是否有互动合作的角度,可以将博弈分为________博弈和非合作博弈。

9. 按照参与人支付的情况,有________和非零和博弈之分。

10. ________的例子说明个人理性选择不一定是群体理性选择。

11. 纳什定理给出了纳什均衡的存在性,但没有说明其是否________。

12. 在博弈中,无论其他参与人选择什么样的策略,该参与人的策略集中对自身最严格不利的策略叫做________。

13. 任何一方不可能通过选择某一确定策略来达到均衡的博弈使用________。

14. ________是动态博弈中一个局部所构成的次级博弈。

15. 子博弈不包括原博弈的________。
16. 子博弈精炼纳什均衡是真正________的均衡概念。
17. 重复博弈是指________结构的博弈重复多次。
18. 在重复博弈中，前一阶段的博弈不决定后一阶段的________。
19. 在重复博弈中，参与人的总支付是所有阶段博弈收益的贴现值之和或________。
20. 在无限期重复博弈中，囚徒困境中的合作均衡解________实现。

五、计算题

1. 假定某博弈的报酬矩阵如下：

		乙 左	乙 右
甲	上	a,b	c,d
甲	下	e,f	g,h

(1) 如果(上，左)是上策均衡，那么 $a>?,b>?,g<?,f>?$

(2) 如果(上，左)是纳什均衡，那么上述哪几个不等式必须满足？

(3) 如果(上，左)是上策均衡，那么它是否必定是纳什均衡？

2. 假定企业 A、B 为某一区域的两个主要竞争对手，它们都可以选择“低成本策略”或“差异化策略”，其报酬矩阵如下：

		企业 B 低成本	企业 B 差异化
企业 A	低成本	60,60	100,90
企业 A	差异化	90,100	40,40

(1) 这两个企业有没有上策均衡？

(2) 该博弈中有没有纳什均衡？有几个？

3. 若企业 A、B 在是否打价格战展开博弈，他们的报酬矩阵如下(单位：万元)：

		企业 B 价格战	企业 B 不打价格战
企业 A	价格战	20,20	50,0
企业 A	不打价格战	0,50	40,40

(1) 这是否为一个“囚徒困境”？

(2) 其纳什均衡是什么？

4. 假定市场有 A、B 两个厂商计划推出新产品，有两种产品可以选择：高品质产品 H 和低品质产品 L。如果这两个厂商采取的策略与其利润的关系为：

		B 的策略 L	B 的策略 H
A 的策略	L	40,40	10,80
A 的策略	H	80,10	20,20

格中数字分别为 A 的利润和 B 的利润。

(1) 若这两个厂商同时决定新产品,则他们的利润会是多少?

(2) 若 A 先推出新产品,然后 B 推出新产品,他们的利润各为多少?若 B 先推出呢?

5. A 公司打算进入一个由垄断者(B 公司)控制的市场。A 公司目前的利润为零,而 B 公司的经济利润为 5 000 万元。如果 A 公司进入 B 公司发起价格战,A 公司将损失 5 000 万元而 B 公司将获利 1 000 万元。如果不进行价格战,则两公司都可以获得 2 000 万元的利润,请画出该博弈的报酬矩阵,并回答:

(1) 该博弈存在几个均衡?分别是什么?

(2) A 公司会决定进入这一市场吗?

六、简答题

1. "囚徒困境"的内在根源是什么?举出现实中囚徒困境的具体例子。

2. 简要评论博弈论在微观经济学运用中的优缺点。

3. 为什么上策均衡一定是纳什均衡,而纳什均衡不一定是上策均衡?

4. 子博弈精炼纳什均衡与纳什均衡之间的关系是什么?

5. 田忌赛马的故事中,田忌使用的策略是什么?除此之外,他还有哪些策略?他有没有上策?

七、阅读与思考

2003 年 1 月 23 日,思科公司称其已就中国华为公司非法复制软件和侵犯专利权的行为正式向美国德克萨斯州东区联邦法院提起诉讼,思科指控华为非法抄袭、滥用包括源代码并侵犯思科其他多项专利。罪名有诸如盗用以太网的套片技术、路由器硬件技术、路由器软件技术等,几乎涵盖了知识产权法的所有方面。这是自我国 2001 年 11 月加入 WTO 以来,首起海外 500 强科技企业大规模起诉中国本土知名高科技企业侵犯知识产权案。

在这场官司中,思科最为担心的政府干涉没有出现,反倒是在思科提起诉讼几个月后,和华为结盟的美国另一家路由器生产厂商 3COM 站了出来用自己的信誉为华为作证。最终这场耗时一年半之久,吸引了无数人目光的跨国知识产权纠纷于 2004 年 7 月 28 日以庭外和解落幕。

试用博弈论的思想思考这一事件。

习题答案

一、单选题

1～5:BACCD　　6～10:BBACC　　11～15:CABDC　　16～20:ABBAD

二、判断题

1. √

2. ×

3. ×
4. √
5. ×
6. √
7. √
8. ×
9. ×
10. ×
11. ×
12. √
13. √
14. ×
15. ×
16. ×
17. √
18. √
19. √
20. ×

三、名词解释

1. 博弈论：也叫对策论或竞赛论，是研究决策主体的行为发生策略互动时的决策，以及这些决策的均衡问题的一种方法论。

2. 策略均衡：由各个参与人所使用的策略构成的策略组合处于一种稳定状态，并且都没有改变所选策略的动机。

3. 上策均衡：完全由上策构成的策略组合就是上策均衡，又称占优战略均衡。

4. 严格劣策略：在博弈中，无论其他参与人选择什么样的策略，该参与人的策略集中对自身最严格不利的策略，根据理性人的假设，参与人绝对不会选择这个策略。

5. 纳什均衡：在这一均衡中，每个参与人都确信在给定其他参与人战略的情况下，他选择了最优战略以回应对手的战略。

6. 纳什定理：如果一个博弈中参与人是有限的，并且每一个参与人只有有限个策略，那么该博弈至少存在一个纳什均衡。

7. 子博弈：由一个动态博弈第一阶段以外的某阶段开始的后续博弈阶段构成的，它必须具备初始信息集合进行博弈所需要的所有信息，能够自成一个博弈的原博弈的一部分，我们称之为原动态博弈中的一个“子博弈”。

8. 子博弈精炼纳什均衡：在一个博弈的所有作为纳什均衡的策略组合当中，那些局限在每个子博弈上都仍然是那个子博弈的纳什均衡的策略组合，叫做子博弈精炼纳什均衡。

9. 重复博弈：动态博弈的一种特殊形式，是指同样结构的博弈重复多次，其中的每次博弈称为“阶段博弈”。

10. 序贯博弈：参与人先后做出决策的博弈。各参与人需要对选择策略后未来可能出现的情况进行权衡,从而确定当前的行动或策略选择。

四、填空题

1. 参与人　支付　策略　策略均衡
2. 报酬矩阵
3. 上策
4. 没有人
5. 1
6. 静态博弈
7. 完全信息
8. 合作
9. 零和博弈
10. 囚徒困境
11. 唯一
12. 严格劣策略
13. 混合策略
14. 子博弈
15. 第一阶段
16. 稳定
17. 同样
18. 对策结构
19. 加权平均值
20. 能够

五、计算题

1. (1) 上策均衡要求,不管其他参与人如何决策,他总采取唯一最优策略,因此,如果(上,左)是优势策略均衡,则 $a>e, b>d, g<c, f>h$。例如,当乙采取左的时候,甲选择 a,因为 $a>e$;如果乙采取右,甲会选择 c,因为 $g<c$,即不管乙选择左还是右,"上"都是甲的上策。同理,乙的上策是"左"。

(2) 如果(上,左)是纳什均衡,上述不等式中 $a>e, b>d$ 必须满足。因为即使 $g>c, f<h$,只要给定乙取左,甲取上,能满足 $a>e, b>d$,就可以构成纳什均衡。

(3) 如果(上,左)是上策均衡,则一定是纳什均衡,因为它满足了纳什均衡条件。

2. (1) 该博弈不存在上策均衡。当 A 选择差异化策略时,B 的上策是低成本策略;而 A 选择低成本策略时,B 的最优策略又成了差异化策略。可见,A 的策略选择变化,B 的最优策略也在变化,不符合上策均衡的条件。

(2) 根据纳什定理,该博弈存在纳什均衡。如果企业 A 选择低成本战略,则 B 的最优策略是差异化战略;如果 A 选择差异化战略,则 B 的最优策略是低成本战略。所以在这个博弈中有两个纳什均衡:(低成本,差异化)和(差异化,低成本)。

3. (1) 这是一个囚徒困境。该博弈的上策均衡是(价格战,价格战),但是其支付(20,20)

小于两者都选择不打价格战的支付(40,40)。

(2) 其纳什均衡即(价格战,价格战)。当 A 选择打价格战时,B 的最优策略是打价格战;当 A 选择不打价格战时,B 的最优策略是打价格战。同理,当 B 选择打价格战时,A 的最优策略是打价格战;B 选择不打价格战时,A 的最优策略是打价格战。

4. (1) 若这两个厂商同时推出新产品,则 A 推出 L 时,B 必推出 H,但当 B 选 H 时,A 不会选择 L 而会选择 H。因此(L,H)不是均衡。如果 A 选择 H,B 必选 H,因为如果选 L,利润只有 10。因此,(H,H)是纳什均衡,当 A、B 两个厂商都选择高品质产品 H 时,这两个厂商的利润为 20。

(2) 若 A 先推出新产品,然后 B 再推出新产品,则会形成一个动态博弈。此博弈序列如下所示:

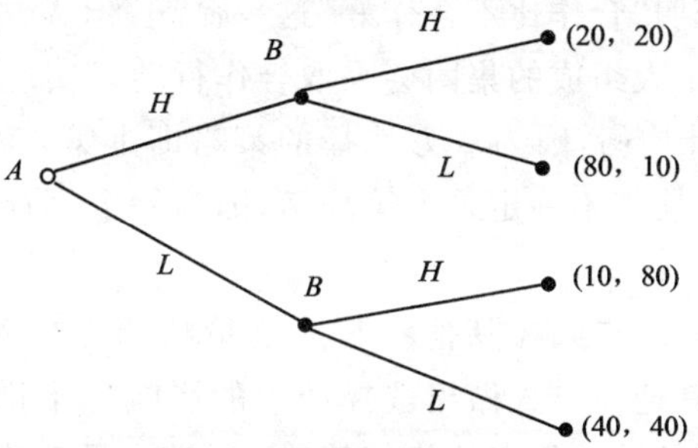

由图可见,若 A 先推出新产品,则肯定选择高品质产品 H,于是 B 只能选择高品质产品 H,两者的利润都是 20。若 B 先推出新产品,则此博弈序列如下所示:

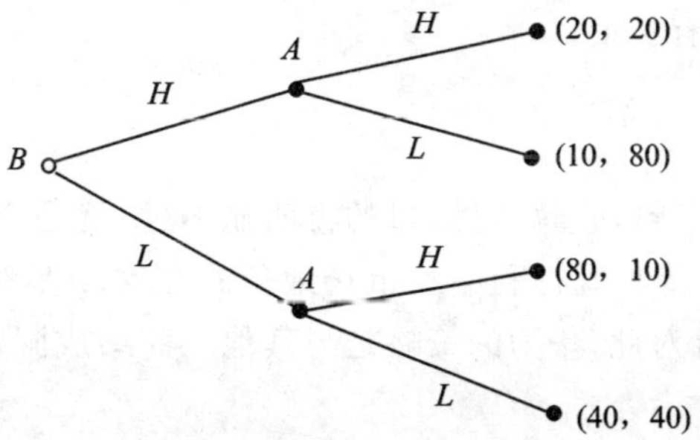

由图可见,若 B 先推出新产品,则肯定也选择高品质产品 H,A 也只能选择高品质产品 H,两者的利润都是 20。

5. 报酬矩阵如下:

		B 发起价格战	B 不发起价格战
A	进入	−5 000,1 000	2 000,2 000
A	不进入	0,1 000	0,5 000

(1) 该博弈存在一个上策均衡(进入、不发起价格战)

(2) A 公司会决定进入,因为 B 的上策时不发起价格战,在这一基础上,A 进入利润大。

六、简答题

1. 内在根源是个体之间存在行为和利益相互制约的博弈结构中,个体理性与集体理性的矛盾。

2. 博弈论的研究方法和特征与经济学结合得非常紧密。它强调个人理性,即在给定的约束条件下追求效用最大化。但博弈论又比传统的经济学更进一步,它研究的不是面临非人格化价格参数下的决策问题,而是研究效用随各个主体的行为改变而改变的效用最大化问题。除了国际贸易、金融、拍卖等经济领域,博弈论在企业理论特别是寡头竞争研究方法方面做了大量的有益工作。

但它无法提供唯一解,无法完整地探讨个人发展与社会发展之间的相互依存关系。现有的博弈论结构可强有力地证明"合作比不合作好"这一命题,但无法解释清楚在现实中冲突与合作之间的复杂关系,认为个人组成的集团会采取合作行动以实现他们共同的利益。

3. 上策均衡一定是纳什均衡,因为双方选择的策略即上策,也是既定其他参与人战略的情况下的最优战略。但纳什均衡不一定是上策均衡,因为一个不存在上策均衡的博弈中,也可能存在纳什均衡。

4. 纳什均衡假设每一个参与人在其他参与人的策略给定的情况下,选择自己的最优策略,没有考虑自己的选择对其他参与人做出选择产生的影响。子博弈精炼纳什均衡能够将那些包含不可信的威胁或承诺的纳什均衡从均衡策略中排除,要求均衡策略的行为规则在每一个信息集上都是最优的,是真正稳定的均衡概念。

5. 田忌使用的策略是上、中、下马对齐威王的中、下、上马。他还有其他策略,详解见书中案例。从报酬矩阵可见,没有上策。

七、阅读与思考

已成行业霸主的思科之所以也这么做,目的再明显不过,就是企图将华为拦在自己好不容易筑起的通信壁垒之外,维持其既得利益和市场地位。在这场博弈中,思科的上策是发起诉讼,阻止华为侵占市场,而针对此,华为的策略是与其他厂商结成同盟,并积极应诉。最终博弈的结果是:庭外和解。

第十一章　一般均衡理论与福利经济学

提　要

1. 局部均衡分析是指只考察某一个市场的供求均衡，而把其他市场、其他主体排除在外。局部均衡分析的一个重要假定是：产品或要素的需求只涉及其本身的价格，其他产品或要素的价格是保持不变的。然而在现实社会中，任何一个市场上的变化都会影响到其他市场，而且在某些情况下，这种影响是相当大的。任何一种商品的价格都不可能仅取决于该商品市场的供求关系，还必然要受到其他商品市场供求关系的影响，必须把所有的市场结合起来考察商品价格的共同决定，这种分析方法就是一般均衡分析。举例来说，鸡肉市场供给减少导致鸡肉价格上升，导致其替代品牛肉的价格上升，同时，牛肉价格上升和产量的增加又会反馈回来促使人们对鸡肉的需求增加。而此时，鸡肉市场的这种变化又会继续影响牛肉市场，被影响的牛肉市场又会反过来再影响鸡肉市场。如此循环下去，直到最后两个市场都重新达到均衡，也就是新的一般均衡。一般均衡理论首先要解决的问题是，是否存在一系列价格，使所有市场同时处于均衡，即所谓的一般均衡存在性问题。早在 1874 年，法国经济学家里昂·瓦尔拉斯建立了一套被后人称为瓦尔拉斯一般均衡论的理论。

2. 埃奇沃思盒状图是一种图解技术。它假定经济活动中所消费的产品或所投入的生产要素在数量上是固定的，这是很大的一个限制条件。但是通常情况下，我们仍然可以用埃奇沃思盒状图来分析两个经济主体如何在自愿交易中获利。

3. 交易的一般均衡是指当社会生产状况既定、收入分配状况既定(生产要素的禀赋既定)的条件下，通过要素所有者之间的交易使得交易者达到效用最大化的均衡状况。交易的一般均衡的条件是，任意两个消费者在任意两种商品之间的边际替代率相等。对于不同的要素禀赋情况，交易的结果会达到不同的均衡点。连接所有要素禀赋状态下所有可能的交易均衡点，得到一条曲线，称为契约曲线。交易双方一旦达到契约曲线上某点后，通过交易而使双方获利的机会就不再存在。继续交易的结果只会在一方受益的同时使另一方受损。也就是说，达到了帕累托最优状态。可以证明，完全竞争的市场可以保证交易达到契约曲线上。我们可以对契约曲线上的点在效用空间进行描绘，用横轴代表 A 的效用水平，纵轴代表 B 的效用水平，得到相应的点，连接这些点即可得到一条曲线，称为 A 和 B 的效用可能曲线。它表示在社会的产出水平一定时，社会成员可能达到的最高的效用水平。除非 X 或 Y 产品的产出水平提高，否则社会成员的效用水平不可能超过这一效用可能曲线。

4. 生产的一般均衡是指在技术与社会生产资源总量既定的情况下，社会对于资源的配置使得产品产量达到最大的情况。生产的一般均衡的条件是，任意两个产品(或两个生产者)在任意两种要素之间的边际技术替代率相等。连接这些均衡点我们也可以得到一条契约曲线。在契约曲线上，两商品生产中所使用的两种生产要素的边际技术替代率是相等的。此时资源配置所达到的均衡状态称为生产的帕累托最优。生产的帕累托最优是指，对生产进行任何形式的重新组织都只会在增加某种产品产量的同时而减少其他产品产量。在某种意义上,生产契约曲线是生产要素配置的最佳曲线。当生产要素沿着这条曲线分配时,它们的产出最大,生产契约曲线上的每个点都对应着一定的产量水平。如前面导出效用可能曲线一样,我们可以对契约曲线上的点在坐标系中进行描绘,用横轴代表 X 的产量,纵轴代表 Y 的产量,得到相应的点,连接这些点即可得到一条曲线,称为 X 和 Y 的生产可能曲线。它表示在现有生产要素和产出水平一定的情况下所能达到的最高产量水平。生产可能曲线斜率的绝对值反映了改变某种产品的产量时另一种产品产量的变化,可定义为产品边际转化率。

5. 交易与生产的一般均衡是指生产与交易同时达到均衡的情况,前面所说的生产的均衡与交易的均衡都是局部的,即生产达到均衡时交易可能并没有达到均衡,交易达到均衡时生产可能没有达到均衡。在交易达到一般均衡时,产品 X 和 Y 在消费者 A 和 B 之间进行分配,从而使消费者的总效用达到最大,按交易的一般均衡原理,分配应当沿着契约曲线进行。交易与生产的一般均衡的条件是,产品对于消费者的边际替代率等于产品在生产中的边际转换率。此时整个经济社会实现了生产与交易的一般均衡。当这一条件不满足时,可以调整生产要素在两种产品生产中的分配或调整两种产品在消费者间的分配,使得社会总效用得以增加。

6. 意大利经济学家帕累托提出了著名的帕累托准则。根据这一准则,我们认为,如果既定的资源配置状态的改变使得至少有一个人的状况变好,而没有使任何人的状况变坏,则认为这种资源配置状态的变化为帕累托改进。如果对于某种既定的资源配置状态,所有的帕累托改进都不存在,则认为达到了帕累托最优状态。帕累托最优状态被认为是经济最有效率的状态。

7. 完全竞争的市场经济的一般均衡都是帕累托最优的,这就是福利经济学第一定理。福利经济学第一定理保证了完全竞争市场可以使贸易利益达到最大,即完全竞争市场所达到的均衡分配必定是帕累托有效配置。在完全竞争条件下,市场竞争能够通过价格有效率地协调经济活动,从而配置有限的稀缺资源。

8. 任意给定一个帕累托最优配置,总是可以通过完全竞争的市场机制来达到这一配置,这是我们所说的福利经济学第二定理。福利经济学第二定理就是说,任何一个帕累托最优配置都可以从适当的初始配置出发,通过完全竞争市场实现。第二定理表明市场经济可以实现反映社会意愿的任何一个帕累托最优配置。这在政策方面的启示实际上是要求政府不必用干预市场的方法来达到政策目的,而可以通过再分配的方法来达到同样的目的。因为市场受到政府的干预,就会导致价格的扭曲而改变了实际决策行为,造成效率损失。

9. 社会福利函数是反映社会所有个人的效用水平和社会福利之间的关系。其基本含义是,考虑效率问题和分配公平原则,把社会福利设想为依赖于一些自变量的一种函数形式。不同的经济学家对社会福利的见解不同,所使用的社会福利函数也不同,下面介绍几种有代表性的福利函数。第一种是功利主义社会福利函数,其奠基者是18世纪末至19世纪初的功利主义哲学家边沁,所以也称为边沁主义社会福利函数,是最简单和最直观的社会福利函数形式。其基本形式是将社会中所有个人的效用相加,得到社会的总效用。第二种是平均主义社会福利函数。平均主义者认为,只有将所有的社会产品在社会成员间平均分配,才最有利于全社会的利益。第三种是罗尔斯社会福利函数,是以当代伦理哲学家罗尔斯的名字命名的。罗尔斯社会福利函数仅用境况最差的个人效用来衡量社会福利,认为只要一个社会中效用最低的人福利没有得到改善,那么其他人的福利增加对整个社会福利的增加毫无意义。换言之,罗尔斯社会福利函数精确地表明了社会的选择是，只有最小效用提高，该社会的福利才能提高。因此，罗尔斯社会福利函数又称为最大最小社会福利函数。

10. 最大效用可能性曲线是指连接效用曲线上所有满足生产与交易一般均衡条件的点。它表明重新改变生产与交易的过程，如果使一部分人的状况变好，那么一定会使另一部分人的状况变坏。社会福利曲线与最大效用可能性曲线相切的切点，就是社会福利最大化的均衡点，同时也是帕累托最优均衡点。这个点表示在既定技术水平、资源条件和个人偏好的限制下，能达到社会福利最大的生产、分配状况。

11. 社会福利函数的核心是要确定最大值的帕累托最优状态，要达到这个目标，除需要效用可能性曲线外，还需要社会无差异曲线这一分析工具。要想求出社会无差异曲线，就必须根据社会每个成员的偏好顺序，确定统一的社会偏好顺序。阿罗不可能定理的基本内容是：在一般情况下，要从已知的每个人的偏好顺序中推导出统一的社会偏好顺序是不可能的。实际上，阿罗不可能定理就是否认了从个人福利函数推导出社会福利函数的可能性。阿罗认为，任何建立在个人偏好基础上的公众决策机制必须满足一些基本要求。

① 集体理性：如果所有个人的偏好具备完备性、传递性和自反性，则任何决策机制所导出的集体偏好也必须具备这些特性。

② 无限制性：公众决策机制不得排斥任何形式的个人偏好，只要该偏好具备完备性、传递性和自反性。

③ 帕累托较优性：如果每个人都认为方案 A 比方案 B 优越，那么集体偏好也必须认为 A 比 B 优越。

④ 偏好独立性：集体偏好对 A 和 B 之间的排名只取决于人们对这两个选择之间的排名，而跟人们对其他选择的排名无关。阿罗不可能定理指出，完全满足上述条件的公众决策必然是一个独裁决策，即以一个人的偏好顺序代替所有的社会偏好顺序，而这是与建立在个人偏好基础上的公众决策机制是相违背的。因此说，满足上述四项条件的公众决策机制是不存在的。

12. 比较几种福利函数，我们可以看到，社会福利涉及效率与平等的问题。平均主义福利函数最强调平等；罗尔斯福利函数并不要求平均分配社会产品，为了不影响效率，允许社会成员在产品拥有量上有差别；而功利主义福利函数认为，只要加总的社会成员效用总量提高了，就代表社会福利增进了，而不管是社会成员中谁的效用提高了，显然是把效率放在较重要的位置。平等和效率是一对矛盾现象。一方面，从政治和社会制度上看，这个社会要求所有成员享有平等权利，如果只强调效率而忽视平等将会影响社会安定；另一方面，从经济制度上看，竞争原则要求人们力争超过别人，市场经济根据经济效率向生产要素供给者提供报酬，如果一味追求经济上的平等，势必损失人们追求效率的积极性，从而损害经济的发展，导致普遍的贫穷。因此，社会需要选择一种兼顾平等与效率的分配方式。

习 题

一、单选题

1. 局部均衡分析是对(　　)的分析。

A. 一个部门的变化对其他部门的影响

B. 一个市场出现的情况,忽视其他市场

C. 经济中所有的相互作用和相互依存关系

D. 与供给相独立的需求的变化

2. 在 A 和 B 两个人、X 和 Y 两种商品的经济中,达到交换的一般均衡的条件为(　　)。

A. 对 A 和 B,$MRT_{XY}=MRS_{XY}$

B. 对 A 和 B,$MRS_{XY}=P_X\cdot P_Y$

C. $MRS_{XY}^A=MRS_{XY}^B$

D. 上述所有条件

3. 在 A 和 B 两个人、X 和 Y 两种经济中,达到生产和交换的一般均衡发生在(　　)。

A. $MRT_{XY}=P_X\cdot P_Y$

B. 对 A 和 B,$MRS_{XY}=P_X\cdot P_Y$

C. $MRS_{XY}^A=MRS_{XY}^B$

D. $MRT_{XY}=MRS_{XY}^A=MRS_{XY}^B$

4. 导出下列(　　)曲线必须做出道德的或价值的判断。

A. 产品转换曲线

B. 消费契约曲线

C. 社会福利曲线

D. 效用可能性边界

5. 边际转换率是下列(　　)曲线的斜率。

A. 消费契约曲线

B. 效用可能曲线

C. 社会福利曲线

D. 生产可能曲线

6. 小李有 5 个鸡蛋和 5 只苹果,小陈有 5 个鸡蛋和 5 只苹果,小李更喜欢鸡蛋,小陈更喜欢苹果。在帕雷托状态下,可能(　　)。

A. 小李消费更多的鸡蛋

B. 小陈消费更多的苹果

C. 两人的苹果和鸡蛋的边际替代率相等

D. 上面说得都对

7. 社会福利函数是(　　)。

A. 个人福利函数的综合

B. 是社会偏好的表达方式之一

C. 是整个社会对事物进行排序的原则

D. 以上都对

8. 在两种商品 X 和 Y、两种生产要素 L 和 K 的经济中,达到生产的一般均衡的条件为(　　)。

A. $MRTS_{LK}=P_L\cdot P_K$

B. $MRTS_{LK}=MRS_{XY}$

C. $MRT_{XY}=MRS_{XY}$

D. $MRTS_{LK}^{X}=MRTS_{LK}^{Y}$

9. 帕累托最优的必要条件是(　　)。

A. 所有消费者对任意两种商品的边际替代率都相等

B. 厂商使用两种生产要素的边际技术替代率都相等

C. 厂商生产两种产品的边际转换率与消费者消费这两种商品的边际替代率相等

D. 以上都是

10. 研究市场之间的相互作用的分析被称为(　　)。

A. 局部均衡分析

B. 一般均衡分析

C. 静态分析

D. 边际分析

11. 福利经济学是(　　)。

A. 实证经济学

B. 规范经济学

C. 宏观经济学

D. 科学经济学

12. 与一般均衡分析不同,局部均衡分析(　　)。

A. 集中考虑市场和市场参与者相互依赖的性质

B. 在经济中其他因素固定的情况下,考虑单个市场、居民户和企业的行为

C. 分析所有居民户、企业和市场同时相互作用时怎样解决基本经济问题

D. 以上都是

13. 下面(　　)不是帕累托最优的必要条件。

A. 生产一定在生产可能性边界进行

B. 商品的供给是无限的

C. 所有商品的边际替代率对于所有消费它们的消费者来说都是相同的

D. 两种要素的边际技术替代率对于生产中运用这两种要素的所有商品来说都是相等的

14. 一个社会要达到最高的经济效益,得到最大的经济福利,进入帕累托最优状态,必须(　　)。

A. 满足交换的边际条件：$MRS_{XY}^{A}=MRS_{XY}^{B}$

B. 满足生产的边际条件：$MRTS_{LK}^{X}=MRTS_{LK}^{Y}$

C. 满足生产与交换的边际条件：$MRT_{XY}=MRS_{XY}^{A}=MRS_{XY}^{B}$

D. 同时满足上述三条件

15. 如果资源配置是帕累托有效的,那么(　　)。

A. 收入分配是公平

B. 存在一种重新配置资源的途径,能使每个人的境况变好

C. 存在一种重新配置资源的途径,使一些人的境况变好而不使其他人变坏

D. 不存在一种重新配置资源的途径,使一些人的境况变好而不使其他人变坏

16. 效用可能性边界是指(　　)。

A. 经济能负担得起两种商品组合

B. 在给定了固定的资源、稳定的技术、充分的就业和完全有效率的情况下,一个经济能生产出两种商品的最大化产量

C. 给消费者带来相同效用的两种商品的组合

D. 经济所能达到的效用水平的限制

17. 对于福利最大化来说,完全竞争的长期一般均衡是(　　)。

A. 充分的,但不是必要的

B. 必要的,但不是充分的

C. 既是必要的,也是充分的

D. 既非必要的,又非充分的

18. 当经济学家关注经济中所有成员的福利状况时,它们用下列(　　)概念。

A. 效率

B. 生产率

C. 实际工资

D. 名义工资

19. 在社会经济中如果存在不损害其他人福利的情况下使至少一个人的状况变好,则这种状态称为(　　)。

A. 帕累托最优

B. 帕累托改进

C. 帕累托余额

D. 帕累托次优

20. 在交换的埃奇沃思盒状图中,任意两条无差异曲线的切点都处于(　　)。

A. 交换的帕累托最优状态

B. 生产的帕累托最优状态

C. 生产与交换的帕累托最优状态

D. 以上都不对

21. 福利经济学第一定理用严密的证明褒扬了(　　)。

A. 完全竞争市场的效率最大化

B. 垄断市场的效率最大化

C. 垄断竞争市场的效率最大化

D. 寡头市场的效率最大化

22. 帕累托最优的状态是(　　)。

A. 唯一的

B. 不唯一的

C. 双数的

D. 单数的

23. 两种商品在两个人之间分配,满足帕累托最优条件的为(　　)。

A. 不使其他个人受损失就不能使另一个人受益

B. 个人都处在其消费契约曲线上

C. 个人都处在他们的效用可能性曲线上

D. 包括以上所有条件

24. 如果对于消费者甲来说，以商品 X 替代商品 Y 的边际替代率等于 3，对于消费者乙来说，以商品 X 替代商品 Y 的边际替代率等于 2，那么有可能发生下述(　　)情况。

A. 乙用 X 向甲交换 Y

B. 乙用 Y 向甲交换 X

C. 甲和乙不会交换商品

D. 以上均不正确

25. 由第 24 题已知条件，在甲和乙成交时，商品的交换比例可能是(　　)。

A. 1 单位 X 和 3 单位 Y 相交换

B. 1 单位 X 和 2 单位 Y 相交换

C. X 和 Y 之交换比例大于 2，小于 3

D. 上述均不正确

26. 实证经济学是(　　)。

A. 以一定的价值判断为前提

B. 回答“是什么”的问题

C. 回答“应该是什么”的问题

D. 所得出的结论不具有客观性，无法通过客观事实进行检验

27. 生产的效率意思是指(　　)。

A. 经济运行在生产的可能性曲线上

B. 生产的所有产品的配置是有效率的

C. 生产的所有产品的配置是公平的

D. 生产的所有产品的配置反映了消费者的偏好

28. 交换的效率意思是指(　　)。

A. 经济运行在生产的可能性曲线上

B. 生产的所有产品的配置是有效率的

C. 生产的所有产品的配置是公平的

D. 以上说法都正确

29. 当不同的人面对不同的价格时，经济将(　　)。

A. 低效率运行

B. 高效率运行

C. 在不均衡状态下运行

D. 不在生产的可能性曲线上运行

30. 当一个市场是有效率的时候，(　　)。

A. 稀缺被消除

B. 不再能通过交换获得好处

C. 所有人的需要都被满足

D. 不再能通过技术革新获得好处

二、判断题

1. 为了达到帕累托最优,必须使任何两个厂商使用某两种投入要素的边际技术替代率相等,即使这两个厂商生产的产品很不相同。 ( )

2. 现代经济学所认为的最有经济效率的状态,一般就是指帕累托状态。 ( )

3. 对一个社会来说,只应有一个社会福利最大值。 ( )

4. 社会福利的增进体现在消费者效用水平的提高上。 ( )

5. 如果达到社会福利最大化,则意味着社会中任何一个成员的效用都能达到最大化。 ( )

6. 将所有的社会产品在社会成员之间进行平均分配时,社会就会达到帕累托最优状态。 ( )

7. 罗尔斯社会福利函数遵循的是最大最小标准,即社会福利最大化的标准应该是使境况最糟的社会成员的效用最大化,同时使所有人在机会平等的条件下都有事情可做。 ( )

8. 帕累托最优的理论基础是序数效用理论,但对于基数效用理论也同样成立。 ( )

9. 交换的契约线是两消费者在进行产品交换时所有可能的契约之轨迹。 ( )

10. 如果两种商品的边际转换率不等于它们的边际替代率,则至少一种商品的生产是无效率的。 ( )

11. 社会资源配置实现了帕累托最优就实现了社会分配公平。 ( )

12. 如果一个部门的变化对其他部门的影响是微小的,就可以用局部分析方法。 ( )

13. 交换的契约线上每一点都显示了所有不可能再进行互利交换的产品最优配置点。 ( )

14. 生产的契约线上每一点都表示生产者的等产量曲线是相交的。 ( )

15. 在交换的埃奇沃思盒状图中,任意两条无差异曲线的切点都处于交换的帕累托最优状态。 ( )

16. 帕累托最优是判断一个经济是否有效率的基本依据。 ( )

17. 处于非帕累托最优位置的经济要达到帕累托最优经济的福利水平是不可能的。 ( )

18. 福利经济学第一定理即任何竞争性市场均衡都是有效率的。 ( )

19. 对于福利极大化来说,完全竞争长期一般均衡既是必要的,又是充分的。 ( )

20. 社会福利函数是唯一的。 ( )

三、名词解释

1. 局部均衡分析
2. 一般均衡分析
3. 埃奇沃思盒状图
4. 帕累托改进
5. 帕累托最优状态
6. 福利经济学第一定理
7. 福利经济学第二定理

8. 社会福利函数

9. 阿罗不可能定理

10. 交易的一般均衡

11. 生产的一般均衡

四、填空题

1. 埃奇沃思盒状图是一种图解技术，它假定经济活动中所消费的产品或所投入的生产要素在数量上是的________。

2. 交易的一般均衡的条件是________________________________。

3. 连接所有要素禀赋状态下所有可能的交易均衡点，得到一条曲线，称为________。

4. 生产的一般均衡的条件是________________________________。

5. ________的市场经济的一般均衡都是帕累托最优的，这就是福利经济学第一定理。

6. 交易与生产的一般均衡的条件是________________________________。

7. 局部均衡分析是指只考察________的供求均衡，而把其他市场、其他主体排除在外。

8. 任何一种商品的价格都不可能仅取决于该商品市场的供求关系，还必然要受到________供求关系的影响，必须把所有的市场结合起来考察商品价格的共同决定，这种分析方法就是________。

9. 如果既定的资源配置状态的改变________________________________，则认为这种资源配置状态的变化为帕累托改进。

10. 如果对于某种既定的资源配置状态，__________都不存在，则认为达到了帕累托最优状态。

11. 任意给定一个帕累托最优配置，总是可以通过________的市场机制来达到这一配置。这是我们所说的福利经济学第二定理。

12. 社会福利函数是反映________和________之间的关系。

13. 最早认识到一般均衡的经济学家是法国经济学家________。

14. 福利经济学依据不同的社会福利标准对现实的经济状况进行优劣判断，它是________经济学。

15. 帕累托最优的三个条件是________、________、________。

16. ________分析是在假定其他市场条件不变的情况下，孤立地考察单个产品市场和单个要素市场的均衡而不考虑它们之间的相互联系和相互影响；________分析则考察每一个产品和每一种要素的供给和需求同时达到均衡状态所需具备的条件及相应的均衡价格和均衡数量。

17. 帕累托最优是指社会资源配置已经达到了这样一种状态，在不使一部分人状况________的情况下就不可能使另一些人的状况________。

18. 社会福利曲线又被称为________。离原点越远的曲线所代表的社会福利总水平也越________。

19. 阿罗认为，任何建立在个人偏好基础上的公众决策机制必须满足一些基本要求：________、________、________、________。

20. ________福利函数最强调平等；________福利函数并不要求平均分配社会产品，为了不影响效率,允许社会成员在产品拥有量上有差别;而________福利函数认为,只要加总的社会成员效用总量提高了,就代表社会福利增进了,而不管是社会成员中谁的效用提高了,显然是把效率放在较重要的位置。

五、简答题

1. 假定某一经济达到全面均衡状态,如果某种原因使商品X的市场供给增加,分析:

(1) X商品的替代品市场和互补品市场有什么变化?

(2) 生产要素市场上会有什么变化?

(3) 收入分配会有什么变化?

2. 论述交易的一般均衡条件和生产的一般均衡条件。

3. 什么是帕累托最优?满足帕托累最优需要具备什么条件?

4. 查阅资料,说明福利经济学在西方经济学中的地位。

六、计算题

1. 某个追求利润最大化的汽车制造公司需要就A、B两种不同型号的轿车的生产作出决策。二者的差别在于A型轿车比B型轿车更安全。生产A型轿车的固定成本是1 050 000 000元,每辆轿车的边际成本是40 000元。生产B型轿车的固定成本是1 000 000 000元,每辆轿车的边际成本是30 000元。市场上有50 000个消费者,按照偏好的差别被分为三个组。第一组10 000人。第二组20 000人。第三组20 000人。这三组消费者中每一位消费者对于A、B两种型号轿车愿意支付的最高价格如表11-1所列。

表11-1 三组消费者对A、B车型轿车愿意支付的最高价格

车 型	消费者愿意支付的最高价格/万元		
	第一组	第二组	第三组
A	15	8	6
B	10	7	5.5

假定每个消费者只买一辆车。问:

(1) 假定不管生产什么类型的车,汽车制造商对每一辆车都只能制定同样的价格,汽车制造商将生产什么类型的车?

(2) 如果要达到帕累托效率,应该让汽车制造商生产什么类型的车?

(3) 如果政府通过一项立法,禁止B型车的生产,谁将从该项立法中受益?谁将受损?该项立法是否会改进资源配置效率?

2. 假设鲁宾逊·克鲁索生产与消费鱼(F)和椰子(C)。假设在某一时期中,他决定工作200小时,至于把这些时间用到捕鱼还是收椰子上是无差异的,鲁宾逊的鱼产量为$F=L_F^{0.5}$,椰子产量为$C=L_C^{0.5}$,其中L_F、L_C分别为花在捕鱼和收椰子上的时间。鲁宾逊的效用函数为$U=(FC)^{0.5}$。

(1) 如果鲁宾逊无法与外部世界进行贸易,他将如何配置他的劳动?

(2) 假设可以进行贸易,且$P_F/P_C=2/1$,给定(1)中的产量,鲁宾逊将如何选择他的消费?

(3) 鲁宾逊将如何调整他的生产和消费？

3. 在 A、B 两人交易的模型中，如果 A、B 二人具有相同的偏好，证明交易的契约曲线是一条直线。

4. 张某有 8 瓶汽水与 2 块面包，李某有 2 瓶汽水与 4 块面包。张某用汽水替代面包的边际替代率是 3，李某用汽水替代面包的边际替代率是 1。商品在张、李二人间的这种分配方式是否符合帕累托效率？如果不符合帕累托效率，如何通过交易达到帕累托效率？

5. 某一社会用资本 K 与劳动 L 两种资源生产 X、Y 两种产品。两种产品按照固定的贸易条件进行交易。在均衡的条件下，生产 1 单位 X 商品需要 6 单位劳动与 4 单位资本，而生产 1 单位 Y 商品需要 2 单位资本。该社会拥有 50 单位的劳动与 40 单位的资本。

(1) 如果该国的资源已经充分利用，且国内消费者消费相同数量的 X 商品与 Y 商品，该国出口 X 商品还是 Y 商品？

(2) 如果该社会拥有 50 单位的劳动与 60 单位的资本，均衡的特征是什么？该国应该如何安排生产与贸易？

七、阅读与思考

阅读以下材料，联系实际情况，运用所学理论进行评析。

改革开放以来，在邓小平提出的“让一部分人先富起来”的思想引导下，我国沿海地区一部分人通过自己的勤奋努力开始摆脱贫困，走上了富裕之路，对中国经济的腾飞起到了很大的促进作用。但随着改革开放的深入，在由计划经济由市场经济转型的过程中，中国地区之间、城乡之间、行业之间的收入差距在不断拉大。据测算，我国居民个人收入的基尼系数 1996 年为 0.424，1998 年为 0.465，2000 年变为 0.458。根据国际标准，基尼系数在 0.4 以上表示绝对不平等，这实际上表明我国已经进入绝对不平等区间，收入差距在不断拉大。因此，已经有不少人担心中国经济发展的前景。

习题答案

一、单选题

1～5：BCDCD　　6～10：DDDDB　　11～15：BBBDD　　16～20：DADAA

21～25：ABDBC　　26～30：BABAB

二、判断题

1. √
2. √
3. ×
4. √
5. ×
6. ×
7. √

8. √
9. ×
10. ×
11. ×
12. √
13. √
14. ×
15. √
16. √
17. ×
18. √
19. ×
20. ×

三、名词解释

1. 局部均衡分析：只考察某一个市场的供求均衡，而把其他市场、其他主体排除在外。局部均衡分析的一个重要假定是：产品或要素的需求只涉及其本身的价格，其他产品或要素的价格是保持不变的。

2. 一般均衡分析：任何一种商品的价格都不可能仅取决于该商品市场的供求关系，还必然要受到其他商品市场供求关系的影响，必须把所有的市场结合起来考察商品价格的共同决定，这种分析方法就是一般均衡分析。

3. 埃奇沃思盒状图：一种图解技术，它假定经济活动中所消费的产品或所投入的生产要素在数量上是固定的，这是很大的一个限制条件。

4. 帕累托改进：如果既定的资源配置状态的改变使得至少有一个人的状况变好，而没有使任何人的状况变坏，则认为这种资源配置状态的变化为帕累托改进。

5. 帕累托最优状态：如果对于某种既定的资源配置状态，所有的帕累托改进都不存在，则认为达到了帕累托最优状态。

6. 福利经济学第一定理：完全竞争的市场经济的一般均衡都是帕累托最优的，这就是福利经济学第一定理。福利经济学第一定理保证了完全竞争市场可以使贸易利益达到最大，即完全竞争市场所达到的均衡分配必定是帕累托有效配置。在完全竞争条件下，市场竞争能够通过价格有效率地协调经济活动，从而配置有限的稀缺资源。

7. 福利经济学第二定理：任意给定一个帕累托最优配置，总是可以通过完全竞争的市场机制来达到这一配置。这是我们所说的福利经济学第二定理。福利经济学第二定理就是说任何一个帕累托最优配置都可以从适当的初始配置出发，通过完全竞争市场实现。第二定理表明市场经济可以实现反映社会意愿的任何一个帕累托最优配置。

8. 社会福利函数：反映社会所有个人的效用水平和社会福利之间的关系。其基本含义是，考虑效率问题和分配公平原则，把社会福利设想为依赖于一些自变量的一种函数形式。

9. 阿罗不可能定理：基本内容是，在一般情况下，要从已知的每个人的偏好顺序中推导出统一的社会偏好顺序是不可能的。实际上，阿罗不可能定理就是否认了从个人福利函数推导出社会福利函数的可能性。

10. 交易的一般均衡：当社会生产状况既定、收入分配状况既定（生产要素的禀赋既定）的条件下，通过要素所有者之间的交易使得交易者达到效用最大化的均衡状况。

11. 生产的一般均衡：在技术与社会生产资源总量既定的情况下，社会对于资源的配置使得产品产量达到最大的状况。

四、填空题

1. 固定
2. 任意两个消费者在任意两种商品之间的边际替代率相等
3. 契约曲线
4. 任意两个产品（或两个生产者）在任意两种要素之间的边际技术替代率相等
5. 完全竞争
6. 产品的边际替代率等于产品的边际转换率
7. 某一个市场
8. 其他商品市场　一般均衡分析
9. 使得至少有一个人的状况变好，而没有使任何人的状况变坏
10. 所有的帕累托改进
11. 完全竞争
12. 社会所有个人的效用水平　社会福利
13. 瓦尔拉斯
14. 规范
15. $MRS_{XY}^{A}=MRS_{XY}^{B}$　$MRTS_{LK}^{X}=MRTS_{LK}^{Y}$　$MRT_{XY}=MRS_{XY}^{A}=MRS_{XY}^{B}$
16. 局部均衡　一般均衡
17. 变坏　变好
18. 社会无差异曲线　高
19. 集体理性　无限制性　帕累托较优性　偏好独立性
20. 平均主义　罗尔斯　功利主义

五、简答题

1. (1) 如果商品 X 的市场供给增加，按局部均衡分析，则其价格下降，需求量增加。由于实际生活中各种部门、各种市场是相互依存、相互制约的，因此，需要运用一般均衡分析来考虑 X 商品市场的变化与经济其他部门的相互影响。由于商品 X 的价格下降，人们会提高对其互补品的需求，降低对其替代品的需求。这样对其互补品的需求量将增加，其价格将会上升；而对其替代品的需求量将减少，其价格将会下降。

(2) 在商品市场上的上述变化也会影响到生产要素市场。因为它导致了生产 X 商品及其互补品的生产要素的需求增加，因此又引起了生产商品 X 及其互补品的要素价格的上升。同时，它又导致商品 X 的替代品的需求下降。因此又引起生产商品 X 的替代品的生产要素的价格和数量的下降。这些变化被替代生产要素价格的相对变化所削弱。

(3) 由于(2)中所述的变化，不同生产要素所有者所获取的收入也发生变化。商品 X 及其

互补品的投入要素的所有者因对其要素需求的增加,其收入便随价格的上升而获得增加。商品 X 的替代品的投入要素的所有者因对其需求减少,其收入便随要素价格的下降而减少。这样变化转而又或多或少地影响包括商品 X 在内的所有最终商品的需求。这样所有生产要素的派生需求都受到影响。这一过程一直持续到所有的商品市场和生产要素市场又同时重新稳定,整个经济又一次进入全面均衡状态。

2. 交易的一般均衡是指当社会生产状况既定、收入分配状况既定(生产要素的禀赋既定)的条件下,通过要素所有者之间的交易使得交易者达到效用最大化的均衡状况。交易的一般均衡的条件是,任意两个消费者在任意两种商品之间的边际替代率相等,即 $MRS_{XY}^{A}=MRS_{XY}^{B}$。

生产的一般均衡是指在技术与社会生产资源总量既定的情况下,社会通过对资源的配置使得产品产量达到最大的状况。生产的一般均衡的条件是,任意两个产品(或两个生产者)在任意两种要素之间的边际技术替代率相等,即 $MRTS_{LK}^{X}=MRTS_{LK}^{Y}$。

3. 如果既定的资源配置状态的改变使得至少有一个人的状况变好,而没有使任何人的状况变坏,则认为这种资源配置状态的变化为帕累托改进。如果对于某种既定的资源配置状态,所有的帕累托改进都不存在,则认为达到了帕累托最优状态。帕累托最优状态通常被当作衡量经济效率的标准。

满足帕累托最优需要具备的条件如下:

交换的帕累托最优条件:$MRS_{XY}^{A}=MRS_{XY}^{B}$。

生产的帕累托最优条件:$MRTS_{LK}^{X}=MRTS_{LK}^{Y}$。

交换和生产的帕累托最优条件:$MRT_{XY}=MRS_{XY}^{A}=MRS_{XY}^{B}$。

4. 福利经济学是微观经济学论证的“看不见的手”原理的最后一个环节,其目的在于说明:完全竞争模型可以导致帕累托状态,而这一状态对整个社会来说又是资源配置的最优状态。福利经济学属于规范经济学的范畴,它从微观经济学主体的行为及其相互联系的角度出发,从生产资源有效率的配置和国民收入在社会成员之间的分配这两个方面来研究一个国家实现最大社会经济福利所需具备的条件和国家为了增进社会福利应有的政策措施。

六、计算题

1. (1) 以 5.5 万元的价格生产 B 型车。

假定生产 A 型车:

价格为 15 万元时,利润$=(15-4)\times 10\ 000-105\ 000=5\ 000$万元。

价格为 8 万元时,利润$=(8-4)\times(10\ 000+20\ 000)-105\ 000=15\ 000$万元。

价格为 6 万元时,利润$=(6-4)\times 50\ 000-105\ 000=-5\ 000$万元。

假定生产 B 型车:

价格为 10 万元时,利润$=(10-3)\times 10\ 000-100\ 000=-\ 30\ 000$万元。

价格为 7 万元时,利润$=(7-3)\times(10\ 000+20\ 000)-100\ 000=20\ 000$万元。

价格为 5.5 万元时,利润$=(5.5-3)\times 50\ 000-100\ 000=25\ 000$万元。

因此生产 B 型车并以 5.5 万元的价格出售利润最大。

(2) 生产 A 型车可以达到完全的社会最优。

假定生产 A 型车。第一组每个消费者对该型号车的评价超过车的边际成本 11 万元,第二组每个消费者对该型号车的评价超过车的边际成本 4 万元,第三组每个消费者对该型号车的评价超过车的边际成本 2 万元，总的剩余为 11×10 000+4×20 000+2×20 000=230 000 万元，减去固定成本以后的净剩余为 230 000−105 000=125 000 万元。

对 B 型车做同样计算，净剩余是 100 000 万元。因此，生产 A 型车可以达到完全的社会最优。

(3) 生产者与第二组的人受损，第一组的人受益。产生了潜在的帕累托损失。从(1)的计算可以知道，若生产 A 型车，则 A 将以 8 万元价格出售。与允许 B 型车生产的情况相比，此时利润减少了 10 000 万元。

第二组的人原来每人获得的剩余是 1.5 万元，现在不存在剩余，总损失是 30 000 万元。第一组的人原来每人获得剩余 4.5 万元，现在获得 7 万元，每人净所得为 2.5 万元，总的净所得为 25 000 万元。社会净损失为 25 000−30 000−10 000=−15 000 万元。

2. (1) 目标函数 $\max[U=(FC)^{0.5}=(L_F L_C)^{0.25}]$

约束条件为 $L_F+L_C=200$

求解得 $L_F=L_C=100$

(2) 目标函数 $\max[U=(FC)^{0.5}]$

约束条件为 $2F+C=30$

解得 $F=7.5, C=15$。

(3) 目标函数 $\max[U=(FC)^{0.5}]$

约束条件为 $2F+C=2L_F^{0.5}+L_C^{0.5}$，　$L_F+L_C=200$

解得 $L_F=160, L_C=40$。

3. 在交易双方具有相同的偏好的情况下，我们所见到的效用许多简单的表述会给出一条直的契约线。这条契约线的斜率是 Y/X，其中 Y 是纵坐标所表示的物品总量，X 是横坐标所表示的物品总量。以 (x_1, y_1) 表示配置给其中一位交易者的两种商品的数量，以 $(x_2, y_2)=(X-x_1, Y-y_1)$ 表示配置给另一位交易者的两种商品的数量，契约线可以表示如下：

$$y_1=\frac{Y}{X}x_1$$

我们要证明，若两位交易者的边际替代率相等，即 $\mathrm{MRS}^1=\mathrm{MRS}^2$，则配置结果位于契约曲线上。例如，考虑效用函数 $U=X_i^2 y_i$，有 $\mathrm{MRS}^i=\frac{\mathrm{MU}_x{}^i}{\mathrm{MU}_y{}^i}=2x_i\cdot\frac{y_i}{x_i^2}=2\frac{y_i}{x_i}$。

若 $\mathrm{MRS}^1=\mathrm{MRS}^2$，则 $2\frac{y_1}{x_1}=2\frac{y_2}{x_2}$。可以证明该点位于契约线上。由 $x_2=X-x_1, y_2=Y-y_1$，可以导出 $y_1=\frac{Y}{X}x_1$。

因此，由这一效用函数可以发现，当 $\mathrm{MRS}^1=\mathrm{MRS}^2$ 时，契约曲线是直线。不过，若两位交易者拥有相同的偏好而不相同的投入，在一种商品是劣等品的情况下，契约线不是直线。因此，契约线不总是线性的，但在某些特定情况下，如同上例显示的，它可以是线性的。

4. 目前的资源配置是无效的。因为张某与李某可以通过相互之间物品交易使至少一方状况变好而不会使另一方变坏。从数学意义上讲，张某与李某二人的边际替代率不相等，即 $\mathrm{MRS_Z}\neq\mathrm{MRS_L}$。通过埃奇沃思盒状图看出这一点。我们知道 $\mathrm{MRS_Z}=3$，$\mathrm{MRS_L}=1$，所以，张某的无差异曲线位于(8,2)点的切线上方，在该点张某的无差异曲线斜率为 3，李某的无差异曲线位于(8,2)点切线的下方，在该点李某的无差异曲线斜率是 1(注：我们根据张某的坐标原点定义“上方”与“下方”)。张某用1瓶汽水换李某1块面包将会使2人状况都变得更好。交易后张某拥有7瓶汽水,3块面包,李某拥有3瓶汽水,3块面包,双方都通过交易达到代表更满足水平的无差异曲线上(注意:若对于张某与李某而言,汽水与面包是完全的互补品,这种交易不会使二者状况变好)。

5. (1) 出口Y,因为劳动的充分就业要求

$$6X+2Y=50 \tag{11-1}$$

资本的充分利用要求

$$4X+2Y=40 \tag{11-2}$$

解式(11-1)、式(11-2)得到$X=5$,$Y=10$。

由于X与Y以同样的比例消费,所以出口Y。

(2) 资源的充分利用要求

$$6X+2Y=50(\text{劳动}) \tag{11-3}$$

$$4X+2Y=40(\text{资本}) \tag{11-4}$$

解得$X=-5$,$Y=40$。

负的产量是不可能的,因此式(11-3)或(11-4)必须保持不等式,生产函数是固定比例的生产函数。由给定的条件可知,劳动力构成约束条件。因此,生产可能性边界是AB。有两种可能的均衡:若世界市场上X和Y的价格比$P_X/P_Y>25/8.3$,则该国将专业化生产X,进口Y;若$P_X/P_Y<25/8.3$,则该国将专业化生产Y,进口X。前一种情况下,达到了劳动力充分就业,但是出现了26.8单位的资本闲置;后一种情况下,仍然达到了劳动力的充分就业,但是出现10单位资本闲置。

七、阅读与思考

解题思路:本案例主要考察公平与效率问题。

解析:收入差距的拉大是中国由计划经济向市场经济转变过程中出现的现象。它改变了过去“干多干少一个样,干好与干坏一个样”的“大锅饭”模式,有利于市场竞争,有利于社会资源的配置,对经济的增长起到了比较好的作用。

改革开放以来,中国的收入差距在不断拉大,但在这个收入差距拉大的过程中,实际上大多数的中国人都得到了好处,中国居民生活水平的整体提高是一个不争的事实。收入差距的拉大不仅仅出现在中国,在世界其他各国中也是存在的。从世界历史发展的经验来看,经济发展的过程上,收入差距有一个先拉大后不断缩小的过程。

由于收入差距拉大会带来种种问题,因此,我们有必要采取各种措施来缩小收入差距。通过适当调节居民收入差距,协调社会经济生活中的公平与效率关系,为中国经济的顺利转型与发展创造一个良好的环境,从而确保中国经济持续、健康、快速增长。

第十二章　市场失灵与微观经济政策

提　要

1. 为了达到资源的最优配置，假设市场是完全竞争的，市场结果只与买卖双方有关，商品都是具有竞争性与排他性的私人物品，市场信息都是完全明晰开放的。但当这些假设不成立时，即存在垄断、外部性、公共物品和信息不对称时，市场就无法达到最优配置的均衡状态，即市场失灵。为了避免和减少市场失灵带来的资源浪费，更有效地配置资源，这个时候政府就可以用“看得见的手”有意识地调节市场，从而弥补市场失灵的不足。

2. 完全竞争市场中要想使社会经济福利达到最大，就必须使边际生产成本等于市场价格。但是，在非完全竞争市场中，由于垄断厂商具有足够的市场势力去影响价格，是价格的制定者而不是价格的接受者，因此，垄断厂商会向消费者收取高于边际成本的价格。从消费者的角度来看，这种高价格只能使他们消费更少的商品，消费者利益受到损失，福利减少。但从垄断厂商角度来看，这种高价格使他们得到了超额利润，生产者福利增加。实际上，只要市场不是完全竞争的，厂商面临的需求曲线就不是一条水平线，而是向右下方倾斜的，则厂商的利润最大化原则是边际收益等于边际成本，而不是价格等于边际成本。当价格大于边际成本时，就出现了低效率的资源配置状态。而由于协议的各种困难，潜在的帕累托改进难以实现，于是整个经济便偏离了帕累托最优状态，导致市场低效率。

3. 垄断会造成一种寻租行为。在经济学中，消费者剩余和生产者剩余也被称为租金，因此，那些通过在某一行业获得垄断地位或维持垄断地位来获得租金的行为被称为寻租。它是一种非生产性活动。由于垄断可以使厂商很容易获得较高的利润，因此，垄断厂商会想方设法地维持这种垄断地位。例如，专门雇佣游说者来说服法律制定者制定有利于垄断的政策，甚至贿赂政府官员，等等。通常，垄断厂商会将他们得到的额外垄断利润用于这种额外成本上。如果垄断厂商之间为了寻租而竞争，那么达到市场均衡时用于寻租的资源将等于垄断利润，最终垄断造成的损失将是很大的。垄断还可能对社会有其他方面的损害。由于垄断的高利润，可能会使厂商缺乏降低成本和技术创新的动力，从而社会成本维持较高状态，资源配置出现低效率。既然市场不能解决垄断问题，因此在垄断存在时，就应该由政府制定相应的政策来减少垄断所造成的福利损失。

4. 政府对垄断的更加激烈的反应就是制定反垄断法，也叫反托拉斯法。它是政府反对垄断及垄断行为的重要法律手段，许多西方国家都制定了反托拉斯法。1890 年，美国联邦政府通过了第一个反托拉斯法案——《谢尔曼法案》，该法案禁止垄断并抑制贸易的串通。之后，美国国会通过了一系列法案和修正案，禁止减少潜在竞争的兼并，禁止反竞争的市场行为。反垄断法给予政府促进竞争的各种办法，允许政府阻止大企业合并。同时，依据反垄断法，针对不同形式的垄断，政府可以制定相应的政策反对垄断。

5. 外部性是指单个生产者或消费者的经济行为对社会上其他人的福利的影响，也叫做外部影响。很多时候,某个人(生产者或消费者)的一项经济活动会给其他社会成员带来好处,但他自己却不能由此而得到补偿。此时,这个人从其活动中得到的私人收益就小于该活动带来的社会收益。这种性质的外部影响被称为“外部经济”,也叫做正外部性。根据经济活动的主体是生产者还是消费者,外部经济可以分类为“生产的外部经济”和“消费的外部经济”。另一方面,在很多时候,某个人(生产者或消费者)的一项经济活动会给其他社会成员带来危害,但他自己却不需支付足够抵偿这种危害的成本。此时,这个人为其活动多付出的私人成本就小于该活动造成的社会成本。这种性质的外部影响被称为“外部不经济”,也叫做负外部性。外部不经济可以视经济活动主体的不同而分为“生产的外部不经济”和“消费的外部不经济”。当存在外部性时,社会对市场的关注扩大到超出市场中生产者与消费者的福利之外,由于生产者与消费者在决定需求或供给多少时并没有考虑他们行为的外部效应,所以,此时的市场均衡并不是有效的,即该均衡并没有使社会总收益最大化。对于如何纠正外部影响所造成的资源配置不当问题,西方微观经济学理论提出了几种政策建议:使用税收和津贴,使用企业合并的方法,使用规定财产权的办法。

6. 私人成本是指生产者个人在生产中所支付的所有投入的费用。社会成本是指同一个经济活动中全社会需要支付的所有费用,它包括从事该项活动的生产者的私人成本和给其他人带来影响的成本。

7. 科斯定理是指只要财产权是明确的,并且其交易成本为零或者很小,则无论在开始时将财产权赋予谁,市场均衡的最终结果都是有效率的。在实际中,运用科斯定理解决外部影响问题并不一定真的有效,有以下几个难题。第一,资产的财产权能否总是明确地加以规定呢?有的资源,例如空气,在历史上就是大家均可使用的共同财产,很难将其财产权具体分派给谁;有的资源的财产权即使在原则上可以明确,但由于不公平问题、法律程序的成本问题等也不可行。第二,已经明确的产权是否总是能够转让呢?这涉及信息不充分以及买卖双方不能达成一致意见的各种原因,如谈判的人数太多、交易成本过高、谈判双方都能使用策略性行为等。第三,明确的财产权的转让,是否总能实现资源的最优配置呢?

8. 在现实的经济中,存在着许许多多不满足排他性或竞争性特点的物品。如果一件物品不具有排他性,即无法排除一些人“不支付便使用”,则它毫无疑问就会带来外部影响,并造成市场机制的失灵。“国防”和“海鱼”是缺乏排他性的两个生动例子。一个公民即使拒绝为国防付费,也可以享受国防的好处;同样,我们也很难阻止渔民自由地在公海上捕捞海鱼。“国防”和“海鱼”的区别在于“竞争性”方面。国防除了不具有排他性之外,同时也不具有竞争性。从某种程度上讲,道路和电视广播等也与国防一样既不具有排他性也不具有竞争性。另一方面,“海鱼”则毫无疑问是“竞争性”的:当某个人捕捞到一些海鱼时,其他人所可能捕捞到的海鱼数量就减少了。通常把国防这样一类既不具有排他性也不具有竞争性的物品叫做公共物品,而把海鱼这样一类不具有排他性但却具有竞争性的物品叫做公共资源。

9. 公共物品的生产和消费问题不能由市场上的个人决策来解决。因此,必须由政府来承担提供公共物品的责任。西方经济学家经常提到一个重要方法来确定某公共物品是否值得生产以及应该生产多少,即成本-收益分析。成本-收益分析是用来评估经济项目或非经济项目的。它首先估计一个项目所需花费的成本以及它所可能带来的收益,然后把二者加以比较,最后根据比较的结果决定该项目是否值得。如果评估的结果是该公共物品的收益大于或至少等于其成本,则它就值得生产,否则便不值得生产。

10. 信息不对称也叫不完全信息，是指在商品交易的活动中，买方和卖方对他们面临选择的商品的了解程度不一样。有时候买方了解得多一些，卖方了解得少一些，如医疗保险市场，医疗保险的购买者肯定比保险公司更加了解自己的健康情况；有时候卖方了解得多一些，买方了解得少一些，如汽车的卖方一般比买方更加了解汽车的质量和性能，药品的卖方也会比买方更加了解药品的功效。同样，在劳动力市场上，出售劳动力的人会比购买劳动力的人更加了解自己的工作能力。

11. 逆向选择是指在签订交易协议前，交易的某一方知道比另一方多的信息，而这一信息很可能影响到另一方的利益，那么，拥有信息多的一方就会利用这种优势来做出对自己有利而对另一方不利的选择。逆向选择也可以理解为在买卖双方信息不对称的情况下，差的商品总是将好的商品驱逐出市场。在商品市场，逆向选择是发生在难以事先辨别优劣的商品上，所以，在突破逆向选择的过程中，一方面鼓励卖方提供标准化产品、提供质量保证书或者其他办法来为他们的产品维持好的声誉。另一方面，政府通过行政手段规范、约束卖方市场，包括制定质量标准、实行质量监督、要求销售者提供质量保证等。同时，政府还要提供良好的检测鉴别机制，保证信息的集散畅通和获取方便，并建立和维护良好的市场体系和秩序，有效打击假劣产品等，为消费者提供良好的信息环境。

12. 道德风险是指交易的两方在签订协议后，其中一方利用多于另一方的信息，有目的地损害另一方的利益，从而达到增加自己的利益又不用承担责任的行为。道德风险问题源于保险市场。保险公司与投保人签订合约时，无法知道投保人的真实情况和行为。一旦参加保险后，他们往往不像以往那样仔细看管家中的财产了。正是因为保险公司无法观察到人们投保后的防灾行为而产生的隐蔽行为，从而面临着人们松懈责任甚至可能采取不道德行为而引致损失。

13. 委托-代理关系是指一方通过签订合同等形式委托另一方为其进行经济决策，并向另一方支付报酬的关系。由于双方掌握的信息不对称，委托人掌握的信息少一些，处于信息劣势，代理人掌握的信息多一些，处于信息优势，所以，委托人-代理人关系事实上就是居于信息优势与处于信息劣势的市场参加者之间的相互关系。

习 题

一、单选题

1. 垄断缺乏效率的经济学含义是（　　）。
   A. 垄断厂商在平均成本曲线的上升部分进行生产
   B. 消费者购买最后一单位商品得到的边际效用超过生产该商品的边际成本
   C. 垄断厂商没有遵循边际收益等于边际成本的利润最大化原则
   D. 垄断厂商的经济利润为零
2. 为了提高资源配置的效率，政府对自然垄断部门的垄断行为是（　　）。
   A. 坚决反对
   B. 漠视不管
   C. 尽量支持

D. 加以管制

3. 垄断产生低效率是由于产品价格(　　)边际成本。

A. 大于

B. 等于

C. 小于

D. 可能不等于

4. 对垄断厂商实行价格管制的困难主要在于(　　)。

A. 垄断厂商具有关于成本的信息,而政府部门没有

B. 垄断厂商可能采取对策性行为

C. 政府部门人力有限而企业数量多

D. 以上都是

5. 市场失灵是指(　　)。

A. 市场机制没能使社会资源的分配达到最优效率的状态

B. 价格机制不能起到有效配置资源的作用

C. 根据价格所做的决策使资源配置发生扭曲

D. 以上都不是

6. 一个经济活动存在外部经济是指该活动的(　　)。

A. 私人成本大于社会成本

B. 私人成本小于社会成本

C. 私人利益大于社会利益

D. 私人利益小于社会利益

7. 当厂商生产污染了环境,而又不负担其成本时,(　　)。

A. 其边际成本被低估

B. 其平均可变成本被低估

C. 其总成本被低估

D. 以上都对

8. 如果上游工厂污染了下游居民的饮水,按科斯定理(　　),问题即可妥善地解决。

A. 不管财产权是否明确,只要交易成本为零

B. 只要财产权明确,且交易成本为零

C. 只要财产权明确,不管交易成本有多大

D. 不论财产权是否明确,交易成本是否为零

9. 可用以下(　　)术语来描述一个养蜂主与邻近的经营果园的农场主之间的影响。

A. 外部不经济

B. 外部经济

C. 外部损害

D. 以上都不是

10. 当某项经济活动存在外部不经济时,其产量(　　)帕累托最优产量。

A. 大于

B. 等于

C. 小于

D. 以上三种情况都有可能

11. 用于降低外部成本的税收叫(　　)。

A. 消费税

B. 所得税

C. 庇古税

D. 排污税

12. 河流上游造纸厂每生产一吨纸的边际成本是5,但每造一吨纸使下游食品加工厂的边际成本增加了6。如果整个经济是完全竞争的,那么纸张的社会边际成本是(　　)。

A. 5

B. 6

C. 11

D. 以上都不是

13. 在第12题中,政府的下列措施中(　　)可以使造纸生产达到帕累托最优水平。

A. 1单位税

B. 6单位税

C. 补贴食品加工厂6

D. 以上都不是

14. 在完全竞争但是存在外部成本的情况下,产品的最优产量应该是(　　)。

A. 社会平均成本等于价格的产量

B. 私人边际成本等于价格的产量

C. 社会边际成本等于价格的产量

D. 私人平均成本等于价格的产量

15. 通过下列(　　)途径可以使外部不经济的产品减少供给。

A. 减税

B. 补贴

C. 增加税收

D. 市场价格变动

16. 干洗店会产生空气污染,因此干洗行业的均衡价格(　　)。

A. 和产量相对于社会最优水平而言都太高

B. 相对于社会最优水平而言太低,而其产量相对于社会最优水平而言又太高

C. 相对于社会最优水平而言太高,而其产量相对于社会最优水平而言又太低

D. 是最优的,但存在过度供给

17. (　　)说明,在存在外部性的情况下,不管产权如何配置,如果双方的成本为零,则资源配置将是有效率的。

A. 讨价还价能力

B. 机会成本

C. 科斯定理

D. A和B

18. 关于科斯定理,正确的论述是(　　)。

A. 科斯定理阐述的是产权和外部性的关系

B. 科斯定理假设没有政府的干预

C. 科斯定理一般在涉及的交易主体数目较少时才较为有效

D. 以上各项都是

19. 以下(　　)特征不是公共物品的特征。

A. 非排他性

B. 竞争性

C. 外部性

D. 由政府提供

20. 下列物品中最有可能是公共物品的是(　　)。

A. 公海上的一个灯塔

B. 国家森林公园内树上的果子

C. 故宫博物院内的国宝

D. 大熊猫

21. 公共物品的定价(　　)。

A. 由市场供求决定

B. 由垄断组织通过竞争决定

C. 用成本-效益分析法进行评估

D. 由购买者决定

22. 公路拥挤表明公路这种物品具有(　　)。

A. 竞争性

B. 非排他性

C. 竞争性和非排他性

D. 排他性

23. 如果私人汽车的所有者根据汽车排污量纳税,那么该政策实施时,(　　)。

A. 消费者对烟雾控制装置产生很大需求,而不管其价格是多少

B. 公共运输的需求很可能上升

C. 汽车的性能将提高

D. 以上都不对

24. 公共物品供应的最优均衡条件为(　　)。

A. 每一个消费者的边际替代率必须相等

B. 消费者的边际意愿支付之和应等于提供该公共物品的边际成本

C. 提供公共物品的私人成本等于提供公共物品的社会成本

D. 每个消费者的边际意愿支付等于提供该公共物品的边际成本

25. 对于一项交易的双方来说一般会存在信息不对称,比如可能交易的买方对交易对手的情况不了解,那么原因有(　　)。

A. 买方自身认识能力有限

B. 交易对手有意隐瞒

C. 对于买方来说,要想掌握更多的信息需要付出更大的成本

D. 上面各项都有可能

26. 二手车市场上往往充斥的都是坏车,因为(　　)。

A. 买者不愿出买好车的价钱

B. 卖者会将好车留下,将坏车拿到市场上卖

C. 次品市场的逆向选择

D. 二手车都是坏车

27. 在其他条件相同的情况下,最愿意购买保险的人是那些最可能需要它的人。这个例子属于以下所列(　　)情况。

A. 逆向选择

B. 道德风险

C. 信号传递

D. 以上都是

28. 隐藏信息的成本包括(　　)。

A. 保险公司需要为获取投保人的更多信息而产生成本

B. 投保人的败德行为为本身提高了损失发生的概率,因而必须支付更多的赔偿

C. 赔偿损失的费用

D. A 和 B

29. 在存在逆向选择的保险市场上,以下情况中(　　)最有可能发生。

A. 高风险的人将不愿意购买保险

B. 低风险的人将不愿意购买保险

C. 市场均衡将是帕累托最优的

D. 低风险的人在均衡中将购买过多的保险

30. 委托代理问题中(　　)。

A. 委托人具有信息优势

B. 代理人具有信息优势

C. 委托人能直接观察和控制代理人的行为

D. 通过自己的行为影响其他人福利的一方是委托人

二、判断题

1. 对自然垄断实行价格管制的作用主要在于降低价格。(　　)

2. 一般均衡条件满足后,也就达到帕累托最优。(　　)

3. 当存在外部不经济时,私人成本与社会成本的差异是导致市场失灵的原因。(　　)

4. 当存在外部不经济时,社会边际成本高于价格。(　　)

5. 科斯认为任何时候只要产权界定清晰,价格机制就能有效运行。(　　)

6. 根据科斯定理,一般而言,不管是污染者还是受污染者负担降低污染的成本,空气污染的效率最优水平是固定不变的。(　　)

7. 只要产权明确界定,竞争的结果就是帕累托最优的。(　　)

8. 消除外部经济效应的唯一方法是征税或补助。(　　)

9. 负外部效应导致私人边际成本大于社会边际成本。 ( )

10. 因为污染破坏了环境,所以应该禁止任何污染。 ( )

11. 公共电话和公共汽车等也是公共物品。 ( )

12. 公共物品在消费时一般具有外部性。 ( )

13. 增加公共物品的消费者人数需要减少其他消费品的生产。 ( )

14. 公共物品生产上市场机制失灵是说供求双方信息不对称。 ( )

15. 社会对公共物品的需求曲线是由个人对公共物品的需求曲线横向加总得到的。 ( )

16. 解决逆向选择可以用激励方法,解决道德风险一般用发送信号的方法。 ( )

17. 买者较少知道产品质量的情况下,会出现劣质品把优质品逐出市场的现象。 ( )

18. 逆向选择一定是由事先信息不对称性导致的。 ( )

19. 道德风险是由隐蔽信息(隐蔽类型)引起的。 ( )

20. 保险公司通过详细的事前调查,可以避免道德风险问题。 ( )

三、名词解释

1. 市场失灵
2. 寻租
3. 外部经济
4. 社会成本
5. 科斯定理
6. 公共物品
7. 信息不对称
8. 逆向选择
9. 道德风险
10. 委托代理问题

四、填空题

1. 当存在垄断、外部性、公共物品和信息不对称时,市场就无法达到最优配置的均衡状态,即________。

2. 在完全竞争市场,要想使社会经济福利达到最大,就必须使________等于________。

3. 如果市场不是完全竞争的,厂商面临的需求曲线不是一条水平线,而是向右下方倾斜,则厂商的利润最大化原则就是________等于边际成本,而不是________等于边际成本。

4. 在经济学中,消费者剩余和生产者剩余也被称为租金,因此,那些通过在某一行业获得垄断地位或维持垄断地位来获得租金的行为被称为________,它是一种________活动。

5. 1890 年,美国联邦政府通过了第一个反托拉斯法案——____________,该法案禁止________并抑制贸易的串通。

6. ________是指单个生产者或消费者的经济行为对社会上其他人的福利的影响,也叫________。

7. 一个人如果从其活动中得到的私人收益________该活动带来的社会收益,这种性质的外部影响被称为“外部经济”，也叫正外部性。

8. 根据经济活动的主体是生产者还是消费者，外部经济可以分类为“________________”和“________________”。

9. 一个人如果为其活动多付出的私人成本________该活动造成的社会成本。这种性质的外部影响被称为“外部不经济”，也叫负外部性。

10. 负外部性使市场生产的数量________社会最优的数量，正外部性使市场生产的数量________社会最优的数量。因此，无论生产者对其他人的影响是外部经济还是外部不经济，生产者根据私人成本决策所决定的最优产量都是缺乏效率的，市场处于一种________的状态。

11. 对造成外部不经济的企业，国家进行征税，其数额应该等于该企业给其他社会成员造成的损失，从而使该企业的________恰好等于________。

12. 外部效应内在化的途径为________或________。

13. 科斯定理认为，只要财产权是________的，并且其交易成本为________，则无论在开始时将财产权赋予谁，市场均衡的最终结果都是有效率的。

14. 科斯定理是关于________与________的关系。

15. 私人物品具有两个鲜明的特点：________和________。

16. 通常把既不具有排他性也不具有竞争性的物品叫做________，而把不具有排他性但却具有竞争性的物品叫做________。

17. 公共物品可以看成是一个项目，运用成本-收益分析方法来加以讨论。如果评估的结果是该公共物品的收益________其成本，则它就值得生产，否则便不值得生产。

18. 公共物品供应的最优均衡条件为消费者的边际意愿支付之和________提供该公共物品的边际成本。

19. 逆向选择是指在________，交易的某一方知道比另一方多的信息，而这一信息很可能影响到另一方的利益，那么，拥有信息________的一方就会利用这种优势来做出对自己有利而对另一方不利的选择。

20. 道德风险问题源于________。

五、计算题

1. 设一产品的市场需求函数为 $Q=500-5P$，成本函数为 $C=20Q$。试问：

(1) 若该产品为一垄断厂商生产，利润最大时的产量、价格和利润各为多少？

(2) 要达到帕累托最优，产量和价格应为多少？

(3) 社会纯福利在垄断性生产时损失了多少？

2. 设一个公共牧场的成本是 $C=5x^2+2\,000$，其中，x 是牧场上养的牛数。牛的价格为 $P=800$ 元。

(1) 求牧场净收益最大时的牛数。

(2) 若该牧场有 5 户牧民，牧场成本由他们平均分担。这时牧场上将会有多少牛？从中会引起什么问题？

3. 一家具有外部经济性的企业，每多生产一单位的产品，企业的边际收益为 $\mathrm{MR}=100-0.05Q$，整个社会的边际收益为 $\mathrm{MR}'=105-0.05Q$，企业的成本函数为 $\mathrm{TC}=0.1Q^2+20Q$。为了达到帕累托最优，需要政府对该企业进行补贴。求：

(1) 补贴前企业的产量为多少?

(2) 政府该对企业补贴多少?

(3) 政府补贴使产量增加了多少?

4. 假定按照消费者对于公共电视服务的偏好将消费者分为三组,三组消费者从公共电视服务中获得的边际收益为 $MR_1=150-T$,$MR_2=200-2T$,$MR_3=250-T$,其中 T 是公共电视播放时间。假定公共电视服务是纯公共产品,提供该种公共产品的边际成本等于常数,即每小时 200 元。求:

(1) 公共电视有效播放时间是多少?

(2) 如果由竞争的私人市场提供公共电视服务,将会提供多少小时的公共电视服务?

5. 一个农场主的作物缺水。他需要决定是否进行灌溉。如果他进行灌溉或者天下雨的话,作物带来的利润是 1 000 元,但若是缺水,利润只有 500 元。灌溉的成本是 200 元。农场主的目标是预期利润达到最大。

(1) 如果农场主相信下雨的概率是 50%,他会灌溉吗?

(2) 假如天气预报的准确率是 100%,农场主愿意为获得这种准确的天气信息支付多少费用?

六、简答题

1. 外部影响的存在是如何干扰市场对资源的配置的?
2. 为什么旧车市场上充斥的往往是坏车?
3. 如何理解"科斯定理"?
4. 公共物品为什么不能靠市场来提供?
5. 市场机制能够解决信息不完全和不对称问题吗?

七、阅读与思考

改革开放以来,我国经济取得了令人瞩目的增长。但是,与高速经济增长相伴随的环境恶化日益成为制约我国社会经济可持续发展的重要因素。

根据国家环保总局 2004 年的统计,酸雨给我国造成的损失每年超过 1 100 亿元,大气污染所造成的损失每年约占我国 GDP 总量的 2%~3%。目前,酸雨面积已占国土面积的 30%,区域性酸雨污染严重。据河南省环保局提供的资料,该省有一半的城市居民生活在大气环境质量不宜人类居住的城市,半数城市进入二氧化硫和酸雨控制区。此外,酸雨频率急剧增高,河南省某市酸雨频率从 2000 年不足 5%上升到 2003 年的 41%。而河南只是全国的一个缩影。

长期以来,中国大气污染治理建立在单一"浓度控制"基础上。但是,单一的"浓度标准"控制排污模式阻止不了污染源数量和排放总量的增加。因为企业会用各种"巧妙办法"让排放标准"达标",而企业排放污染"不超标",环保部门没有办法促进企业治理污染。另据调查,管理部门也没有完全将超标排放污染物作为一种违法行为来处理。以企业排放二氧化硫为例,中国大气法要求超标排放企业缴纳罚款,企业每排放 1 公斤二氧化硫,有关管理部门收取 0.2 元的排污费,而企业减排 1 公斤二氧化硫的支出远远超过 0.2 元,所以,由于受利益驱使,企业宁肯缴纳排污费也不愿意积极治理污染,而监督和处罚违法者让政府也承担了很高的成本。因此我国政府希望用更多的市场机制来控制污染问题。

在美国环保协会的协作下，我国开始探索排污权交易制度，该制度最早在南通和本溪两城市试点，并取得成功，山东、山西、江苏、河南、上海、天津、湖南也相继展开。

以河南省二氧化硫排放权交易制度为例，环保部门按照国家二氧化硫排放总量控制目标，确定地区环境容量允许范围内的排放总量，对现有排污单位一次性无偿分配某个时期的二氧化硫年排放总量控制指标，并以排放许可证的形式发放到企业，无证企业不能排污。分配给排污单位的指标可以进行交易，剩余指标可以储存。储存指标长期有效。指标用完的企业将停止排污，否则将受到极为严厉的处罚。为了鼓励企业少排污、节约指标，每个交易年度结束时，环保部门将每个企业的剩余指标自动划入下年度的排放指标。为了保证许可证制度的实施，河南省还利用在线自动监测网(CEMS系统)技术全天候不间断地检测、记录企业的二氧化硫排放情况，并向环保部门传送相关数据。在排污权交易制度下，排污权的交易价格由市场双方参照二氧化硫的削减成本和市场供求情况自行确定，达成交易意向后还需经当地环保部门批准才能生效。

试用经济学原理分析以上现象。

习题答案

一、单选题

1～5：BDADD　　6～10：DDBBA　　11～15：CCBCC　　16～20：BCDBA
21～25：CCBBD　　25～30：CADBB

提示：

12. 社会边际成本等于私人成本加上由于该产品生产给其他产品的生产所带来的边际成本。

13. 政府征收6单位的税收，私人成本等于社会成本。

16. 干洗店产生空气污染，说明企业存在外部不经济即负的外部效应。外部不经济没有考虑该生产除私人成本以外的其他社会成本，导致私人成本小于社会成本。企业利润最大化条件是边际收益等于私人边际成本，社会最优条件是边际收益等于社会边际成本，由于私人成本小于社会成本，因此企业最优产量相对于社会最优水平而言太高，价格相对于社会最优水平而言太低。

17. 一般认为，该定理可表述为：在市场经济中，只有产权可以自由交换，且交易费用为零，那么产权的最优配置状态对于资源配置的效率而言就是无关紧要的。

20. 公共物品具有两个重要性质：消费上具有非排他性，供给具有非竞争性。只有公海上的一个灯塔符合这些特性。

24. 如果公共物品是按某个固定数量提供或者根本不提供，其供应的最优均衡条件为：消费者意愿支付之和大于或等于公共物品的总成本。如果公共物品是按可变数量提供，则供应的最优均衡条件为：消费者的意愿支付之和等于公共物品的边际成本。

27. 信息不对称是指交易的双方所了解的信息是不对等的，一方拥有另一方没有的信息。现实中，信息不对称会导致两个问题：一是逆向选择，二是道德风险。逆向选择是在交易中，信息占优的一方可以利用另一方不知道的信息做出对自己有利却对对方不利的选择,发生在交易发生之前;道德风险是在交易完成后拥有较多信息的一方故意做出一些对另一方不利的事情而使自己获利的行为,发生在交易发生之后。

29. 当保险市场上存在逆向选择时,购买保险的往往是高风险者,因此保险公司将提高保费,低风险者将不愿意购买保险,市场不能达到帕累托最优。

二、判断题

1. ×

2. √

3. √

4. √

5. ×

6. × 提示:科斯定理有两个条件,一是产权明晰,二是交易成本为零。本题不具备第二个条件。

7. ×

8. ×

9. × 提示:一项活动存在负的外部效应时,该活动的私人成本小于社会成本。

10. ×

11. ×

12. ×

13. ×

14. ×

15. ×

16. × 提示:正好相反。解决逆向选择一般用发送信号的方式,解决道德风险可以用激励方式。

17. √

18. √

19. × 提示:道德风险指的是由事后信息不对称导致的市场一方不能了解另一方行动的情形,因此又称隐蔽行动问题。逆向选择是由事前信息不对称导致的。

20. × 提示:逆向选择来源于事前的信息不对称,而道德风险根源于事后的信息不对称。所以详细的事前调查并不能解决道德风险的问题。

三、名词解释

1. 市场失灵:市场机制在很多场合不能导致资源的有效配置。

2. 寻租:个人或企业为维护既得利益或谋求新的利益而向掌权的人进行的一种非生产性活动。比如利益集团通常通过各种方式游说投票人,说服政府给他们以保护和好处,从而使利益集团得到垄断经营的权利等。

3. 外部经济:如果个体的一项社会经济活动会给社会上其他成员带来好处,而该个体并不能由此得到补偿,即个人从其活动中得到的私人收益小于社会收益,则这种外部性被称为外部经济。

4. 社会成本：全社会为了某项经济活动需要支付的费用，包括从事该项经济活动的私人成本和这一活动给其他经济单位带来的成本。

5. 科斯定理：只要财产权是明确的，并且其交易成本为零或很小，则无论在开始时将财产权赋予谁，市场均衡的最终结果都是有效率的。

6. 公共物品：整个社会共同享有的各种服务和设施的总称，如国防、军队、司法机关、文教卫生等。公共物品的主要特征：一是非排他性，即公共产品的消费权为整个社会共同占有；二是消费上的非竞争性，即在一定条件下，消费人数增加不会促使社会把更多的社会资源用于生产该产品而减少其他产品的生产。

7. 信息不对称：在市场经济活动中，各类人员对有关信息的了解是有差异的；掌握信息比较充分的人员，往往处于比较有利的地位，而信息贫乏的人员，则处于比较不利的地位。

8. 逆向选择：在签订交易合约之前，进行交易的一方拥有另一方所不知道的信息，并且该信息又可能影响到另一方的利益，这样拥有信息的一方就可以利用这种信息优势来做出对自己有利而对对方不利的选择。

9. 道德风险：交易双方在签订交易合约后，信息占有居于优势的一方为了最大化自己的利益而损坏另一方，同时也不承担后果的一种行为。

10. 委托代理问题：由于委托人不能确切了解代理人的行为，代理人可能会追求他们自己的目标而牺牲委托人的利益为代价。

四、填空题

1. 市场失灵
2. 边际生产成本　市场价格
3. 边际收益　价格
4. 寻租　非生产性
5.《谢尔曼法案》　垄断
6. 外部性　外部影响
7. 小于
8. 生产的外部经济　消费的外部经济
9. 小于
10. 大于　小于　失灵
11. 私人成本　社会成本
12. 税收　津贴
13. 明确　零或者很小
14. 产权界定　外部效应
15. 排他性　竞争性
16. 公共物品　公共资源
17. 大于或至少等于
18. 等于
19. 签订交易协议前　多

20. 保险市场

五、计算题

1. (1) 该产品为垄断厂商生产时,市场的需求函数即该厂商的需求函数。

由 $Q=500-5P$,可得 $P=100-0.2Q$,得边际收益函数 $MR=100-0.4Q$。

由成本函数为 $C=20Q$,得 $MC=20=AC$。

利润最大化时有 $MC=MR$,即 $20=100-0.4Q$,得产量 $Q=200$,价格 $P=60$,利润 $\pi=60\times200-20\times200=8\,000$。

(2) 要达到帕累托最优,价格必须等于边际成本,即

$$P=100-0.2Q=20=MC$$

得 $Q=400$,$P=20$。

(3) 当 $Q=200$,$P=60$ 时,消费者剩余为

$$CS=\int_0^{200}(100-0.2Q)\mathrm{d}Q-P\cdot Q=4\,000$$

当 $Q=400$,$P=20$ 时,消费者剩余为

$$CS=\int_0^{400}(100-0.2Q)\mathrm{d}Q-P\cdot Q=16\,000$$

社会福利的纯损失为 $16\,000-4\,000-8\,000=4\,000$。这里,$16\,000-4\,000=12\,000$ 是垄断造成的消费者剩余的减少量。其中,8 000 转化为垄断者利润。因此,社会福利的纯损失为 4 000。

2. (1) 牧场净收益最大的牛数将由 $P=MC$,即 $800=10x$ 给出,解之得 $x=80$。

(2) 每户牧民分摊的成本是

$$(5x^2+2\,000)\div5=x^2+400$$

于是牛的数量将是 $800=2x$,得 $x=400$。从中引起的问题是牧场因放牧过度,数年后一片荒芜。这就是“公地的悲剧”。

3. (1) 补贴前,企业由 $MR=MC$ 来决定产量 $100-0.05Q=0.2Q+20$,可以得出 $Q=320$。

(2) 要使资源配置优化,必须使企业的收益提高,为了促使企业提高产量,补贴是以每单位产品发放给企业的。

企业生产每单位产品获得补贴 $MR'-MR=5$。

(3) 补贴后,企业的边际收益为 $MR=105-0.05Q$。

$$MR=MC$$
$$105-0.05Q=0.2Q+20$$
$$Q=340$$

政府的补贴使产量增加了 20 个单位。

4. (1) 三组人的边际收益之和为 $MR=MR_1+MR_2+MR_3=600-4T$。

最大化的必要条件是 $MC=MR$。

代入相关参数值,求解,可以得到 $T=100$。

(2) 竞争的私人市场提供公共电视服务,那么价格一定等于边际成本,由于 $MR_1<200$,$MR_2\ll200$,所以只有第三组消费者能消费电视服务。利润最大化的必要条件是 $MR_3=200$,所以 $T=50$。

5. (1) 如果农场主相信下雨的概率是50%，不进行灌溉的话，他的预期利润为

$$E(\pi) = 0.5 \times 1\,000 + 0.5 \times 500 = 750$$

如果进行灌溉，则肯定得到的利润为1 000－200＝800。因此，他会进行灌溉。

(2) 他不买天气预报信息时，如上所述，他会进行灌溉，得到利润800。如果买天气预报信息并假定支付x元费用，他若确知天下雨，就不灌溉，于是可获利润

$$\pi_1 = 1\,000 - x$$

若确知天不下雨，就灌溉，于是可获利润

$$\pi_2 = 800 - x$$

由于他得到的信息无非是下雨和不下雨，因此，在购买信息情况下的预期利润为

$$E(\pi) = 0.5 \times (\pi_1 + \pi_2) = 900 - x$$

令$E(\pi)=900-x=800$(不购买预报信息时的利润)，解出$x=100$，此即为所求。

六、简答题

1. 如果某个人采取某项行动的私人利益小于社会利益(即存在外部经济)，则当这个人采取该行动的私人成本大于私人利益而小于社会利益时，他就不会采取这项行动，尽管从社会的角度看，该行动是有利的。

如果某个人采取某项行动的私人成本小于社会成本(即存在外部不经济)，则当这个人采取该行动的私人利益大于私人成本而小于社会成本时，他就会采取这项行动，尽管从社会的角度看，该行动是不利的。

上述两种情况均导致了资源配置失当。前者是生产不足，后者是生产过多。

2. 首先，市场上好车与坏车并存，好车的所有者可能由于偏好的改变、搬家和工作的变动等原因也想卖掉自己的好车，但是由于信息的不对称，买者不知道自己想买的车的质量的好坏，因此好车和坏车可以按照相同的价格出售。

由于好车与坏车的价格一致，市场上就会出现这样的情况：一方面好车的原来所有者由于不能得到合适的价格而不愿意卖掉自己的好车；另一方面，尽管买车的人不能了解二手车的真实质量，只知道车的平均质量，对平均质量给出中等价格，这样一来，那些高于中等价格的高质量二手车就可能会退出市场。接下来的情况是，由于高质车退出市场，买者会继续降低估价，相对高质的二手车会退出市场。所以会出现劣质车充斥市场的现象，劣质车的比例大幅度增加，人们购买到好车的可能性就更低，这一事实就会使得市场的价格进一步降低，由此带来好车的所有者卖车的意愿进一步降低，最终市场上就全是有问题的坏车。这就是次品市场与逆向选择。

3. 第一，科斯定理要求财产权明确。但是，财产权并不总是能够明确地加以规定。有的资源，例如空气，在历史上就是大家均可使用的共同财产，很难将其财产权具体分派给谁；有的资源的财产权即使在原则上可以明确，但由于不公平问题、法律程序的成本问题等也变得实际上不可行。

第二，科斯定理要求财产权可以转让。但是，由于信息不充分以及买卖双方不能达成一致意见等，财产权并不一定总是能够顺利地转让。

第三，即使财产权是明确的、可转让的，也不一定总能实现资源的最优配置。转让之后的结果可能是它与原来的状态相比有所改善，但不一定为最优。

第四,分配财产权会影响收入分配,而收入分配的变动可以造成社会不公平,引起社会动乱。在社会动乱的情况下,就谈不上解决外部影响的问题了。

4. 第一,公共物品不具备消费的竞争性。

第二,由于公共物品不具备消费的竞争性,任何一个消费者消费一单位公共物品的机会成本总为零。这意味着,没有任何消费者要为他所消费的公共物品去与其他任何人竞争。因此,市场不再是竞争的。如果消费者认识到他自己消费的机会成本为零,他就会尽量少支付给生产者以换取消费公共物品的权利。如果所有消费者均这样行事,则消费者支付的数量将不足以弥补公共物品的生产成本。结果便是低于最优数量的产出,甚至是零产出。

5. 市场机制可以解决一部分的信息不完全和不对称问题。例如,为了利润最大化,生产者必须根据消费者的偏好进行生产,否则,生产出来的商品就可能卖不出去。生产者显然很难知道每个消费者的偏好的具体情况。不过,在市场经济中,这一类信息的不完全并不会影响他们的正确决策——因为他们知道商品的价格。只要知道了商品的价格,就可以由此计算生产该商品的边际收益,从而就能够确定它的利润最大化产量。

市场的价格机制不能够解决所有的信息不完全和不对称问题。这种情况在商品市场、要素市场上都是常见的现象。在市场机制不能解决问题时,就需要政府在信息方面进行调控。信息调控的目的主要是保证消费者和生产者能够得到充分的和正确的市场信息,以便他们能够做出正确的选择。

七、阅读与思考

污染是一种比较常见的负外部性。其实,有多种方式减少或避免污染产生的外部性。利用法律禁止排污、颁布相关的气体或水质标准,或者制定允许的最高污染限量,向那些减少污染排放物的企业提供补贴,或者向那些排放污染物的企业征收特定的排污税,采取一体化体制,等等。

当然,不同的解决外部性办法的实施成本与相应的结果不同。比如,限定企业的排污数量,企业就没有积极性投入资源去开发能够把污染水平进一步降低的新技术;而对降低污染水平的企业实施补贴的方法对纳税人也存在一定的不公平。

除了以上方式之外,国际上比较通行的方式就是发源于美国的排污权交易制度,即政府利用市场机制控制污染总量的方式。由于排污权交易价格由市场确定,市场确定价格的过程就是优化资源配置的过程,也是优化污染治理责任的过程。所以,只要交易双方污染治理成本存在差异,排污权交易就可能使交易双方都受益。在实施二氧化硫排污许可证及排放总量控制的前提下,排污权交易鼓励企业通过技术进步进行污染治理,最大限度地减少排放总量,企业节约下来的污染排放指标将成为一种可用来交易的"有价资源"。

不容否认,排污权交易是一种追求使用最少排放指标的市场手段。通过排污权交易控制大气污染是一种社会进步,而我国部分地区的污染控制实践也表明,排放总量控制与排污权交易制度具有显著的环境和经济效果。但是,公平、公正地给企业发放配额将在一定程度上决定该项制度的最终推广和实施效果。所以,制定一套比较科学的指标分配方法成为排污权交易在我国成功推广的重要因素。